Tantra

La Suprema Sabiduría

Osho

Tantra

La Suprema Sabiduría

Grupo Editorial Tomo, S. A. de C. V.
Nicolás San Juan 1043
03100 México, D. F.

1a. edición, abril 1998.
2a. edición, marzo 1999.
3a. edición, enero 2000.
4a. edición, enero 2002.
5a. edición, septiembre 2003.

Título original: *Tantra, The Supreme Understanding*
Traducción: Susana Francis

© 1993, Osho International Foundation
© de la edición en español: Ma Prem Sugeeta

© 2003, Grupo Editorial Tomo, S.A. de C.V.
Nicolás San Juan 1043, Col. Del Valle
03100 México, D.F.
Tels. 5575-6615, 5575-8701 y 5575-0186
Fax. 5575-6695
http://www.grupotomo.com.mx
ISBN: 970-666-018-6
Miembro de la Cámara Nacional
de la Industria Editorial No 2961

Diseño de portada: Emigdio Guevara
Supervisor de producción: Leonardo Figueroa

Impreso en México - *Printed in Mexico*

Explicación del Nombre
Del Autor

Osho ha explicado que Su nombre es derivado de la palabra de William James "oceánico", que significa disolverse dentro del océano. Él dice, oceánico describe la experiencia, ¿pero qué diremos del experimentador?

Para eso usamos la palabra "Osho".

Más tarde, llegó a encontrar que "Osho" ha sido usado también históricamente en el Lejano Oriente, significando "El Bendecido, en quien el cielo derrama sus flores en abundancia".

Osho fue anteriormente conocido con el nombre de Bhagwan Shri Rajneesh.

Introducción

Después de que mi fervor revolucionario se extinguió al cumplir mis veinte años y me di cuenta de la inutilidad de mis esfuerzos para cambiar al mundo, ciertas enseñanzas que se insinuaron como posibilidades para una revolución interior, llamaron mi atención. Fue principalmente el Yoga del Tíbet lo que me atrajo, pero encontré que los libros en esta materia sólo podían mantener mi interés en grado mínimo. No sólo la terminología era extraña, oscura y contradictoria, sino que -después de descifrarla- encontré los conceptos aún más ajenos, confusos y pesados. Por ejemplo, en su Canción de Mahamudra, Tilopa dice:

"... si con la mente uno entonces observa la mente...
conquistar las distracciones es la práctica real;
la práctica sin práctica es el camino de los Budas...
alcanza lo inalcanzable".

Bueno, ¿Cómo hincar el diente en esto?

Sin embargo encontré un Guru y un centro de meditación donde se practicaban las enseñanzas tibetanas, pero el Guru me parecía estar todavía sujeto a duros *Karmas*, lo cual me descorazonó, y al sentarme quieta sin hacer nada sólo me pareció incrementar el caos y la confusión interior.

Pasé los siguientes seis años vagando por la mitad del mundo y regresando, en una búsqueda que terminó en mi hogar de Inglaterra, después de acumular un poco de conocimiento y experiencia.

Entonces me llegó el rumor de otro Guru de la India, y después de previa vacilación... mordí el anzuelo. Pero en cuanto probé el sabor, el hambre rabiosa que había consumido incesantemente mis entrañas por precisamente tal alimento, hizo que me entregara a devorar sus libros, sus grabaciones y sus *sannyasins*. Las historias contadas por sus discípulos eran una cosa; sus palabras escritas, otra, y su voz grabada otra más. Una chispa de claridad brilló en mis nebulosas profundidades, una fragancia desconocida -o quizá largamente olvidada- me arrastraba hacia él. Finalmente, como una verdadera fiesta, su presencia viva haría lo restante.

Al principio, sin embargo, me sentí defraudada, principalmente porque no podía digerir este nuevo y exótico fenómeno. Habiendo vivido por tanto tiempo de alimentos adulterados, esta repentina dosis de nutrición pura e incontaminada era demasiado para mi sistema. Junto con las molestias intestinales, experimenté a mi llegada a la India, un verdadero flujo espiritual. ¡Estaba yo en un lío!.

Para empezar, la confusión y el caos se empeoraron cuando Bhagwan empezó a desintegrar mi ego -en la forma más sutil y amable- sin que yo casi lo percibiera. Sin saber bien en lo que me metía, me quedé mucho más de los cuatro meses que había decidido permanecer, y habiendo sido llamada, capturada, enganchada... sigo estando aquí dos años más tarde.

Una de las causas de confusión en Bhagwan es que habla de diferentes y conflictivos temas: Jesús, Buda, Lao-Tsé, Heráclito, Zen, Sufismo, Chuang-Tsé, Tao y por supuesto, Yoga y Tantra. Sin embargo, sobre cada tema él habla tan claro y penetrante, expresando la esencia de cada enseñanza en tal forma vibrante, que uno siente sin excepción: "¡Esto es para mí!" ¡Cada vez! Mi mente por supuesto, empezó a desmoronarse. Tantas contradicciones; nada en qué anclarme; nada en qué apoyarme. Pero lentamente, en tanto que la mente cedía, empecé a escucharlo desde un punto más profundo y las contradicciones empezaron a disolverse.

Bhagwan mismo contiene todas. Uno sabe que aun cuando hoy el Tantra es lo máximo, mañana dirá que Yoga es lo mejor, pero uno sabe también que las dos cosas son ciertas. Él comprende todo, es un crisol de todas las tradiciones y enseñanzas, y crea la más alta síntesis con todas ellas. Sólo un ser de su estatura y porte, de la gracia y compasión que emana, puede contener tantas paradojas y tener al mismo tiempo razón. Él no es sólo un Iluminado, sino que también un incomparable maestro.

Enseñanzas razonables, con direcciones precisas, que uno puede seguir fácilmente; pequeñas enseñanzas que no requieren la sabiduría y entendimiento que todo lo incluye tal como la Gran Enseñanza. Tilopa dice:

"Las pequeñas enseñanzas conducen a los actos,
uno debe seguir sólo las Grandes Enseñanzas".

Tantra es una Gran Enseñanza y Bhagwan es quizá el único verdadero Maestro tántrico vivo en nuestros días. Él no se preocupa de lo que uno hace, sino de lo que uno es. "Haz lo que quieras, pero házlo conscientemente", dice.

"Simple y natural" es la frase clave en estas conferencias: "no niegues nada. ¡Sé tú mismo!". Parece simple. Pero cuando lo intenté me di cuenta de que para mí es más natural ser artificial, y para mi mente tal como es, lo más simple se vuelve lo más complejo, de tal modo que lo natural se convierte en perversión. Por lo tanto, encontré que sería más fácil que se me dijera lo que se debe hacer en vez de todas sinrazones. Pero también me di cuenta de que, a menos de que sea capaz de sortear esta corriente, no podré jamás llegar sana a la costa. Sentí que Tilopa, a través de Bhagwan me estaba repitiendo una y otra vez en estas pláticas, lo que significa realmente el peregrinaje espiritual. Todo lo demás: ascetismo, renunciación, fanatismo en la alimentación, sentarse en postura Yoga... son superficialidades, y nada cambiará a menos que mi actitud, mi toma de conciencia, mi relación con la realidad, cambien.

Bhagwan ha dicho que Freud, Jung y Reich han creado la situación en occidente propicia para la explosión tántrica, y hoy los tiempos están maduros. No sólo eso, sino que a menos que nuestra conciencia estalle nosotros mismos estallaremos como resultados de la locura a la cual estamos entregados. Para esto, Bhagwan, este óptimo alquimista, nos hace utilizar incluso esa locura -nuestra energía arrebatada por la neurosis- a fin de crear una explosión interna y transformar nuestro mundo interior. Y dice que estas son las dos únicas posibilidades abiertas para la humanidad hoy día: O el suicidio total, o el mayor despertamiento espiritual que el mundo ha conocido.

Aquí en Puna, los primeros rumores acerca de la más grande revolución, han empezado a sonar. La corrupción interna y decadencia de nuestras mentes está siendo gradualmente extirpada de raíz, de nuestras conciencias, y no a través de alguna ideología o moralidad impuesta. Las revoluciones políticas son nada en comparación, pues ésta requiere que mates a tu viejo modo de ser y que renazcas como un fénix de las cenizas de un nuevo orden. Este es el suicidio absoluto que requiere el valor de aceptar un totalmente distinto tipo de muerte que la común, pues no es sólo el cuerpo el que va a morir, sino la realidad de la mente, el sistema entero del mundo que uno se ha creado, lo que ha de ser aniquilado.

Sólo un Maestro al cual uno pueda confiar su propio ser -físico, mental y espiritual- es capaz de conducirte en tal jornada. Al escuchar a Bhagwan gradualmente me di cuenta que él sabe, tiene el poder; de que si puedo decir: "Sí, dejo todo en tus manos", todo será resuelto.

Tilopa dice:

"Aquellos que no creen (Mahamudra) son tontos
que vagan siempre en sufrimiento y pena..."
Y luego Bhagwan:

"¿Por qué los llama tontos?. No los llama pecadores, irreligiosos. Simplemente los llama tontos pues al no creer se pierden del mayor gozo que la vida puede darles. Y esto no puede suceder a menos que te confíes. A menos que te confíes tanto que te rindas completamente. Esto no puede suceder. Toda felicidad, todo momento de gozo acontece cuando te rindes. Incluso la muerte se vuelve hermosa si te entregas a ella ¿qué más puede decirse de la vida? si te rindes, por supuesto, la vida es la mayor bendición. Tú estás perdiendo el máximo regalo porque no confías".

Esta es la invitación de Bhagwan para que vengas a la celebración, no a través de renuncia alguna, sino de la aceptación; no negando, sino afirmando; no a través de reglas sino debido al júbilo.

¡Ven, come, bebe y hártate!.

Ma Yoga Anurag

Puna, junio de 1975.

I

La Experiencia Absoluta

11 de febrero de 1975

En su canción de Mahamudra,
Tilopa dice:

Mahamudra está más allá de todas las
palabras y los símbolos, pero para ti, Naropa,
leal y sincero, debe esto decirse:

El Vacío no necesita apoyo,
Mahamudra descansa en la nada.

No haciendo esfuerzo,
sino permaneciendo simple y natural,
uno puede romper el yugo
y ganar por tanto, la Liberación.

*L*a experiencia absoluta no es en absoluto una experiencia, pues el experimentador se pierde. Y cuando no hay un experimentador ¿qué puede decirse de la experiencia? ¿quién puede decirla, relatarla? Cuando no hay sujeto, el objeto desaparece también. Las riberas desaparecen, sólo el río de la experiencia queda. Allí está el conocimiento, pero aquel que conoce no está ya.

Ese ha sido el problema para todos los místicos, ellos han alcanzado el Absoluto, pero no pueden relatarlo a los que vienen detrás, a aquellos que quisieran tener un entendimiento intelectual. Ellos han llegado a ser uno con él, su ser entero lo proclama, pero la comunicación intelectual no es posible. Ellos pueden dártelo si tú estás listo a recibirlo. Ellos pueden permitir que te suceda si tú también lo permites, si eres receptivo y abierto. Pero las palabras no funcionan, los símbolos no ayudan, teorías y doctrinas no son de ninguna utilidad.

La experiencia es tal, que es más bien una experimentación, un proceso. Y éste empieza, pero no acaba. Entras en él, pero nunca lo posees. Es como una gota cayendo en el océano, o el océano mismo cayendo en la gota. Es una profunda inmersión, una unión, una disolución simplemente. Nada queda atrás, ni una huella, así es que

¿quién va a comunicarlo? ¿Quién regresará a este valle del mundo, a esta oscura noche, para decírtelo?

Todos los místicos de todas partes del mundo se han sentido siempre impotentes en cuanto a la comunicación se refiere. Comunión es posible, pero comunicación, no. Esto debe entenderse desde el principio. Comunión es una dimensión totalmente diversa: dos corazones se encuentran, es asunto de amor. La comunicación es de cabeza a cabeza; la comunión, de corazón a corazón, un sentimiento. La comunicación es conocimiento, sólo se dan palabras, y sólo palabras se toman y se entienden. Y las palabras son tales, su propia naturaleza es tan muerta, que nada vivo puede transmitirse a través de ellas. Aún en la vida ordinaria, para no hablar de lo Absoluto, incluso en experiencias ordinarias cuando se llega a un momento culminante, un momento de éxtasis, se hace imposible relatarlo con palabras.

En mi niñez acostumbraba ir temprano en la mañana al río. Es una aldea pequeña, el río es muy perezoso, casi como si no fluyera. Y cuando todavía no amanece, no se puede ver si fluye, es tan lento y silencioso. Y en la madrugada, cuando nadie ha llegado, es tremendamente callado. Ni siquiera los pájaros han empezado a cantar, temprano, sólo la ausencia de sonido lo invade todo, y el olor de los árboles de mango a lo largo del río.

Acostumbraba ir ahí, al más apartado rincón del río para sentarme y estar ahí. No necesitaba hacer nada, estar ahí era suficiente, era una hermosa experiencia estar ahí. Luego tomaba un baño, nadaba, y cuando el sol salía llegaba hasta la otra orilla, a una vasta extensión de arena a secarme bajo el sol, y me quedaba ahí, a veces, dormido.

Al regreso mi madre me preguntaba: "¿Qué has estado haciendo?" Y yo le respondía: "Nada". Porque, realmente, no estaba haciendo nada. Y ella agregaba:

-"¿Cómo es posible? Cuatro horas has estado ausente, ¿cómo es que no has hecho nada? Debes haber hecho algo". Y ella tenía razón, pero yo no estaba equivocado. No había yo hecho nada, sólo estaba ahí con el río, dejando que las cosas sucedieran. Si sentía el impulso de nadar, nadaba, pero eso no era una acción de mi parte -yo no estaba forzando nada. Si sentía ganas de dormir, dormía. Las cosas sucedían, pero no había quien las hiciera. Y mi primera experiencia de *satori* empezó cerca del río, no haciendo nada, simplemente por estar ahí millones de cosas sucedían.

Pero mi madre insistía en que alguna cosa debía haber hecho, así es que yo le decía: -"Bueno, tomé un baño y me sequé al sol". Entonces ella quedaba satisfecha. Pero yo no, pues lo que había sucedido en el río no podía expresarse con: "Tomé un baño". Esto parece tan descolorido. Jugando en el río, flotando, nadando... todo era una experiencia tan profunda, que decir simplemente: "tomé un baño" o "caminé por la orilla" no explicaba nada.

Incluso en la vida diaria se siente la futilidad de las palabras. Y si tú no lo sientes, quiere decir que has vivido muy superficialmente, o que no has vivido para nada, si lo que has vivido puede ser puesto en palabras.

Cuando por primera vez sucede algo que está más allá de las palabras, entonces la vida ha tocado a tu puerta. Y cuando lo Absoluto toca a tu puerta, simplemente trasciende las palabras, te vuelves mudo, ni siquiera interiormente una palabra se forma. Y cualquier cosa que digas parece tan descolorida, tan muerta, tan inexpresiva e insignificante, que te parece hacer una injusticia a tu experiencia. Recuerda esto, pues Mahamudra es la experiencia última, la experiencia absoluta.

Mahamudra significa un orgasmo total con el Universo. Si has amado a alguien y has sentido derretirte, fundirte, los dos dejan de ser dos. Los cuerpos permanecen separados, pero hay algo que se vuelve un puente entre los cuerpos —un puente de oro— y la bilateralidad interior desaparece: una energía vital vibra en ambos polos. Si esto te ha sucedido, sólo entonces puedes entender lo que es Mahamudra.

> *"Millones y millones de veces más profunda,*
> *millones y millones de veces más alta, es*
> *Mahamudra.*
>
> *Es el orgasmo total con el Universo.*
> *Es el fundirse en la corriente del Ser."*

Y ésta es la canción de Mahamudra. Es hermoso que Tilopa la haya llamado canción. La puedes cantar, pero no la puedes decir. La puedes danzar, pero no la puedes decir. Es un fenómeno tan profundo que al cantar puedes expresar un poco de aquello, no por lo que dices, sino por tu forma de cantar. Muchos místicos no han podido hacer nada más que danzar después de la experiencia Absoluta. Ellos dijeron algo a través de su ser entero, cuerpo, mente, alma, todo involucrado. Danzaron, y esa danza no fue una danza común. De hecho toda danza nació a partir de la experiencia de esos místicos, ese fue su modo de relatar su éxtasis, su felicidad, su beatitud. Algo de lo desconocido penetró en lo conocido. Algo del más allá llegó a la Tierra. ¿Qué más se puede hacer? Se puede danzar, se puede cantar... Esta es una canción, la de Mahamudra.

¿Y quién la cantará? Tilopa no existe ya. El sentimiento orgásmico la canta. Tilopa no está más aquí para cantarla. La experiencia misma está vibrando y cantando. Por tanto, la canción de Mahamudra, la canción del éxtasis, el éxtasis por sí mismo la canta. Tilopa no tiene ya nada que ver con ella, él se ha desvanecido. Sólo cuando el buscador se pierde, la meta se alcanza. Sólo cuando el experimentador ya no está, la experiencia queda. Busca y la perderás, pues en la búsqueda el buscador se fortalece. No busques y encontrarás. La búsqueda misma, el esfuerzo, se vuelve la barrera, porque cuanto más se busca, más se fortalece el ego -el buscador. No busques.

Este es el más profundo mensaje de esta canción de Mahamudra: no busques; permanece como eres; no vayas a ninguna parte. Nunca nadie encuentra a Dios. Nadie puede, pues no se conoce la dirección. ¿A dónde irás? ¿Dónde encontrarás la Divinidad? No hay mapa ni hay camino ni nadie que te diga dónde está. No, nadie alcanza a Dios. Siempre es lo contrario: Dios viene a ti. Cuando estás listo, llama a tu puerta, te busca. Tu forma de estar listo es la receptividad. Cuando eres completamente receptivo, no hay ego, te conviertes en un templo vacío. Tilopa dice en la canción: sé hueco, como el bambú, sin nada adentro. Y de repente, en cuanto eres un bambú hueco, los labios de la Divinidad están contigo. El bambú hueco se convierte en flauta y la canción empieza. Esta es la canción de Mahamudra. Tilopa se ha vuelto el bambú hueco y la Divinidad ha empezado la canción. No es ya la canción de Tilopa, es la propia canción de la experiencia Absoluta.

Algo acerca de Tilopa antes de penetrar en este hermoso fenómeno. No se conoce mucho acerca de él, puesto que nada, de hecho, puede conocerse acerca de tales personas. Ellas no dejan rastro, no forman parte de la historia. Se quedan a un lado. En el gran tráfico de la humanidad, ellas no se encuentran. La humanidad entera se mueve a través del deseo, y personas como Tilopa lo hacen sin deseo. Simplemente se alejan del tráfico donde la historia de la humanidad existe.

Y cuanto más se alejan, más mitológicas se vuelven. Existen como mitos, no como acontecimientos en el tiempo.

Y es como debe ser, porque ellos viven más allá del tiempo, en la eternidad. A partir del momento en que empiezan a evaporarse —sólo en ese momento— recordamos; todo eso es parte de nosotros. Por eso no se sabe mucho acerca de Tilopa, acerca de quién era.

Sólo esta canción existe. Esta es la dádiva de Tilopa, y la dádiva fue ofrecida a su discípulo Naropa. Este regalo no puede darse a nadie, a menos que exista una profunda intimidad amorosa. A uno que sea capaz de recibir tal regalo, y esta canción fue ofrecida a Naropa, su discípulo. Antes de ofrecérsela, Naropa fue probado en miles de formas: su fe, su amor y confianza. Cuando se conoció que nada dudoso había en él, ni la mínima partícula de duda; cuando su corazón estaba lleno completamente de amor y de confianza, entonces esta canción fue ofrecida.

Yo también estoy aquí para cantar una canción, pero ésta puede darse sólo cuando tú estés listo. Y esto significa que la duda simplemente se ha desvanecido de la mente. No debe ser reprimida, tú no debes tratar de vencerla, puesto que aún vencida permanecería en ti, como parte de tu inconsciente, y te seguiría afectando. No luches contra tu mente en duda, no la reprimas. Simplemente concede más y más energía a la confianza. Compórtate indiferentemente con tu mente en duda. Nada más puede hacerse. Indiferencia es la clave, simplemente sé indiferente. Ahí está, acéptala. Encamina tus energías más y más hacia la confianza y el amor, puesto que la energía que está en la duda es la misma que se vuelve fe. En el momento en que eres indiferente, tu cooperación queda suspendida, ya no la alimentas. Porque es con la atención con lo que cualquier cosa se alimenta. Si prestas atención a tu duda —incluso para estar contra ella— es peligroso, porque la atención misma es el alimento, cooperas con ella. Uno tiene que ser indiferente; no estar ni en pro, ni en contra.

Así que ahora tendrás que entender tres palabras. Una palabra es duda. Otra palabra es creencia. La tercera palabra es confianza o fe, lo que en Oriente se conoce como *Shraddha*. La duda es una actitud negativa hacia algo. Cualquier cosa que se diga, primero la contemplas negativamente, estás en contra de ella -y encontrarás mil razones para basar tu actitud contraria-. Después tenemos la creencia. Es la misma actitud de la mente que duda, pero de cabeza; no hay gran diferencia. En esta actitud se contemplan las cosas positivamente y se encuentran razones para basar la creencia. La mente que duda, suprime la creencia; la mente que cree, suprime la duda; pero la cualidad no es diferente.

Entonces viene el tercer tipo de mente en la que la duda ha simplemente desaparecido, la creencia también. Y cuando la duda desaparece, la creencia también se va. La fe no es creencia, es amor. La fe no es creencia porque es total, no hay ninguna duda en ella, así que ¿cómo puedes creer? Fe no es una intelectualización en absoluto, no se está ni en pro ni en contra. No es ni esto ni aquello. Fe es una profunda confianza, es amor. Tú no tienes que dar razones para esto, simplemente es así. ¿Qué se puede hacer?

No te formes una creencia en contra de la fe. Simplemente sé indiferente a ambas: duda y creencia, y dirige tus energías hacia el amor, más y más. Ama más. Ama incondicionalmente. No sólo me ames a mí, pues esto no es posible. Si amas, simplemente ama. Simplemente vive lleno de amor, no sólo hacia el Maestro, sino hacia todo lo que existe a tu rededor: los árboles, las piedras, el cielo, la tierra. Que tú, tu ser y la propia esencia de tu ser se vuelvan un fenómeno amoroso. Entonces la confianza nace. Y sólo en tal confianza puede ofrecerse una dádiva como la canción de Mahamudra. Cuando Naropa estuvo listo, Tilopa le ofreció esta dádiva.

Cuando te vuelvas tú el más profundo valle de receptividad, entonces las más altas cumbres de la conciencia pueden serte ofrendadas. Sólo un valle puede recibir una cumbre. El discípulo debe ser absolutamente femenino, receptivo: como una matriz. Solamente entonces un fenómeno tal como el que va a suceder en esta canción, sucede.

Tilopa es el Maestro, Naropa es el discípulo. Y Tilopa dice:

"Mahamudra está más allá de todas las palabras y los símbolos, pero para ti Naropa, leal y sincero, debe esto decirse..."

Está más allá de toda palabra y todo símbolo, entonces, ¿cómo puede decirse? ¿Hay algún modo entonces? Sí, hay un modo: si un Naropa existe, existe un modo. Si realmente hay un discípulo, hay una forma. Depende del discípulo que la forma pueda encontrarse o no. Si el discípulo es tan receptivo que no tiene opinión propia —no juzga si esto está bien o mal— ha rendido su mente al Maestro; es simplemente un vacío, listo a aceptar lo que le es dado incondicionalmente, entonces las palabras y los símbolos no son necesarios y algo le puede ser entregado. Si tú puedes entender entre líneas, oír entre las palabras, las palabras son sólo un pretexto. Lo verdadero se encuentra al lado de las palabras.

Las palabras no son más que un ardid, un artificio. Lo verdadero sigue a las palabras como una sombra. Si eres demasiado intelectual escucharás las palabras, pero entonces eso no puede comunicarse. Mas si tu mente no entra para nada, entonces las sombras tenues que siguen a las palabras ¤extremadamente tenues, sólo el corazón puede verlas, vibraciones invisibles de la conciencia¤ entonces la comunicación es inmediatamente posible.

Dice Tilopa:

> *"... pero para ti, Naropa, leal y sincero, debe esto decirse..."*

Eso que no puede ser dicho, debe decirse para un discípulo. Eso que es absolutamente invisible, debe hacerse visible para el discípulo. Depende no sólo del Maestro, aún más depende del discípulo.

Tilopa fue afortunado en encontrar a Naropa. Han existido algunos Maestros infortunados que nunca pudieron encontrar un discípulo como Naropa. Así es que aquello que ganaron desapareció con ellos, pues no hubo nadie que lo recibiera. Algunas veces los Maestros han viajado miles de millas para encontrar un discípulo. Tilopa mismo tuvo que ir de India hasta el Tibet para encontrar a Naropa, un discípulo. Tilopa recorrió toda la India sin encontrar un hombre de tal calidad que pudiera recibir tal regalo, que pudiera apreciarlo, que fuera capaz de absorberlo, de renacer debido a él. Y una vez que la dádiva fue recibida por Naropa, él fue totalmente transformado. Entonces se sabe que Tilopa dijo a Naropa: "Ahora ve y encuentra tu propio Naropa".

Naropa fue también afortunado en ese sentido, encontró un discípulo cuyo nombre era Marpa. Marpa también fue muy afortunado, fue capaz de encontrar un discípulo cuyo nombre era Milarepa. Pero entonces la tradición se interrumpió, no más discípulos de tan gran calibre pudieron encontrarse. Muchas veces la religión ha llegado a la tierra y desaparecido. Una religión no puede volverse una Iglesia, una secta. Una religión depende de la comunicación personal, de la comunión personal. La religión de Tilopa existió por sólo cuatro generaciones, de Naropa a Milarepa. Entonces desapareció.

La religión es como un oasis: el desierto es vasto, algunas veces en pequeñas partes un oasis aparece. Mientras dura, búscalo. Mientras está ahí, bebe de él. Es muy, muy raro.

Jesús dice frecuentemente a sus discípulos: "Un rato más estaré aquí. Y mientras esté, bebed de mí, comed de mí. No perdáis esta oportunidad", porque entonces no encontrarás a un hombre como Jesús en miles de años. El desierto es vasto. El oasis algunas veces aparece y desaparece, pues viene de lo desconocido y necesita un ancla en esta tierra. Si no hay un ancla, no puede permanecer aquí. Un Naropa es un ancla.

Lo mismo quisiera decirte: mientras esté yo aquí, un rato más, no pierdas la oportunidad. Y la puedes perder en cosas triviales. Puedes estar ocupado con tonterías —basura mental—. Puedes seguir pensando en favor o en contra, y el oasis se desvanecerá pronto, puedes seguir pensando: "más tarde". Ahora bebe de él, porque después te quedarán muchas vidas para estar en favor o en contra, para eso no hay prisa. Pero mientras dura, bebe de él.

Una vez que estés embriagado con Jesús o con Naropa, serás totalmente transformado. La transformación es muy fácil y simple, es un proceso natural. Todo lo que se necesita es volverse tierra fértil y recibir la semilla. Ser una matriz y albergar la semilla.

> *"Mahamudra está más allá de todas las palabras*
> *y los símbolos, pero para ti, Naropa, leal y*
> *sincero,*
> *debe esto decirse".*

Esto no puede expresarse —es inexpresable—, pero esto debe decirse para Naropa. Siempre que un discípulo está listo, aparece el Maestro. Tiene que aparecer. Siempre que haya una profunda necesidad, tiene que ser satisfecha. La existencia entera responde a tu profunda necesidad, pero debe haber una necesidad. De otra manera puedes pasar ante Tilopa, Jesús, Buda, y puede que ni siquiera veas ante quién pasaste.

Tilopa vivió en este país. Nadie lo escuchó. Y él estaba listo para ofrecer la suprema dádiva. ¿Qué aconteció? Esto ha acontecido en este país muchas veces, debe haber algo. Y esto ha sucedido aquí más que en cualquier otra parte, pues más Tilopas han nacido aquí. ¿Por qué sucede que Tilopa tiene que ir al Tibet? ¿Por qué Bodhidharma tiene que ir a China?

Este país sabe demasiado. Este país se ha vuelto demasiado cerebral. Por eso es difícil encontrar el corazón. País de *brahmines* y *pandits*, país de grandes conocedores, filósofos. Conocen todos los Vedas, los Upanishads. Pueden recitar de memoria todas las escrituras —país de intelecto—. Por eso ha venido sucediendo tantas veces.

Incluso yo siento —tantas veces lo siento— que cuando un *brahmin* llega, la comunicación es difícil, con un hombre que conoce demasiado se hace casi imposible, porque sabe sin saber. Él ha reunido muchos conceptos, teorías, doctrinas, escrituras... Todo esto es sólo un peso en su conciencia, no es un florecimiento. Esto no le ha sucedido, lo ha tomado prestado. Y todo lo que es prestado es un desecho, podredumbre. Arrójalo tan pronto como puedas.

Sólo aquello que te sucede es verdadero.
Sólo aquello que florece en ti es verdadero.
Sólo aquello que crece en ti es verdadero y vivo.

Recuérdalo siempre: evita el conocimiento prestado.

El conocimiento prestado se convierte en un truco de la mente: esconde la ignorancia, nunca la destruye. Y cuanto más te rodee el conocimiento, mayor es la ignorancia y la oscuridad en las profundidades de tu centro, en la raíz misma de tu ser. Y un hombre de conocimientos ¤conocimientos prestados¤ está casi encerrado en estos conocimientos, no se le puede penetrar. Y es difícil encontrar su corazón; él mismo ha perdido contacto con aquél. Así es que no es accidental que Tilopa haya tenido que ir al Tibet, Bodhidharma a China. Una semilla tiene que viajar muy lejos si no encuentra tierra fértil aquí.

Recuerda esto, pues es fácil enviciarse con el conocimiento -es un vicio, una droga. Y L.S.D. no es tan peligroso, ni la marihuana. En algún sentido son similares pues la marihuana te hace vislumbrar algo que no existe; te da un sueño que es una visión absolutamente subjetiva, una alucinación. El conocimiento es igual: te da la alucinación del saber. Empiezas a sentirte que sabes puesto que puedes recitar los Vedas. Sabes porque puedes discutir, tienes una mente muy, pero muy lógica y aguda. ¡No seas tonto! La lógica no ha conducido a nadie hacia la Verdad. Y una mente argumentativa es infantil, discutir es como un deporte.

La vida existe sin argumento alguno y la Verdad no necesita pruebas; sólo necesita tu corazón. No vive de argumentos sino de tu amor, tu confianza, tu capacidad de recibir.

> *"Mahamudra está más allá de todas las palabras*
> *y los símbolos,*
> *pero para ti, Naropa, leal y sincero*
> *esto debe decirse:*
>
> *El Vacío no necesita apoyo,*
> *Mahamudra descansa en la nada.*
>
> *No haciendo esfuerzo,*
> *sino permaneciendo simple y natural,*
> *uno puede romper el yugo*
> *y ganar por tanto, la Liberación.*

Nunca palabras con mayor significado han sido pronunciadas jamás. Trata de entender cada acento de lo que Tilopa está tratando de decir: "El Vacío no necesita apoyo".

Para que exista algo, es necesario un apoyo, un soporte. Pero si no hay nada —está vacío— no hay necesidad de soporte. Y éste es el mayor descubrimiento de todos los que conocen: que tu ser es un no-ser. Decir que es un ser es un error puesto que no es algo. Es como la nada: un gran vacío sin límites. Es Anatma —un no-ser— no es un ser dentro de ti.

Todo sentimiento de ser es falso. Toda identificación con "yo soy eso, o lo otro" es falso.

Cuando alcanzas lo Absoluto, cuando llegas a la profundidad de ti mismo, de repente sabes que no eres esto ni aquello, no eres nadie. No eres un ego, eres sólo un enorme vacío. Y si algunas veces te sientas, cierras los ojos y sientes quién eres, ¿dónde te encuentras? Adéntrate más y puede que sientas miedo, porque cuanto más te adentras más sientes que no eres nadie, nada. Por eso la gente se asusta de la meditación. Esta es la muerte —la muerte del ego— y el ego es sólo un falso concepto.

Ahora los físicos han llegado a entender la misma verdad ahondando en la materia a través de sus investigaciones científicas. Lo que Buda, Tilopa y Bodhidharma alcanzaron a través de su visión interior, la ciencia también lo ha venido descubriendo en el mundo exterior. Ahora dicen que no hay sustancia, y sustancia es un concepto paralelo al ser.

Una roca existe, se ve muy sustancial. Puedes golpear la cabeza de alguno con ella hasta sangrarlo, matarlo. Es muy sustancial. Pero pregunta a los físicos, ellos te dirán que es una no-sustancia, no hay nada en ella. Es sólo un fenómeno de energía. Muchas corrientes de energía entrecruzándose en la roca dan una sensación de sustancia. Como cuando dibujas en un papel muchas líneas entrecruzadas. Cuando dos líneas se cruzan se hace un punto; muchas líneas se cruzan y un gran punto se forma. ¿En realidad el punto está ahí? ¿O es que las líneas al cruzarse dan la ilusión de que hay un punto?

Los físicos dicen que las corrientes de energía al entrecruzarse crean la materia. ¿Y qué son esas corrientes de energía? Ellas no son materiales, no tienen peso. Son inmateriales. Líneas inmateriales entrecruzándose dan la ilusión de algo material, de algo muy sustancial como es la roca.

Buda obtuvo esta iluminación veinticinco siglos antes de Einstein: que adentro no hay nada, sólo líneas de energía entrecruzándose dan una sensación de ser. Buda acostumbraba explicar que el ser es como una cebolla: la pelas y le quitas una capa, pero otra queda, y así continúas hasta que al final, después de remover todas las capas no queda nada. El hombre es como una cebolla: uno pela capas de pensamiento, sentimiento, ¿y qué se encuentra al final? Nada.

Esta nada no necesita soporte.
Esta nada existe por sí misma.

Por eso es que Buda dice que no hay Dios; no hay necesidad de Dios porque Dios es un soporte. Y Buda dice que no hay creador, porque no hay necesidad de crear la nada. Este es uno de los más difíciles conceptos, lo entiendes sólo cuando lo descubres.

Por eso Tilopa dice: "Mahamudra está más allá de todas las palabras y los símbolos".

Mahamudra es una experiencia de la nada.
Simplemente no eres.
Y cuando no eres, ¿quién es quien sufre?
¿Quién es el que sufre y se angustia?

¿Quién es el que está deprimido y triste?
¿Y quién es feliz y lleno de beatitud?

Buda dice que si te sientes alegre, otra vez serás víctima del sufrimiento, puesto que todavía eres. Cuando ya no eres, completa y absolutamente, entonces ya no hay sufrimiento ni felicidad, y esto es la verdadera beatitud. Entonces ya no puedes retroceder. Obtener la nada es obtener todo.

Todo mi esfuerzo con vosotros es también hacia la nada, hacia el total vacío.

"El vacío no necesita apoyo,
Mahamudra descansa en la nada.
No haciendo esfuerzo;
sino permaneciendo simple y natural,
uno puede romper el yugo
y ganar por tanto, la Liberación".

La primera cosa que hay que entender es que el concepto de ser es creado por la mente: no hay ser en ti.

Sucedió una vez que un gran budista, un hombre iluminado, fue invitado por un rey. El nombre del monje budista era Nagasen, y Minander el del rey que había sido nombrado aquí virrey por Alejandro Magno cuando éste partió de la India; su nombre indio es Milinda. Milinda pidió a Nagasen que viniera a instruirlo. Estaba realmente interesado y había oído hablar mucho de Nagasen. ¡Era un raro fenómeno! Realmente es raro que un hombre florezca, y este hombre había florecido. Un aroma de lo desconocido lo circundaba, una misteriosa energía. Caminaba sobre la tierra pero no era de este planeta. Por eso lo invitó.

El mensajero que fue a buscar a Nagasen regresó muy confundido, porque él había dicho: "Sí, si él invita, Nagasen irá, pero anúnciale que no hay ningún Nagasen. Si él invita yo iré, pero dile que no hay nadie que sea yo; yo no existo más".

29

El mensajero estaba confundido pues si Nagasen no existía, ¿quién iría? Milinda también lo estaba y dijo: "Este hombre es un enigma, pero que venga". Él era griego, y la mente griega es básicamente lógica.

Existen solamente dos mentalidades en el mundo: la india y la griega. La india es ilógica y la griega es lógica. La india penetra en las oscuras profundidades, silvestres, sin fronteras, donde todo es vago, nebuloso. La mentalidad griega marcha sobre la línea lógica, recta, donde todo es definido y clasificado. La mentalidad griega se mueve en lo conocido. La mentalidad india se mueve en lo desconocido, más aún, en lo inconocible. La mentalidad griega es absolutamente racional; la india es absolutamente contradictoria. Así es que si encuentras demasiadas contradicciones en mí, no te preocupes, ésta es la forma. En Oriente, la contradicción es una forma de explicar.

Milinda dijo: "Este hombre parece irracional, se ha vuelto loco. Si no existe, ¿cómo puede venir? Pero déjalo que venga, ya veremos. Le probaré —sólo con venir— que sí existe".

Entonces vino Nagasen. Milinda lo recibió a la entrada y lo primero que le dijo fue: "Estoy confundido, has venido a pesar de que has dicho que ya no eres". Nagasen le dijo: "Aún lo afirmo, dejémoslo establecido aquí".

Una multitud se reunió. Toda la corte estaba allí. Nagasen dijo: "Pregunta". Milinda preguntó: "Primero dime: ¿si algo no es, cómo puede venir? Si no es, no hay posibilidad de que venga, y si tú has venido, la simple lógica dice que tú eres".

Nagasen rio y dijo: "Mira esta *ratha*" —el carruaje en que había venido. Entonces pidió a sus acompañantes que desunieran a los caballos. Los caballos fueron retirados.

Nagasen preguntó: "¿Los caballos son el carruaje?" Milinda dijo: "Por supuesto que no".

Entonces, una a una, todas las partes del carruaje fueron retiradas. Al retirar las ruedas preguntó: "¿Estas ruedas son el carro?" Milinda dijo: "Por supuesto que no".

Cuando todo fue removido y no quedó nada, Nagasen preguntó: "¿Dónde está el carro que me condujo? Cada cosa que quitamos estuviste de acuerdo en que no era el carruaje, pero ahora ¿dónde está el carro?"

Nagasen dijo: "Así como esto Nagasen existe. Quita las partes y él se desvanecerá".

Sólo hay un crucero de líneas de energía: quita las líneas y el punto desaparecerá. El carruaje es sólo una combinación de las partes. Tú también eres una combinación de partes. El "Yo" es una combinación de partes. Sustrae las partes y el "Yo" se desvanecerá. Por eso cuando los pensamientos son removidos de la conciencia tú no puedes decir: "Yo", puesto que Yo no existe; sólo un vacío queda. Cuando los sentimientos se sustraen, el ser desaparece completamente. Tú eres y no eres: una ausencia sin límites, el vacío.

Esta es la final adquisición: el estado de Mahamudra, porque solamente en ese estado puedes tener un orgasmo con el Todo. Ahora no existen fronteras, no existe ser. Ahora no hay una frontera que te divida.

El Todo no tiene límites. Tú debes hacerte como el Todo y entonces habrá un encuentro, una fusión. Cuando estás vacío no tienes límites y entonces te conviertes en el Todo.

Cuando no eres, eres el Todo.
Cuando eres, sólo eres un pobre ego.
Cuando no eres, tienes toda la extensión
de la existencia como ser.

Pero éstas son contradicciones. Así es que trata de entender. Sé un poco como Naropa, de otro modo estas palabras y estos símbolos no significarán nada para ti. Escúchame con fe. Y cuando te digo: escúchame con fe quiero decirte que es así porque yo lo he visto. Soy un testigo. Rindo testimonio de que así es. Puede que no sea posible explicarlo, pero eso no quiere decir que no sea así. Puede que sea posible decir algo, pero eso no significa que así sea. Se puede decir algo que no es y ser incapaz de decir algo que es. Yo rindo testimonio de esto, pero tú serás capaz de entenderme sólo si eres Naropa, si escuchas con fe.

No estoy enseñando una doctrina. Para nada me hubiera interesado Naropa si esto no fuera también mi experiencia. Tilopa lo ha dicho bien: "El Vacío no necesita apoyo, Mahamudra descansa en la nada".

En nada se apoya Mahamudra. Literalmente Mahamudra significa el gran gesto, el gesto absoluto, más allá del cual nada es posible.

> *Mahamudra descansa en la nada.*
> *Sé nada, entonces todo has obtenido.*
> *Perece, entonces serás dios.*
> *Desvanécete, entonces serás el Todo.*
> *Aquí la gota desaparece,*
> *y aquí el océano cobra existencia.*

No te aferres a ti mismo, es lo que has estado haciendo todas tus vidas: aferrarte; temes que si no te aferras al ego, se abre un abismo sin fondo.

Por eso nos apegamos a cosas mínimas, triviales. Este apego muestra que estás consciente del enorme vacío interior. Algo es necesario para amarrarnos, pero tu apego es tu *samsara*, tu sufrimiento. Déjate caer en el abismo. Una vez que te has dejado caer, tú te conviertes en el abismo.

Entonces no hay muerte, pues ¿cómo el abismo puede morir? Entonces no hay término, pues ¿cómo la nada puede terminar? Algo puede terminar, sólo la nada puede ser eterna. Mahamudra descansa en la nada.

Déjame explicarte a través de alguna de tus experiencias. Cuando amas a una persona, te conviertes en no-ser. Por eso el amor es difícil. Y por eso Jesús dice que Dios es amor. Él conoce algo acerca de Mahamudra, pues antes de empezar a enseñar en Jerusalem él había estado en India. Había estado también en Tibet y había encontrado gente como Tilopa y Naropa. Estuvo en Monasterios budistas. Supo lo que esta gente conoce como "nada". Entonces trató de traducir todos sus conocimientos a la terminología judaica. Ahí todo empezó a embrollarse.

No se puede traducir el punto de vista búdico a la terminología judaica. No es posible porque toda la terminología de los judíos depende en términos positivos, y la terminología budista en términos absolutamente nihilistas: nada, vacío. Pero aquí y allá se encuentran rastros en las palabras de Jesús. Él dice: "Dios es amor". ¿Qué es lo que él está indicando?

Cuando amas, te vuelves nadie. Si continúas siendo alguien, entonces el amor nunca sucede. Si amas a alguna persona, incluso por un breve momento en que el amor fluye entre los dos, hay dos nadas, no dos personas. Si has tenido alguna vez una experiencia de amor, puedes entenderlo.

Dos enamorados sentados uno al lado del otro -dos "nadas" juntos-: sólo entonces el encuentro es posible porque las barreras se rompen, las fronteras desaparecen. La energía puede moverse de aquí para allá sin estorbo. Y sólo en tales momentos de amor profundo el orgasmo es posible.

Cuando dos enamorados hacen el amor, si ellos son dos no-seres -"nada"- el orgasmo sucede. Entonces la energía de su cuerpo, su ser entero, pierde toda identidad. No son más ellos mismos: han caído al abismo. Pero esto puede suceder sólo por un momento; otra vez se recuperan y otra vez empiezan a aferrarse. Por eso también en el amor la gente siente miedo.

En un amor profundo la gente teme volverse loca, o piensa que va a morir, tiene miedo de lo que acontezca. El abismo abre la boca; la existencia toda, bosteza, y tú de repente te sientes caer en ella. La gente se asusta; entonces se queda en la satisfacción sexual y llama al sexo: "amor".

El amor no es sexo. El sexo puede suceder en el amor, puede ser una parte ¤parte integral¤ pero sexo en sí mismo no es amor, es un sustituto. Estás tratando de evitar el amor a través del sexo. Estás tratando de sentir que amas, pero no estás llegando al amor. El sexo es como el conocimiento prestado: da la sensación de saber sin saber. Da la sensación de amar sin amar.

En el amor tú no existes, tampoco el otro. De repente los dos desaparecen. Lo mismo sucede en Mahamudra. Mahamudra es un total orgasmo con la existencia entera.

Por eso en Tantra ¤y Tilopa es un Maestro Tántrico¤ la relación profunda, orgásmica entre dos amantes, es también llamada Mahamudra, y los dos amantes en profundo estado orgásmico están representados en los templos tántricos, en los libros tántricos. Son el símbolo del orgasmo final.

> *Mahamudra descansa en la nada.*
> *No haciendo esfuerzo*
> *sino permaneciendo simple y natural...*

Y éste es todo el método de Tilopa y del Tantra: no hacer esfuerzo... Porque si se hace esfuerzo el ego se fortalece. Al hacer esfuerzo, tú intervienes.

Así, el amor no es un esfuerzo, tú no puedes esforzarte para amar; tú simplemente dejas que te suceda, flotas en él.

No es una cosa que se haga, es un suceso: "no haciendo esfuerzo", y lo mismo pasa con la Totalidad; al final, tú no haces ningún esfuerzo, simplemente flotas con ella, pero... permaneciendo simple y natural. Esta es la base misma del Tantra.

Yoga dice: haz esfuerzo, y Tantra: no hagas ninguno. Yoga está orientada hacia el ego y al final da el salto; pero Tantra desde el principio se aleja del ego. Yoga, al final, alcanza tal significado, tal profundidad, y dice al aspirante: "no descartes el ego, sólo al final". Tantra lo dice desde el preciso paso inicial.

Me gustaría explicarlo así: Donde Yoga termina, Tantra empieza. La más alta cumbre de la Yoga es el principio del Tantra, y Tantra te conduce hacia la meta última. La Yoga puede prepararte para el Tantra, eso es todo; porque el objeto final es no hacer esfuerzo, ser simple y natural.

¿Qué es lo que Tilopa quiere decir con "simple y natural"? No luches contra ti mismo, suéltate. No trates de hacer una estructura de carácter y moralidad a tu derredor. No te disciplines demasiado, de otra forma tu disciplina te aprisionará. No crees una cárcel alrededor de ti. Permanece suelto, fluido, responde a las circunstancias. No te desplaces con una coraza de carácter, con una actitud fija; permanece fluido como el agua, no rígido como el hielo. Permanece móvil y flexible dondequiera que la naturaleza te conduzca. No resistas, no trates de imponer nada sobre ti, sobre tu ser.

Pero la sociedad entera te enseña a imponerte una cosa u otra: sé bueno, sé moral, sé esto o lo otro. Y Tantra es absolutamente fuera de la sociedad, la cultura y la civilización. Dice que si eres muy civilizado perderás todo lo que es simple y natural y te volverás algo mecánico, no fluido ni flexible. Así que no fuerces una estructura a tu derredor: vive momento a momento, alerta. Y ésta es una cosa muy profunda que hay que entender.

¿Por qué la gente trata de crear una estructura a su derredor? Así no necesita estar alerta, pues si no tienes carácter necesitarás estar muy, pero muy alerta, cada momento hay que tomar una decisión. Tú no tendrás decisiones prefabricadas, actitudes fijas. Debes responder a la situación: algo pasa y tú no estás absolutamente preparado, tendrás que estar muy alerta.

Para evitar ser consciente la gente ha creado un truco y el truco es el carácter. Fuérzate a una disciplina y así, estés o no preparado, la disciplina se encargará de ti. Toma el hábito de decir siempre la verdad, y por ese hábito tu verdad está muerta.

Y la vida no es simple. La vida es un fenómeno muy complejo. Algunas veces se necesita una mentira y aún la verdad puede ser peligrosa, uno tiene que estar alerta. Por ejemplo: si a través de tu mentira la vida de una persona se salva; si nadie se daña y alguien se salva, ¿qué hacer? Si tienes una idea fija de que debes decir la verdad, entonces matarás a alguien.

Nada vale más que la vida, ni la verdad, nada hay de más valor. Y algunas veces la verdad puede matar a alguien. ¿Qué hacer? Sólo para salvar tu viejo hábito, tu propio ego: "Yo soy un hombre de palabra", sólo por ser adicto a la verdad, ¿vas a sacrificar una vida? Esto sería demasiado. Incluso si la gente dice que eres un mentiroso, ¿qué hay de malo en ésto? ¿Por qué preocuparse de lo que la gente dice acerca de ti?

Es difícil. No es fácil crear un patrón fijo porque la vida continúa moviéndose y cambiando, cada momento hay una nueva circunstancia y uno tiene que responder a ella. Responde con plena conciencia, eso es todo. Y deja que la decisión salga de la situación misma, no prefabricada ni impuesta. No lleves una mente programada, permanece simple, consciente, natural.

Un hombre realmente religioso es así; por lo contrario, los falsamente llamados religiosos, están muertos. Ellos actúan por hábito, es un condicionamiento, no una libertad. La conciencia necesita libertad.

Sé simple, recuerda esta palabra tanto como te sea posible. Deja que te penetre. Sé simple, suelto, para que en cada circunstancia puedas flotar fácilmente, como el agua; como el agua que al llenar un vaso toma la forma del vaso, y no resiste.

Permanece suelto como el agua.

Algunas veces tienes que ir al sur y otras al norte, tienes que cambiar dirección; de acuerdo con la situación debes fluir. Si sabes cómo fluir, es bastante. El océano no está demasiado lejos si es que sabes fluir.

Así que no te formes un patrón. Pero toda la sociedad tratará de fórmártelo y todas las religiones también. Solamente unos pocos, los iluminados, han tenido valor suficiente para decir la verdad, y la verdad es: sé simple y natural. Por supuesto que si eres simple, puedes ser natural.

Tilopa no te dice: "Sé moral". Él te dice: "Sé natural".

Y esto es una dimensión completa y diametralmente opuesta. Un hombre moral nunca es natural, no puede serlo. Si siente cólera no se encoleriza porque la moral no se lo permite. Si se siente amoroso, no se lo permitirá, porque la moral está presente. Actuará de acuerdo con la moralidad, nunca de acuerdo con su naturaleza.

Pero yo te digo: Si comienzas a actuar de acuerdo con tus patrones morales y no de acuerdo con tu naturaleza, nunca alcanzarás el estado de Mahamudra, porque éste es un estado natural, la más alta cumbre de la naturalidad. Yo te digo: Si sientes cólera, encolerízate, pero una conciencia perfecta debe permanecer. La cólera no debe sobreponerse a tu conciencia, eso es todo.

Deja que la ira suceda, pero sé plenamente consciente de lo que sucede. Permanece suelto, natural, alerta; observando lo que sucede. Poco a poco verás que muchas cosas simplemente desaparecen, no vuelven a suceder, y sin ningún esfuerzo de tu parte. Nunca tratas de destruirlas y ellas se desvanecen.

Cuando uno es consciente, el enojo poco a poco desaparece, se vuelve estúpido. No que sea malo, recuerda, pues lo malo lleva una connotación de valor. ¡Simplemente se vuelve estúpido! No te dejas llevar por él porque sea malo, sino tonto. No es pecado, sino una estupidez. La codicia desaparece, es estúpida. Los celos desaparecen, son estúpidos.

Recuerda esta valoración. En la moral existe lo bueno y lo malo. En el ser natural existe sólo lo que es sabio y lo que es estúpido. Un hombre natural es sabio, no bueno. Un hombre que no es natural es estúpido, no malo. No hay nada malo ni nada bueno, sólo algo sabio y algo estúpido. Si eres tonto te dañarás a ti y a otros. Si eres sabio no causarás daños a otros ni a ti mismo.

> *No hay nada que sea pecado*
> *ni nada que sea virtud,*
> *sabiduría lo es todo.*
> *Si quieres llamarla virtud, llámala virtud.*
> *Y hay ignorancia,*
> *si quieres llamarla pecado,*
> *ese es el único pecado.*

Así que ¿Cómo transformar tu ignorancia en sabiduría? Esa es la única transformación, y tú no puedes forzarla, sucede cuando tú eres simple y natural.

"... permaneciendo simple y natural,
uno puede romper el yugo
y ganar por tanto, la Liberación."

Y uno se vuelve totalmente libre. Será difícil al principio, pues constantemente los viejos hábitos querrán forzarte a hacer algo: querrás enojarte, y el viejo hábito pondrá en tu cara una sonrisa. Hay gente que cuando sonríe, uno puede estar seguro de que está enojada. En su misma sonrisa muestra su enojo. Oculta algo, una falsa sonrisa le cubre la cara. Estos son los hipócritas.

Un hipócrita no es un hombre natural: si hay cólera, sonreirá; si hay odio, mostrará amor; si se siente con ganas de matar, pretenderá ser compasivo. Un hipócrita es un perfecto moralista: absolutamente artificial; una flor de plástico, inútil, fea; no es una flor en absoluto, sólo pretende serlo.

Tantra es el camino natural; sé simple y natural. Es difícil porque los viejos hábitos tienen que romperse. Es difícil porque tienes que vivir en una sociedad de hipócritas. Dondequiera entrarás en conflicto con los hipócritas; pero uno tiene que pasar por esto. Será arduo porque hay una gran inversión en las pretensiones falsas, artificiales. Puedes sentirte completamente solo, pero esta fase es transitoria. Pronto los otros empezarán a sentir tu autenticidad.

Y recuerda, incluso la cólera auténtica es mejor que una sonrisa forzada, pues por lo menos es auténtica. Y un hombre que no puede enojarse auténticamente, no puede ser para nada auténtico. Por lo menos él es verdadero, verdadero consigo mismo. Puedes confiar en que él es sincero.

Y ésta es mi observación: que el enojo auténtico es hermoso y la falsa sonrisa, fea; y un auténtico odio tiene su propia belleza, como el verdadero amor, pues la belleza está relacionada con la Verdad. Esta no se refiere al odio o al amor, belleza es Verdad. Lo verdadero es hermoso en cualquiera de sus formas. Un hombre muerto verdaderamente es más hermoso que un hombre falsamente vivo, pues por lo menos tiene la cualidad de ser verdadero.

La esposa de Mulla Nasrudin murió. Los vecinos se reunieron, pero Mulla Nasrudin estaba entre ellos por completo indiferente como si nada hubiera pasado. Los vecinos empezaron a lamentarse y llorar diciéndole: "¿Qué haces ahí tan tranquilo, Nasrudin? Ella está muerta". Nasrudin contestó: "¡Esperad! Ella es tan mentirosa que por lo menos voy a esperar tres días para saber si es cierto o no".

Pero recuerda que la belleza es verdad, autenticidad. Vuélvete auténtico y florecerás. Y cuanto más auténtico, más sentirás que algo se desprende de ti, por sí solo. Nunca hiciste esfuerzo para lograrlo y todo cayó por sí solo. Y una vez que conoces el secreto, entonces te haces más simple y natural, auténtico. Tilopa dice:

> *"... uno puede romper el yugo*
> *y alcanzar, por tanto, la Liberación".*

La Liberación no está muy lejos, está escondida en ti. En cuanto eres auténtico, la puerta se abre. Pero tú eres tan mentiroso, tan pretencioso, tan hipócrita, tan profundamente falso, que sientes que la Liberación es algo muy, muy lejano. ¡No lo es! Para un ser auténtico, liberación es lo natural. Tan natural como cualquier otra cosa.

> *Como el agua fluye hacia el océano,*
> *como el vapor se eleva hacia el firmamento,*
> *como el sol es cálido y la luna fría,*
> *así para un ser auténtico es la Liberación.*

No es algo de lo que se pueda presumir, ni algo que se pueda mostrar a otros como una ganancia.

Cuando a Lin Chin le preguntaron: "¿Qué te ha sucedido? La gente dice que te has hecho un Iluminado". Él se encogió de hombros y dijo: "Nada ha sucedido. Corto leña en el bosque y acarreo agua al monasterio, porque el invierno se aproxima". Encogerse de hombros es un gesto muy significativo.

Él quiere decir: "Nada ha sucedido, ¡qué tonterías estás diciendo! Es natural acarrear agua del pozo y cortar leña en el bosque. La vida es absolutamente natural". Lin Chin dice: "Cuando tengo sueño, duermo; cuando tengo hambre, como. La vida se ha vuelto completamente natural".

La Liberación es tu ser perfectamente al natural. No es algo de lo que se pueda uno jactar como si hubieras obtenido algo muy importante. No es nada extraordinario. Es precisamente ser natural, ser tú mismo.

¿Y qué se puede hacer?

Abandona las tensiones, las hipocresías; abandona todo lo que has cultivado alrededor de tu ser natural: vuélvete natural. Esto será una cosa muy ardua, pero sólo al comienzo. En cuanto entres en armonía con ello otros sentirán que algo te ha sucedido, puesto que un ser auténtico es de una fuerza, de un magnetismo tal. Empezarán a sentir que no te mueves como parte de ellos, que eres totalmente diverso. Y tú no te sentirás perdido, pues sólo has perdido lo que es artificial.

Y una vez que el vacío es creado al perderse lo artificial: pretensiones, máscaras... entonces lo natural empieza a florecer; necesita espacio.

Sé vacío, simple y natural. Que ese sea el principio fundamental de tu vida.

II

La Raíz del Problema de Todos Los Problemas

12 de febrero de 1975

La Canción continúa:

Si uno ve la nada mientras contempla el espacio;
si con la mente uno entonces observa a la mente,
uno destruye las distinciones y alcanza
el estado del Buda.

Las nubes que vagan por el firmamento no
tienen raíces ni hogar;
tampoco los distintos pensamientos flotando
por la mente.
Una vez que la mente del Ser es contemplada,
las distinciones cesan.

En el espacio, figuras y colores se forman,
pero ni el negro ni el blanco tiñen el espacio.
Todas las cosas emergen de la mente del Ser,
la mente, por las virtudes y vicios, no se
mancha.

*L*a raíz del problema de todos los problemas es la mente misma.

Así que la primera cosa que hay que entender es: qué es la mente, de qué sustancia está hecha; si es una entidad o sólo un proceso; si es sustancial, o sólo una especie de sueño. Y a menos que conozcas la naturaleza de la mente, no serás capaz de resolver ningún problema de tu vida.

Tú puedes tratar con empeño, pero si tratas de resolver los problemas individualmente, estás destinado a fracasar, esto es una certeza. Porque de hecho no hay problemas individuales, la mente es el problema. Si resuelves un problema u otro, no sirve, pues la raíz permanece sin tocar.

Es como podar las ramas de un árbol, las hojas, y no cortar la raíz. Nuevas hojas, nuevas ramas nacerán, más que antes. La poda ayudará al árbol a hacerse más frondoso. A menos que aprendas a desarraigarlo, tu lucha será infundada y necia. Te destruirás a ti mismo, no al árbol.

En la lucha desperdiciarás tu energía, tu tiempo, tu vida; y el árbol irá haciéndose más y más fuerte, espeso, frondoso. Y te sorprenderás de lo que pasa: trabajas con gran empeño para resolver este problema y el otro, y estos crecen y aumentan. Incluso si un problema se resuelve, diez problemas surgen de repente.

No trates de resolver problemas individualmente, no hay ninguno: la mente misma es el problema. Pero la mente está oculta en las profundidades, por eso la llamo raíz, ésta no es visible. Cuando te topas con un problema, éste está a la vista; por eso te dejas engañar.

Recuerda siempre que lo visible nunca es la raíz. La raíz siempre es invisible, oculta. Nunca luches contra lo visible, estarás luchando contra las sombras. Puede que te aniquiles, pero así no podrás transformar tu vida; los mismos problemas surgirán una y otra vez. Observa tu propia vida y verás lo que quiero decir. No estoy hablando acerca de ninguna teoría de la mente, sino de hechos. La mente es lo que tiene que ser resuelto.

La gente viene a preguntarme: "¿Cómo obtener paz mental?" Y yo les digo: "No existe tal cosa: paz mental; nunca he oído hablar de ella".

La mente nunca es apacible. La no-mente es paz. La mente misma no puede ser silenciosa, su propia naturaleza es ser tensa. La mente nunca puede ser clara pues por naturaleza es confusa, nebulosa. La claridad es posible sin la mente; la paz, el silencio también. Así pues nunca trates de obtener una mente silenciosa. Si lo tratas, desde el principio entrarás a una dimensión imposible.

Así pues, lo primero que hay que entender es la naturaleza de la mente, sólo entonces algo puede hacerse.

Si observas, nunca te encontrarás con una entidad que pueda llamarse mente. No es una cosa, es un proceso. No es una cosa, es algo como una multitud. Existen los pensamientos individuales, pero se mueven con tal rapidez que el espacio entre ellos no puede ser visto. No puedes ver los intervalos porque no estás suficientemente alerta, necesitas profundizar más. Cuando tus ojos puedan mirar dentro, encontrarás súbitamente un pensamiento, otro y otro; pero no la mente.

Pensamientos juntos, millones de ellos, dan la ilusión de que la mente existe. Es como una multitud de millones de gente: ¿Hay una cosa llamada multitud? ¿Puedes encontrar la multitud aparte de los individuos ahí reunidos? Ellos están reunidos y esa reunión te da la sensación de que algo como la multitud existe, pero sólo individuos existen.

Esta es la primera impresión de la mente. Observa y encontrarás pensamientos, nunca a la mente. Y si esto se vuelve tu propia experiencia -no porque yo lo diga o Tilopa lo cante-, si esto se vuelve un hecho de tu conocimiento, entonces muchas cosas de pronto empezarán a cambiar, ya que tú has entendido algo muy profundo de la mente y mucho más entenderás.

Observa la mente y ve dónde está, qué es. Tu sentirás los pensamientos flotando entre los intervalos. Y si observas bastante verás que los intervalos son más que los pensamientos, porque cada pensamiento tiene que estar separado de otro, como de hecho cada palabra está separada de otra palabra. Cuanto más profundices cuantos más intervalos encontrarás, espacios más y más grandes. Un pensamiento flota; entonces otro entra; otro espacio sigue.

Si no estás alerta no puedes ver los espacios: saltas de un pensamiento a otro. Si te haces consciente, verás más y más intervalos. Si te haces perfectamente consciente, entonces miles de intervalos te serán revelados.

Y en esos intervalos, satori sucede.
En esos intervalos la Verdad viene a tu puerta.
En esos intervalos el huésped llega.
En esos intervalos Dios se hace posible,
o como quieras llamarlo.

> *Y cuando la conciencia es absoluta,*
> *entonces sólo hay el vasto espacio de la nada.*

Es como las nubes: al moverse pueden hacerse tan espesas que no te dejan ver el cielo que está detrás. El vasto azul del cielo se pierde cuando está cubierto de nubes. Entonces observa: una nube se va y otra entra en tu visión; y de pronto, un punto del azul vasto del cielo.

Lo mismo sucede dentro: tú eres el vasto azul del cielo y los pensamientos son como las nubes invadiéndote. Pero los espacios existen, el cielo existe. Tener una visión del cielo es *satori*, y ser uno con el cielo es *samadhi*. Del *satori* al *samadhi*, el proceso consiste en una profunda comprensión de la mente, nada más.

La mente no existe como una entidad, sólo los pensamientos existen; es lo primero.

Lo segundo es: los pensamientos existen separados de ti, no son parte de tu naturaleza. Ellos vienen y van; tú permaneces, persistes. Tú eres como el cielo: nunca viene o se va, siempre está ahí. Las nubes vienen y van, son un fenómeno momentáneo, no son eternas. Incluso si tratas de aferrarte a un pensamiento, éste se va, no lo puedes retener, tiene su propio nacimiento y muerte. Los pensamientos no son tuyos, no te pertenecen. Vienen como huéspedes.

Observa profundamente: te volverás el anfitrión, y los pensamientos los huéspedes. Y los huéspedes son hermosos, pero si olvidas completamente que tú eres el amo y ellos toman tu puesto, entonces estás en un lío. El infierno es esto: Tú eres el amo, la casa te pertenece, pero los huéspedes se han vuelto los patrones. Recíbelos, cuídalos, pero no te identifiques con ellos, de otra manera se volverán los amos.

La mente se convierte en un problema porque los pensamientos se han compenetrado demasiado contigo, tanto que has olvidado la distancia, que son huéspedes que van y vienen. Recuerda siempre que lo que permanece es tu naturaleza -tu *tao*-. Presta atención a lo que nunca va ni viene, como el cielo. Cambia la *Gestalt*: no te fijes en los visitantes, permanece con el anfitrión; los visitantes como vienen, se van.

Por supuesto que hay buenos y malos visitantes, pero no necesitas preocuparte. Un buen anfitrión trata a sus huéspedes de la misma manera, sin hacer distinciones. Un pensamiento malo entra y él lo trata igual que al pensamiento bueno. A un buen anfitrión no le concierne si un visitante es bueno o malo.

¿Qué es lo que haces cuando tienes la distinción entre pensamiento bueno o malo? Estás atrayendo al bueno y alejando al malo. Tarde o temprano te vas a identificar con el bueno y éste se volverá el amo. Y cualquier pensamiento que se vuelve el amo produce sufrimiento pues no es la verdad, es un engaño, y te identificas con eso. La identificación es la enfermedad.

Gurdjieff decía que lo único que se necesita es no identificarse con lo que viene y va. La mañana viene, luego el mediodía, después la tarde; se van y entonces viene la noche, y otra vez la mañana. Tú permaneces, no como tú mismo –que ese es también un pensamiento– sino como conciencia pura. No tu nombre -ese es también un pensamiento- no tu forma –otro pensamiento–; no tu cuerpo –que algún día también verás como pensamiento–. Sólo conciencia sin nombre, sin forma... una pureza. Sólo el fenómeno de la conciencia permanece.

Si te identificas, te vuelves la mente, o te vuelves el cuerpo. Si te identificas serás el nombre y la forma, lo que llaman los hindúes *nama-rupa*. Entonces el amo está perdido. Has olvidado lo eterno y lo momentáneo se ha hecho importante. Lo momentáneo es el mundo; lo eterno es lo divino.

Esto es lo segundo que hay que comprender: que tú eres el amo y los pensamientos, los huéspedes.

Lo tercero se hace pronto evidente si sigues observando. Lo tercero es que los pensamientos son ajenos, intrusos; foráneos. Ningún pensamiento es tuyo. Vienen siempre de fuera, tú eres el paso. Como un pájaro que entra por una ventana y sale por otra, así un pensamiento llega a ti y te abandona.

Tú sigues creyendo que los pensamientos son tuyos. No sólo eso, sino que luchas por ellos. Dices: "Este es mi pensamiento". Lo discutes, argumentas acerca de él, tratas de probar que es tuyo. ¡Ningún pensamiento es tuyo, no hay ninguno original, todos son prestados! Y no sólo son de segunda mano, pues ya millones de gentes antes de ti los han proclamado suyos. Un pensamiento es tan ajeno como cualquier objeto.

Alguna vez el gran físico Eddington dijo que cuanto más profundamente la ciencia penetra en la materia, cuanto más se hace evidente que las cosas son pensamientos, puede que así sea, yo no soy un físico y Eddington puede que tenga razón, pero por otra parte, me gustaría decirte que si penetras profundamente en tu ser, los pensamientos se verán más y más como cosas. De hecho son dos aspectos del mismo fenómeno: una cosa es un pensamiento y un pensamiento es una cosa.

¿Qué quiero decir cuando afirmo que un pensamiento es una cosa? Afirmo que puedes arrojar tu pensamiento como cualquier cosa. Puedes golpear la cabeza de alguno con un pensamiento como si fuera una cosa. Puedes matar a alguno con un pensamiento arrojándolo como si fuera una daga. Puedes dar tu pensamiento como una dádiva o como una infección. Los pensamientos son objetos, son fuerzas, aunque no te pertenezcan. Llegan a ti, permanecen en ti durante un lapso y te abandonan. El universo entero está lleno de pensamientos y objetos. Los objetos sólo son la parte física de los pensamientos y los pensamientos la parte mental de los objetos.

Por este hecho -que los pensamientos son cosas- muchos milagros acontecen. Si alguien piensa constantemente en tu bienestar, esto se realizará, pues está arrojando una fuerza hacia ti. Por eso las bendiciones son útiles. Si recibes las bendiciones de alguien que ha llegado al estado de "inmentalidad", éstas se realizarán, ya que quien no utiliza energía mental la acumula.

En todas las tradiciones orientales, antes de que alguna persona empiece a aprender las técnicas para llegar a la "inmentalidad", gran énfasis debe darse a la pérdida de la negatividad, pues si alguien logra el estado de no-mente siendo negativo, puede convertirse en una fuerza peligrosa. Antes se debe volver uno absolutamente positivo. Esa es la diferencia entre la magia negra y la blanca.

La magia negra no es más que el haber acumulado energía de pensamiento sin haber descartado previamente la negatividad. Y magia blanca es cuando se tiene gran energía mental basándose en una actitud totalmente positiva. La misma energía con negatividad es negra y con positividad, blanca. Un pensamiento es una gran fuerza, un objeto.

Esto será lo tercero. Debe ser comprendido y observado dentro de ti mismo.

Algunas veces sucede que puedes ver tu pensamiento funcionando como cosa, pero debido a tu excesivo condicionamiento materialista piensas que es sólo una coincidencia. No le das ninguna importancia al hecho, te olvidas de él. Pero muchas veces notas que has estado pensando en la muerte de cierta persona y ésta muere. Alguna vez has pensado en un amigo y te surge el deseo de que venga, y él está llamando a tu puerta. Piensas que es una coincidencia, de hecho no hay nada que sea coincidencia, todo tiene una causalidad. Tus pensamientos van creando un mundo a tu derredor.

Tus pensamientos son cosas, cuídate de ellos. Manéjalos con cuidado. Si no estás atento puedes causar sufrimiento para ti y otros, pues un pensamiento es una espada de dos filos. Te corta a la vez que lastima a otros, simultáneamente.

Hace dos o tres años, un israelí llamado Uri Geller, quien había estado experimentando con energía mental, dio una exhibición a través de la BBC de la televisión inglesa. Sólo con el pensamiento él puede doblar una cuchara que está en manos de alguien a la distancia de diez pies. No es posible doblar la cuchara con las manos, pero él la dobla con sólo el pensamiento. Entonces aconteció un raro fenómeno; incluso Uri Geller no sabía que fuera posible.

Miles de personas observaban el experimento desde sus hogares. Cuando éste tuvo lugar, muchos objetos en casa de los televidentes cayeron y se distorsionaron, en todas partes de Inglaterra. Como si la energía hubiera sido difundida. Todo lo que estaba a la distancia de diez pies fue afectado. ¡Un milagro!

Los pensamientos son cosas y con mucha fortaleza. Hay una mujer en la Rusia Soviética, Mikhailova. Ella puede afectar los objetos a gran distancia, atraerlos hacia ella con el pensamiento. La Rusia Soviética no es una creyente en ocultismo -un país comunista, ateo- así es que han experimentado con Milkhailova de un modo científico, pero en media hora ella pierde casi un kilogramo de peso. Media hora de experimentar y una pérdida de peso de casi un kilogramo, ¿qué significa? Significa que a través de los pensamientos se arroja energía, y tú constantemente haces esto.

> *Tu mente es una caja parlante.*
> *Tú estás arrojando cosas innecesariamente.*
> *Estás destruyendo a la gente a tu derredor.*
> *Te estás destruyendo a ti mismo.*
> *Eres algo peligroso, transmitiendo*
> *continuamente.*

Y muchas cosas suceden por causa tuya. Hay también una red enorme: cada día hay más gente en el mundo y más pensamientos se transmiten, cada día más, por lo que el sufrimiento aumenta más y más en el mundo.

Cuanto más te alejes, más apacible encontrarás a la tierra -menos transmisores-. En los tiempos de Buda o de Lao-tse el mundo era mucho más apacible, natural; un paraíso. ¿Por qué? la poblacion era muy pequeña y la gente no tendía a pensar demasiado, sino a sentir. Más que pensar querían orar. En la mañana lo primero que hacían era una plegaria. En la noche, lo último, una plegaria. Y durante el día, en cualquier momento disponible, hacían una plegaria silenciosa.

> *¿Qué es la plegaria?*
> *La plegaria es enviar a todos bendiciones.*
> *La plegaria es enviar a todos tu compasión.*
> *La plegaria es crear un antídoto contra*
> *los pensamientos negativos.*
> *Es algo positivo.*

Esto será el tercer punto acerca de los pensamientos, que son cosas, fuerzas que tienes que manejar con cuidado.

De costumbre vas pensando cosas inconscientemente. Es difícil encontrar alguien que no haya cometido crímenes en pensamiento, toda clase de pecados, y entonces eso sucede. Recuerda que aunque no hayas asesinado a alguien, tu pensamiento constante puede crear la situación en la cual esa persona sea asesinada. Alguien puede tomar tu pensamiento pues hay personas más débiles alrededor y los pensamientos fluyen como el agua: hacia abajo.

Por eso aquellos que han conocido la profunda realidad del hombre dicen que de todo lo que sucede en la tierra cada uno es el responsable. De lo que suceda en Vietnam no sólo los Nixon son responsables, también lo son todos los que piensan. Solamente una persona no tendrá responsabilidad, y es aquella que no piensa. De otro modo, todos son responsables de lo que ocurre. Si la tierra es un infierno, tú has participado en su creación.

No continúes lanzando la responsabilidad a otros, tú también eres responsable; es un fenómeno colectivo. La enfermedad brotará en cualquier sitio; la explosión sucederá miles de millas lejos de ti —no hay diferencia—, el pensamiento es un fenómeno inespacial.

Es por eso que el pensamiento viaja más rápido aún que la luz, pues aún la luz necesita espacio. De hecho el pensamiento no necesita tiempo ni espacio para desplazarse. Puedes estar aquí pensando en algo y esto sucede en América. ¿Cómo te pueden hacer responsable? Ninguna corte puede castigarte, pero en la última corte de la Existencia sí serás castigado —lo estás ya siendo—. Por eso sufres.

La gente viene y me dice: "No hemos hecho mal a nadie y sufrimos tanto". Quizás no hagáis nada, pero habéis pensado hacer; y el pensamiento es más sutil que el hacer. Uno se puede proteger de las acciones pero no de los pensamientos; todos son vulnerables.

El no pensar es un requisito si quieres ser liberado del pecado, del crimen, de todo lo que pasa, eso es lo que significa ser un Buda.

Un Buda es una persona que vive sin la mente, por tanto no es responsable. Por eso en Oriente decimos que nunca acumula *karma*, o sea, consecuencias para el futuro. Él vive, camina, come, habla y hace multitud de cosas, por lo que debería acumular *karma*, pues *karma* significa actividad. Sin embargo en Oriente se dice que aún cuando un Buda llegue a matar, no hay *karma*. ¿Por qué? Y tú, aún si no matas, acumulas *karma*, ¿por qué? Es simple: cualquier cosa que un Buda hace lo hace sin involucrar su mente en ello.

> *Él es espontáneo, ésta no es actividad.*
> *Él no piensa lo que va a hacer, esto sucede.*
> *Él no es el autor.*
> *Él se mueve como un vacío.*
> *Él no se propone hacer algo, pero si la*
> *Existencia permite que suceda,*
> *Él lo permite también.*
> *Él no tiene ya un ego que resista,*
> *un ego que actúe.*

Eso es lo que significa estar vacío y ser un no-ser, *anatta*. Entonces no hay nada que acumules, no eres responsable de nada de lo que pasa a tu alrededor; entonces trasciendes.

Cada uno de tus pensamientos va creando algo para ti y para otros. ¡Sé alerta!

Pero cuando te digo: sé alerta, no te digo que tengas buenos pensamientos, no. Porque al tener buenos pensamientos los malos también entrarán. ¿Cómo lo bueno puede existir sin lo malo? Si piensas en el amor, el odio estará ahí, escondido. ¿Cómo puedes pensar en el amor sin pensar en el odio? Puede que no lo pienses conscientemente, quizá el amor esté en la capa consciente de la mente, pero el odio estará oculto en el inconsciente; ellos marchan juntos.

Siempre que pienses en la compasión pensarás en la crueldad. ¿Puedes pensar en la no-violencia sin pensar en la violencia? En la misma palabra no-violencia la violencia entra; está ahí, en el mismo concepto. ¿Puedes pensar en *brahmacharya*, castidad, sin pensar en sexo? Es imposible, pues la castidad significa ausencia de sexo. Y si la *brahmacharya* se basa en dejar de pensar en el sexo, ¿qué tipo de *brahmacharya* es?

No, hay una calidad de ser totalmente diversa, la cual se deriva del no pensar: ni bueno ni malo; simplemente un estado sin pensamiento. Nada más observa, permanece consciente, pero no pienses. Y si algún pensamiento entra -entrará, pues los pensamientos no son tuyos- que sólo floten en el aire. Alrededor hay una esfera de pensamiento, justo como el aire. Hay pensamientos alrededor de ti que siguen penetrando por cuenta propia. Esto se detiene en cuanto te vuelves más y más consciente. Si tú eres consciente, los pensamientos simplemente desaparecen, se desvanecen, porque la conciencia es una energía mayor que el pensamiento.

La conciencia es como un fuego para el pensamiento. Es exactamente como cuando en tu casa enciendes una lámpara y la oscuridad se va. La apagas y la oscuridad entra en el mismo instante. Los pensamientos son como la oscuridad: entran sólo si la oscuridad se va. La apagas y la oscuridad entra en el mismo instante. Los pensamientos son como la oscuridad: entran sólo si no hay luz interior. La conciencia es fuego: más consciente eres, menos pensamientos entrarán.

Si te integras verdaderamente con tu consciencia, los pensamientos no penetrarán en ti para nada. Te vuelves una fortaleza impenetrable. No que estés cerrado, recuerda: tú estás absolutamente abierto. Es sólo como si tu conciencia fuera tu fortaleza. Y cuando los pensamientos no pueden penetrarte, ellos te dejarán. Los verás entrar, pero al mismo tiempo se retirarán. Entonces puedes ir a donde quieras –al infierno mismo– y nada te afectará. Esto es lo que significa la Iluminación.

Ahora trata de entender el *sutra* de Tilopa:

Si uno ve la nada mientras contempla el espacio;
si con la mente uno entonces observa a la mente,
uno destruye las distinciones
y alcanza el estado del Buda.

Si uno ve la nada mientras contempla el espacio. Este es un método, un método tántrico: contemplar el espacio, el cielo, sin ver; mirar con ojos vacíos. Mirar sin fijarse en nada: una mirada vacía.

Algunas veces encuentras la mirada vacía en un loco -locos y sabios tienen algo en común-. El loco mira tu cara, pero notas que él no te está viendo, él sólo mira a través de ti como si estuvieras hecho de vidrio transparente; tú estás sólo de por medio. Él mira sin mirarte, simplemente mira.

Mira al cielo sin fijarte en nada, pues de lo contrario una nube vendrá. Algo quiere decir una nube; nada, el vasto espacio azul del cielo. No te fijes en ningún objeto pues tu mirada misma creará el objeto: viene una nube y te encontrarás mirando a la nube. Incluso si hay nubes, no las mires, simplemente mira; si están ahí déjalas flotar. De repente llega el momento en que te armonizas con esa forma de mirar sin mirar: las nubes desaparecen para ti, sólo el vasto cielo permanece. Es difícil porque tus ojos están enfocados hacia las cosas.

Mira a un recién nacido. Tiene los mismos ojos que un sabio –o un loco–: perdidos, flotantes. Puede dejar que sus ojos floten hacia el centro o hacia los lados, no están fijos. Su sistema nervioso es líquido, aún no está estructurado, todo en él es flotante. Así es que el niño mira sin fijarse en las cosas, con mirada de loco. Obsérvalo, la misma mirada te es necesaria, pues debes hacerte niño por segunda vez.

Observa al loco porque él ha caído de la sociedad. Sociedad significa un mundo fijo de juegos y papeles establecidos. El loco no tiene un papel ahora, lo ha perdido; es un extraño. El sabio es también un perfecto extraño en otra dimensión. Él no está loco; de hecho él representa la única posibilidad de salud perfecta. Pero el mundo entero está loco, fijo, por eso el sabio parece loco también. Observa al loco: esa es la mirada que uno necesita.

En las viejas escuelas tibetanas siempre tenían un loco para que los aspirantes pudieran observar sus ojos. Un loco era muy apreciado. Era buscado porque un monasterio no podía existir sin uno; era objeto de observación. Los aspirantes trataban de aprender a mirar el mundo con los ojos del loco. Esos tiempos eran hermosos.

En el Oriente los locos nunca han sufrido como en Occidente. En Oriente eran apreciados. Un loco tenía algo especial y la sociedad lo cuidaba y respetaba porque él tenía cierto elemento del sabio, cierto elemento del niño. Él es diferente de la sociedad, cultura, civilización; se ha salido de ella. Por supuesto ha descendido de ella; el sabio ha ascendido, esa es la diferencia; pero ambos se han salido. Y ellos tienen similitudes. Observa al loco y trata de tener los ojos desenfocados.

En Harvard se hizo un experimento hace unos meses, que sorprendió a todos, no lo podían creer. Trataban de averiguar si el mundo es tal como lo vemos o no, porque muchas cosas se han estado haciendo evidentes en los últimos años. A un hombre joven le dieron anteojos con lentes distorsionados para que los usara durante siete días. En los tres primeros días él estuvo en un tremendo estado porque todo alrededor de él parecía distorsionado. Esto le proporcionó tales jaquecas que no podía dormir. Aún con los ojos cerrados esas figuras distorsionadas se le aparecían: las caras, los árboles, el camino, todo distorsionado. No podía ni caminar pues desconfiaba de lo que veía. Pero un milagro sucedió.

Después del tercer día, él se armonizó con los lentes y la distorsión desapareció. Los lentes eran los mismos, pero él empezó a ver el mundo como antes. En una semana todo se compuso; ni jaqueca ni problema alguno quedó, los científicos estaban sorprendidos. Los ojos habían cambiado completamente, como si los lentes no estuvieran ahí. Los lentes eran distorsionados, pero los ojos ahora veían al mundo tal como habían sido entrenados para verlo.

No vemos el mundo como es, sino como aceptamos que debe verse, proyectamos algo en él.

En una ocasión, por primera vez llegó un gran barco a una pequeña isla del Pacífico. La gente de la isla no lo vio. ¡Nadie lo vio! Y el barco era inmenso, pero la gente tenía ojos acostumbrados a ver pequeñas barcas, nunca habían visto tal cosa. Sus ojos simplemente se rehusaron a ver.

Nadie sabe lo que estás mirando, si existe o no. Puede que no exista o exista de modo totalmente diverso. Los colores, las formas que ves, todo está proyectado por los ojos. Y siempre que te fijes, a través de tus viejos patrones, verás cosas de acuerdo a tus condicionamientos. Por eso el loco tiene una mirada líquida, ausente, al mismo tiempo mira y no mira.

Esta forma de mirar es hermosa. Es una de las grandes técnicas del Tantra:

> *"Si uno ve la nada mientras contempla el espacio..."*

No veas, sólo mira. En los primeros días verás algo una y otra vez debido al viejo hábito. Oímos cosas por el viejo hábito, entendemos cosas por el viejo hábito.

Ouspensky, uno de los más grandes discípulos de Gurdjieff, acostumbraba insistir sobre un punto con sus discípulos, y muchos lo resentían en tal forma que incluso lo abandonaban por eso. Cuando alguien decía: "Ayer nos dijiste..." él inmediatamente lo detenía y rectificaba: "No digas eso, dí que ayer entendiste que dije..." Siempre se debía agregar "yo entendí". Decía: "No puedes saber lo que se dijo, habla de lo que tú oíste". E insistía mucho porque estamos habituados.

Otra vez alguien decía: "En la Biblia se dice..." El interrumpía: "No digas eso, simplemente dí que tú entiendes que esto está dicho en la Biblia". En cada frase insistía que hay que recordar que eso es tu modo de entender.

Sus discípulos continuaban olvidándose una y otra vez y él seguía terco. Él no dejaba a nadie continuar. Decía: "Empieza otra vez, dí: esto es lo que entendí..." Porque uno oye y ve de acuerdo a uno mismo, pues se tiene un patrón fijo para ver y oír.

Esto debe abandonarse.
Para conocer la existencia,
toda actitud fija debe ser abandonada.
Tus ojos deben ser sólo ventanas, no proyectores.
Tus oídos deben ser puertas, no proyectores.

Sucedió que un psicoanalista que estudiaba con Gurdjieff realizó un experimento durante una ceremonia de matrimonio. Él se formó entre los invitados para dar la felicitación y observó que nadie oía lo que se decía, así es que muy lentamente dijo a uno de los que ofrecían la recepción: "Mi abuela murió hoy". El otro contestó: "Esto es muy gentil de su parte". Y el novio, a su turno, contestó: "Viejo, tú deberías seguir el ejemplo".

Nadie escucha a nadie. Escuchas lo que esperas. La expectativa es tu anteojo, tus lentes. Tus ojos deberían ser ventanas, ésta es la técnica.

Nada debe salir de tus ojos pues si algo sale, una nube se forma. Entonces ves cosas que no existen, se crea una sutil alucinación. Que haya pura claridad en tus ojos, en tus oídos; que todos tus sentidos sean puros; tu percepción, pura; sólo entonces la Existencia te podrá ser revelada. Y cuando conozcas la Existencia sabrás que tú eres un Buda, un dios, puesto que en la Existencia todo es divino.

"Si uno ve la nada mientras contempla el espacio;
si con la mente uno entonces observa a la mente..."

Primero contempla el cielo. Tiéndete en el suelo y sólo mira. Sólo una cosa debe intentarse: no te fijes en nada. Al principio fallarás una y otra vez, lo olvidarás una y otra vez, no serás capaz de recordarlo continuamente, pero no te sientas frustrado; esto es natural debido al largo hábito. En cuanto lo recuerdes de nuevo, desenfoca tus ojos, con la mirada perdida, simplemente mira. Pronto llegará el momento en que podrás mirar el cielo sin tratar de ver nada en él.

> *Entonces trata de hacer lo mismo con tu cielo interior:*
>
> *"... si con la mente uno entonces observa a la mente..."*

Cierra los ojos y mira hacia adentro, sin fijarte en nada, con la misma mirada perdida. Los pensamientos flotan pero tú no los buscas ni los sigues, simplemente miras. Si vienen, bueno; si no vienen, bueno también. Entonces podrás ver los intervalos: un pensamiento pasa, otro llega, y el intervalo. Entonces, poco a poco podrás ver que el pensamiento se hace transparente y aun cuando uno esté pasando, tú continuarás viendo el cielo oculto detrás de las nubes.

Y cuanto más te armonices con ese modo de ver, más los pensamientos se perderán; vendrán menos y menos. Los espacios se harán mayores, por minutos ninguno vendrá y estarás quieto y silencioso dentro de ti, por primera vez integrado. Todo es beatitud, sin perturbaciones. Y si este pensamiento se vuelve natural en ti -es una de las cosas más naturales cuando se pierden los condicionamientos- entonces:

> *"... uno destruye las distinciones..."*
> *entonces no hay nada bueno, nada malo;*
> *nada feo, nada hermoso,*
>
> *"... y alcanza el estado del Buda".*

El estado del Buda significa el más alto despertar. Cuando todas las distinciones, todas las divisiones se pierden, la unidad es obtenida, uno sólo permanece. No se puede ni siquiera decir "uno" porque ¿cómo decir uno sin decir por lo bajo "dos"? No, no se dice "uno permanece", simplemente que el "dos" ha desaparecido, lo múltiple no existe ya. Ahora hay una vasta unidad sin ningún límite.

Un árbol fundiéndose en otro árbol, la tierra fundiéndose en los árboles, los árboles fundiéndose en el cielo, el cielo fundiéndose en el más allá... tú fundiéndote en mí, yo fundiéndome en ti... todo unido. Las distinciones perdidas, disolviéndose y fundiéndose como las olas en las olas... una vasta unidad vibrando, viva, sin fronteras, sin divisiones, sin definiciones, sin distinciones... El sabio fundiéndose en el pecador, el pecador en el sabio... el bien volviéndose mal, el mal volviéndose bien... el día haciéndose noche, la noche, día... la vida disolviéndose en la muerte, la muerte remodelándose otra vez en la vida... todo se hace uno.

Sólo en este momento el estado de Buda es obtenido: ya no hay nada bueno, nada malo, no hay virtud ni pecado, no hay oscuridad, ni luz, ni noche... nada, no hay distinciones.

Las distinciones existen porque tus ojos están entrenados.
La distinción es una cosa aprendida.
La distinción no existe en la vida.
La distinción es proyectada por ti.
La distinción la das tú al mundo, ahí no está.
Es un truco de tus ojos; tus ojos jugándote una broma.
"Las nubes que vagan por el firmamento
no tienen raíces ni hogar;
tampoco los distintos pensamientos
flotando por la mente.
Una vez que la mente del Ser es contemplada,
las distinciones cesan."

Las nubes que vagan por el firmamento no tienen raíces, no tienen hogar... Y lo mismo es cierto con tus pensamientos, con tu cielo interior: tus pensamientos no tienen raíces, no tienen hogar; vagan como las nubes. Así es que no necesitas luchar con ellos o estar en contra, ni siquiera tratar de detenerlos.

Esto debe volverse una profunda convicción en ti, pues cuando una persona se interesa en la meditación empieza a tratar de detener el pensamiento. Y si tratas de detenerlo, nunca lo lograrás porque el esfuerzo mismo de detener el pensamiento es un pensamiento; el esfuerzo mismo de meditar es un pensamiento, el esfuerzo mismo de obtener el estado del Buda es un pensamiento. ¿Y cómo puedes detener un pensamiento con otro? ¿Cómo puedes detener la mente creando otra mente? Entonces te aferrarás a la otra. Y esto continuará así hasta el infinito, sin fin.

No luches, porque ¿con quién vas a luchar? ¿Quién eres tú? Sólo un pensamiento, así que no hagas de ti un campo de batalla de un pensamiento contra otro. Sé más bien un testigo, observa a los pensamientos flotantes. Ellos se detienen pero no porque los detengas. Se tienen por haberte hecho tú más consciente, no por tu esfuerzo. No, así nunca se detienen, resisten. Trátalo y lo verás: intenta detener un pensamiento y verás como persiste. los pensamientos son muy tercos –*hatha yoguis*–. Los arrojas y regresan un millón de veces. Te cansarás pero ellos, no.

Sucedió que un hombre llegó hasta Tilopa. Este hombre quería alcanzar el estado del Buda y sabía que Tilopa lo había obtenido. Tilopa estaba en un templo del Tibet. El hombre se acercó a Tilopa y le dijo: "Quisiera detener mis pensamientos". Tilopa le contestó: "Es muy fácil. Te daré una forma, una técnica: permanece sentado sin pensar en los monos; esto basta". El hombre contestó: "¿Tan fácil? Jamás yo he pensado en los monos". Tilopa le dijo: "Ahora haz esto y mañana comentarás".

Ya puedes entender lo que le pasó a este pobre hombre... monos y monos a su derredor. En la noche no pudo dormir. Abría los ojos y los encontraba ahí sentados, o cerraba los ojos y también, haciendo muecas. Él estaba estupefacto: "¿Por qué ese hombre me ha dado tal técnica? Porque si los monos son el problema, yo jamás me he preocupado de ellos. ¡Esto me ha sucedido por primera vez!".

Pero siguió intentándolo y a la mañana siguiente continuó. Tomó un baño... pero nada, los monos no lo abandonaban.

Regresó por la tarde casi loco, porque los monos le seguían y él hablaba con ellos. Llegó y dijo: "Sálvame, ya no puedo más, estaba yo bien así. Ya no quiero ninguna meditación, ninguna Iluminación, pero sálvame de estos monos".

Puede ser que si quieres pensar en monos ellos no vengan. Pero si no quieres que vengan, entonces te seguirán. ¡Ellos tienen sus egos! No te van a dejar tan fácilmente. ¿Y quién crees que eres para no pensar en ellos? Los monos no van a permitir que esto suceda.

Esto le sucede a la gente. Tilopa le jugó una broma; quería decir que si uno intenta detener los pensamientos, esto no se puede lograr. Al contrario, el esfuerzo mismo les da energía; el esfuerzo de evitarlos se convierte en atención. Si quieres evitar algo, le estás prestando demasiada atención. Si quieres no pensar en algo, estás ya pensando en eso.

Recuérdalo, de otra manera te pondrás en el mismo aprieto que ese pobre hombre que se obsesionó con los monos porque trató de detenerlos. No hay necesidad de detener la mente, los pensamientos no tienen raíces, son vagabundos sin hogar. No necesitas preocuparte de ellos, obsérvalos simplemente, obsérvalos sin fijarte en ellos. Simplemente mira.

Si los pensamientos vienen, está bien, no te sientas mal, pues al más leve sentimiento de desaprobación habrás empezado a luchar. Es natural, como las hojas brotan del árbol así los pensamientos brotan de la mente. Es como debe ser. Si no vienen, está muy bien. Simplemente permanece como un observador imparcial, ni en favor ni en contra, ni apreciándolos ni condenándolos; sin ninguna evaluación. Simplemente permanece dentro de ti mismo y observa, mira sin fijarte.

Y sucede que cuanto más miras, menos encuentras, cuanto más profundo llegas, más pensamientos desaparecen, se dispersan. En cuanto te das cuenta de esto, tienes la llave en la mano. Y esta llave descubre el fenómeno más secreto: el estado del Buda.

> *"Las nubes que vagan por el firmamento*
> *no tiene raíces ni hogar;*
> *tampoco los distintos pensamientos*
> *flotando por la mente.*
> *Una vez que la mente del Ser es contemplada,*
> *las distinciones cesan".*

Una vez que has visto los pensamientos flotar, que tú no eres los pensamientos sino el espacio entre ellos, entonces has llegado a la mente de tu Ser y has entendido el fenómeno de tu conciencia. Entonces las distinciones cesan: nada es bueno, nada es malo. Entonces todo deseo se desvanece pues no hay nada bueno ni malo, nada que desear ni que evitar.

Tu aceptación te hace simple y natural. Empiezas a flotar con la existencia sin dirigirte hacia ninguna meta, pues no hay meta. Ahora empiezas a disfrutar cada momento sea como sea -recuerda- como venga. Y lo puedes disfrutar puesto que ahora no tienes deseos ni expectativas. No pides nada, así que agradeces lo que recibes. Simplemente respirar es tan hermoso. Estar aquí es tan maravilloso que cada momento de la vida se convierte en algo mágico, ¡un milagro en sí!

> *"En el espacio, figuras y colores se forman,*
> *pero ni el negro ni el blanco tiñen el espacio.*
> *todas las cosas emergen de la mente del ser,*
> *la mente, por virtudes y vicios, no se mancha".*

Y entonces miras que en el espacio las formas y los colores tienen lugar. Las nubes toman la forma de elefantes y leones, o de lo que gustes. En el espacio las formas y los colores vienen y van... y a pesar de lo que suceda el cielo permanece intocable, sin mancha. En la mañana es como el fuego -el rojo fuego del sol- todo el firmamento se tiñe; pero en la noche ¿dónde se oculta el rojo? El cielo está oscuro, negro. En la mañana ¿dónde lo negro se va? El cielo permanece puro, sin mancha.

Y éste es el camino de un *sannyasin*: permanecer como el cielo, sin mancha, suceda lo que suceda. Un buen pensamiento viene, un *sannyasin* no se jacta de ello. Él no dice: "Estoy lleno de buenos pensamientos, virtuosos, bendiciones para el mundo". No, él no presume porque al hacerlo se mancharía. No proclama ser bueno. Un pensamiento malo viene, él no se deprime por ello, de otro modo se mancharía. Bueno o malo, día o noche, todo lo que viene y va él simplemente observa. Las estaciones cambian y él observa; juventud se convierte en vejez y él observa, permanece intocable. Esto es lo esencial de un *sannyasin*, ser como el espacio.

Y esto es de hecho lo que pasa. Si piensas que te manchas, esto es un pensamiento. Si piensas que te has vuelto bueno o malo, pecador o sabio, esto es sólo un pensamiento puesto que tu cielo interior nunca se vuelve otra cosa, es lo que es. Convertirse en algo es identificarse con un nombre o una forma, algún color. Tú eres un ser, eres lo que eres, no necesitas volverte nada.

Mira el cielo: la primavera llega y toda la atmósfera se llena con cantos de pájaros, las flores y sus fragancias. Luego llega el verano y el otoño. Vienen las lluvias -todo sigue cambiando, cambiando-. Y todo sucede en el firmamento, pero nada lo tiñe; permanece distante. Presente en todas partes y distante a la vez. Cercano a todo y lo más lejano también.

Un *sannyasin* es como el cielo —vive en el mundo—: el hambre llega y la saciedad; el verano llega y el invierno; buenos días, malos días; buenos estados de ánimo, en éxtasis; malos sentimientos, depresivos, oscuros... Todo viene y va y él permanece como observador. Simplemente mira y sabe que todo pasará. No está ya identificado con nada.

La no identificación es *sannyas*, y *sannyas* es el más grande florecimiento posible.

> *"En el espacio, figuras y colores se forman*
> *pero ni el negro ni el blanco tiñen el espacio.*
> *Todas las cosas emergen de la mente del Ser.*
> *La mente, por las virtudes y vicios, no se*
> *mancha."*

Cuando Buda alcanzó el Absoluto, la última Iluminación, fue interrogado: "¿Qué has obtenido?" Y contestó riendo: "Nada, porque lo que obtuve estaba ya dentro de mí. Nada nuevo logré, esto ha estado ahí desde la eternidad, es mi naturaleza; pero no me daba cuenta de ello, no era consciente. El tesoro estaba ahí, pero yo lo había olvidado".

Tú lo has olvidado, eso es todo; esa es tu ignorancia. Entre Buda y tú no hay diferencia en lo que concierne a la propia naturaleza. Solamente una distinción existe y es que tú no recuerdas quién eres. Él lo recuerda. Ambos son lo mismo, pero él lo recuerda y tú no. Él está despierto y tú, dormido profundamente; pero la naturaleza es la misma.

Trata de vivir de esta manera. Tilopa habla acerca de las técnicas -vive en el mundo como si tú fueras el cielo, has de esto tu estilo de vida. Alguien se enoja contigo, te insulta: observa, si la ira surge en ti, observa. Sé un observador, sigue mirando y mirando. Y con sólo mirar sin mirar nada, sin obsesionarse con nada -cuando tu percepción sea clara- sucede que, intempestivamente, en el acto, tú te despiertas: eres un Buda, un Iluminado, el que ha despertado.

¿Qué es lo que un Buda gana con esto? Nada gana. Más bien, al contrario, pierde muchas cosas: el sufrimiento, el dolor, la angustia, la ansiedad, la ambición, los celos, el odio, la avaricia, la violencia... todo. En lo que a las ganancias se refiere, nada. Él obtiene aquello que ya estaba ahí, él recuerda.

III

La Naturaleza de la
Oscuridad y de la Luz

13 de febrero de 1975

La Canción continúa:

*La oscuridad de siglos no puede opacar el
luciente sol;
tampoco los largos kalpas del samsara
pueden ocultar la luz esplendorosa de la
Mente.*

*Aunque palabras son pronunciadas para
explicar el Vacío,
el Vacío es tal que no puede ser expresado.*

*Aunque decimos: La Mente es una luz brillante,
ésta trasciende las palabras y los símbolos.*

*Aunque la Mente es en esencia el vacío,
ésta contiene y abraza todas las cosas.*

*M*editemos primero un poco en la naturaleza de la oscuridad. Es una de las cosas más misteriosas de la existencia y tu vida también está relacionada con ella, no puedes darte el lujo de no pensar en ella. Uno tiene que familiarizarse con la naturaleza de la oscuridad pues es la misma que la del sueño, la misma que la de la muerte y de la ignorancia.

Lo primero que te será revelado si meditas en la oscuridad es que ella no existe, está ahí sin ninguna existencia. Es más misteriosa que la luz puesto que no sólo no tiene existencia sino que es precisamente la ausencia de la luz. No hay oscuridad por ningún lado, es simplemente una ausencia. No existe por sí -no tiene existencia propia- significa que la luz no está presente.

Si la luz está, no hay oscuridad; si no hay luz, hay oscuridad. Oscuridad no es la presencia de algo. Por eso la luz viene y va y la oscuridad permanece. Puedes producir luz; puedes destruirla; pero no puedes crear ni destruir la oscuridad. Está ahí siempre sin estar ahí.

La segunda cosa que descubrirás si contemplas la oscuridad, es que, puesto que no es existencia, no puedes hacerle nada. Si tratas de vencerla serás vencido. ¿Cómo puedes vencer a algo que no existe? Y si te vence piensas que es algo muy poderoso puesto que te ha vencido.

¡Esto es absurdo! La oscuridad no tiene poder, te ha vencido tu estupidez. La estupidez fue empezar a luchar con algo que no existe. Pero recuerda, tú has estado luchando con muchas cosas que no existen, que son como la oscuridad.

Toda la moral es una lucha contra la oscuridad, por eso la moral es incondicionalmente estúpida.

El odio no es real, es sólo la ausencia de amor.

La ira no es real, es sólo la ausencia de compasión.

La ignorancia no es real, es sólo la ausencia de la Iluminación, del estado del Buda.

El sexo no es real, es sólo la ausencia de *brahmacharya*. Y toda la moral continúa luchando contra eso que no existe. Un moralista no puede triunfar, es imposible, todo su esfuerzo es insensato.

Y esta es la diferencia entre moral y religión: la moral trata de luchar contra la oscuridad y la religión trata de avivar la luz oculta en el interior. No le importa la oscuridad, simplemente descubre la luz. En cuanto la luz se enciende, la oscuridad desaparece, no necesitas hacer nada con la oscuridad, ésta simplemente no queda.

Esta es la segunda cosa: nada puede hacerse a la oscuridad directamente. Si algo quieres hacer con la oscuridad, tendrás que hacer algo con la luz. Apaga la luz y habrá oscuridad, pero no puedes apagar ni encender la oscuridad, no la puedes echar fuera. Para llegar a la oscuridad tienes que pasar por la luz, es un camino indirecto.

La mente está tentada a luchar contra aquello que no existe, esto es peligroso, no te dejes tentar; así se puede disipar tu energía, tu vida y tú mismo. Simplemente observa si algo tiene existencia real o si es sólo una ausencia. Si es una ausencia, no luches, busca aquello de lo cual es la ausencia y entonces estarás sobre la pista.

El tercer punto acerca de la oscuridad es que está profundamente involucrada en tu existencia en miles de formas.

Siempre que te enojas tu luz interior se desvanece. De hecho, te enojas porque la luz se ha desvanecido, la oscuridad ha quedado. Sólo puedes enojarte cuando eres inconsciente, no se puede uno enojar conscientemente. Pruébalo: pierde consciencia y podrás enojarte, o permanece consciente y no te enojarás. ¿Qué significa el hecho de que no puedas enojarte conscientemente? Significa que la naturaleza de la conciencia es como la luz y la naturaleza del enojo es como la oscuridad, no puedes tener ambos.

La gente viene a preguntarme continuamente cómo dejar de enojarse. Es una pregunta equivocada, por lo tanto es difícil dar una contestación correcta. Primero corrige tu pregunta, en vez de preguntar cómo vencer la oscuridad: las preocupaciones, la angustia, la ansiedad, analiza tu mente e investiga por qué está eso ahí. Está porque no eres bastante consciente; así que mejor pregunta: ¿Cómo ser más y más consciente? Si quieres simplemente dejar de enojarte caerás víctima de un moralista. Y si preguntas cómo ser más consciente para que la ira no se produzca, ni la lujuria, ni la codicia, entonces estás sobre la pista y serás un buscador espiritual.

La moral es una moneda falsa que engaña a la gente, nada tiene que ver con la religión. La regligión no es moral porque no tiene nada que ver con la oscuridad. Es un esfuerzo positivo para despertarte. No presta atención a tu carácter -lo que hagas carece de importancia- y tú no puedes cambiarlo.

Puedes decorarlo, pintarlo con colores vivos, pero no cambiarlo.

Hay solamente una transformación, sólo una revolución y ésta no está relacionada con tu carácter o con tus actos, sino con tu ser Ser es un fenómeno positivo: en cuanto tu ser está alerta, despierto, consciente, la oscuridad desaparece inmediatamente. Tu ser es de la naturaleza de la luz.

Y la cuarta cosa antes de penetrar el *sutra* es que el sueño es como la oscuridad. No es accidental el que uno encuentre difícil dormir cuando hay luz. Es natural, la oscuridad tiene parecido con el sueño, por eso es fácil dormir por la noche. La oscuridad crea la atmósfera apropiada para caer en el sueño fácilmente.

¿Qué sucede en el sueño? Pierdes conciencia poco a poco. Luego entra un período intermedio en el cual sueñas. Sueño significa consciencia a medias, inconciencia a medias, medio camino hacia la total inconciencia; desde tu estado de vigilia avanzas hacia la inconciencia. En el camino se producen los sueños cuando estás medio dormido y medio despierto. Por eso, si sueñas continuamente toda la noche, al día siguiente estás cansado. Y si no se te permite soñar también porque los sueños existen por cierta razón.

En tus horas de vigilia acumulas muchas cosas: pensamientos, sentimientos, asuntos incompletos que ocupan la mente. Cuando ves a una mujer hermosa el deseo te sorprende, pero tú eres un hombre respetable, civilizado, desechas esto y sigues hacia tu trabajo, entonces un deseo incompleto te persigue y tiene que ser completado para que puedas dormir profundamente, si no, el deseo se apoderará de tu atención y te hará pensar en la mujer. El deseo no te dejará dormir, pero la mente crea un sueño: otra vez te miras frente a la mujer, pero esta vez estás solo sin civilización alguna a tu derredor, no hay necesidad de cortesías, eres como un animal, natural, sin moralidad. Aquí tu mundo es privado y ningún policía o juez puede entrar. Estás simplemente solo y sin testigo. Puedes disfrutar tu lujuria en un sueño erótico. Ese sueño completa el deseo frustrado y puedes caer en profundo sueño. Pero si sueñas de continuo, entonces también estarás cansado.

En los Estados Unidos existen muchos laboratorios para investigar el sueño y han llegado a descubrir un fenómeno: que si a alguien se le impide soñar, en tres semanas se habrá vuelto loco. Es posible hacerlo porque hay señales visibles cuando alguien sueña: los párpados vibran con rapidez. Cuando no sueña los párpados están quietos puesto que los ojos se mueven para ver. Despiértalo cuando empiece a soñar durante toda la noche y en tres semanas se habrá vuelto loco.

Dormir no es tan necesario. Si despiertas a una persona que no sueña, se sentirá cansada, pero no se volverá loca. ¿Qué significa? Que los sueños son necesarios para ti o tú eres como una ilusión, toda tu existencia es ilusoria, lo que los hindúes llaman *maya* −ilusión−. Los sueños son tu alimento, te fortalecen. Los sueños son el alivio para la locura, y una vez que ésta se alivia, entra el dormir profundo.

De la vigilia se pasa a los sueños y de los sueños al sueño profundo. Cada noche una persona normal tiene ocho ciclos de sueños y sólo entre uno y otro puede dormir profundamente unos minutos. En tales momentos toda conciencia desaparece, la oscuridad es absoluta. Pero aún así estás en la orilla, cualquier emergencia te despertará: la casa en llamas y de inmediato despertarás. O si es una madre y el niño llora, el despertar es súbito. Tú caes en la profunda oscuridad, pero permaneces en la frontera.

En la muerte tú caes directamente al centro. La muerte y el sueño son similares, la cualidad de ambos es la misma. En el sueño todos los días caes en la oscuridad completa; quiere decir que estás completamente inconsciente y esto es el polo opuesto al estado del Buda. Un Buda está totalmente despierto, consciente, y tú cada noche caes en la inconciencia total, en la oscuridad.

En el Guita, Krishna dice a Arjuna que cuando todos duermen el yogui está alerta. Esto no significa que él nunca duerme, sí, él duerme, pero es sólo su cuerpo el que descansa. No tiene sueños porque no tiene deseos. Y duerme no como tú, pues aún en su descanso profundo su conciencia es clara, encendida como una llama.

Cuando duermes, caes en profunda inconciencia, en estado de coma. En la muerte caes profundamente en coma. Esto es como la oscuridad, y por eso tienes miedo a lo oscuro, porque es como la muerte. Y hay gente que teme al sueño también porque el sueño se parece a la muerte.

Me he encontrado mucha gente que aunque quiera no puede dormir. Cuando trato de entender su mente encuentro que el miedo en ellos es lo básico. Les gustaría dormir pues se sienten cansados, pero en el fondo tienen miedo de dormir y eso crea el problema. El noventa por ciento del insomnio es miedo. Si tienes miedo a la oscuridad tendrás miedo también de dormir, y el miedo viene de la muerte.

En cuanto comprendes que tu naturaleza interior es luz, las cosas empiezan a cambiar: entonces no hay sueño para ti, sólo descanso; no hay muerte para ti, sólo cambio de ropaje, de cuerpo. Pero eso puede suceder solamente si tú encuentras tu llama interior, tu naturaleza, tu ser profundo.

Ahora entremos en el *sutra*:

La oscuridad de siglos
no puede opacar al luciente sol;
tampoco los largos kalpas del samsara
pueden ocultar la luz esplendorosa de la Mente.

Aquellos que han despertado se han dado cuenta que "...la oscuridad de siglos no puede opacar al lucienté sol".

Puede que hayas vagado en la oscuridad por millones de vidas, pero esto no puede destruir tu luz interior porque la oscuridad no es agresiva. No existe, ¿cómo puede lo que no existe ser agresivo? La oscuridad no puede destruir la luz, ni siquiera una pequeña llama. Esto es imposible y no puede suceder.

Pero la gente continúa pensando en términos de conflicto: la oscuridad contra la luz. Es absurdo, la oscuridad no puede estar en contra de la luz. ¿Cómo una ausencia puede combatir a eso de lo cual es la ausencia? La oscuridad no puede estar en contra de la luz, ahí no hay lucha, sólo impotencia.

Tú sigues pensando: "¿Qué puedo hacer? Tuve un ataque de ira, un ataque de codicia". Esto es imposible, la codicia no puede atacar, su naturaleza es la oscuridad y tu ser es luz, así que no hay posibilidad. La ira entra, pero esto sólo muestra que tu llama interior está completamente olvidada y no sabes que está ahí. Este olvido puede ocultarla, no la oscuridad.

Así pues, la oscuridad verdadera es tu olvido, y tu olvido puede atraer la ira, la codicia, la lujuria, el odio, los celos; ellos no atacan. Recuerda que eres tú el que invita todo eso, eso viene en calidad de invitado. Tú puedes olvidar que los has invitado puesto que te has olvidado de ti mismo, cualquier cosa puedes olvidar.

El olvido es la verdadera oscuridad. Y en el olvido todo sucede: eres como un borracho que se ha olvidado completamente de sí mismo, de quién es, a dónde va. Toda dirección se ha perdido junto con el sentido de orientación: un borracho. Por eso la enseñanza básica de todas las religiones es la conciencia de sí mismo. El olvido es la enfermedad, el antídoto es la conciencia de sí mismo.

Trata de recordarte. Pero tú dirás: "Me conozco y me recuerdo". Entonces haz una prueba: pon tu reloj frente a ti, fíjate en el minutero y recuerda sólo esto: "Estoy mirando esta manecilla", no podrás recordarlo por tres segundos seguidos sin distraerte.

Lo olvidarás, muchas cosas entrarán en tu mente. Por ejemplo, has hecho una cita y al mirar el reloj la asociación se producirá: "Tengo que encontrar a un amigo a las cinco". De repente entra un pensamiento y te olvidas que sólo estás mirando. Puede ser que empieces a pensar en Suiza pues es un producto suizo. Sólo al mirar el reloj puede ser que empieces a pensar : "Qué tonto soy, ¿qué estoy haciendo aquí, perdiendo el tiempo?" Pero no serás capaz de recordar ni por tres segundos consecutivos que estás sólo mirando a la manecilla moverse.

Si puedes alcanzar un minuto en el recuerdo de ti mismo, prometo hacerte un Buda. Un minuto -sesenta segundos- eso bastará. Puede ser que pienses, "¿Tan fácil?" pues no lo es. No sabes qué tan hondo es el olvido. No serás capaz de hacerlo por un minuto sin que algún pensamiento entre a perturbar el recuerdo de ti mismo.

Esta es la verdadera oscuridad.
Si recuerdas, te convertirás en luz.
Si te olvidas, te convertirás en oscuridad.

Y por supuesto, en la oscuridad toda clase de ladrones entran y atacan. Toda clase de infortunios suceden.

El recuerdo de sí mismo es la llave. Trata de recordarlo más y más, porque así te centrarás en ti mismo, estás en ti mismo. Tu mente vagabunda regresa a ti. De otro modo, tú siempre estarás en algún otro sitio: la mente continuamente está creando nuevos deseos, y tú la persigues en todas direcciones al mismo tiempo. Por eso estás dividido, no eres uno, y tu llama interior continúa meciéndose como rama a merced de poderoso viento.

Cuando la llama interior se aquieta, en el acto una transformación se produce en ti, un nuevo ser nace, un ser de la naturaleza de la luz.

Por ahora eres de la naturaleza de la oscuridad, eres simplemente la ausencia de algo que es posible. De hecho aún no existes, aún no has nacido. Has vivido muchos nacimientos y muertes pero no has verdaderamente nacido. Tu verdadero nacimiento acontecerá cuando transformes tu naturaleza interior, del olvido, al recuerdo de ti mismo.

No te doy una disciplina. No te digo: "Haz esto o lo otro". Mi disciplina es fácil: haz lo que quieras, pero en el recuerdo de ti mismo. Sé consciente de lo que estás haciendo. No necesitas verbalizarlo, pues esto en sí se volverá una distracción. Si repites interiormente: "Yo estoy caminando, yo estoy caminando..." esto te hará olvidarlo. Simplemente recuérdalo. Yo tengo que expresarlo en palabras porque estoy hablando contigo, pero tú simplemente recuerda el fenómeno. Cada paso debe darse con plena conciencia. Al comer, come. No te digo lo que debes comer o no comer. Come lo que quieras, pero recordando que estás comiendo. Pronto verás que se hace imposible hacer muchas cosas.

Con el recuerdo de ti mismo se te hará imposible comer carne. Es imposible ser tan violento si eres consciente. Es imposible dañar a alguien puesto que al recordarte a ti mismo encuentras de repente que la misma luz, la misma llama arde dondequiera, dentro de cada cuerpo, cada unidad. En cuanto más conoces tu naturaleza interior, más penetras en el otro. ¿Cómo puedes matar para comer? Esto se vuelve imposible. No que lo practiques, pues la práctica es falsa. Si practicas cómo no ser un ladrón, esto será falso; siempre encontrarás la forma de ser un ladrón. Si practicas la no violencia, ahí habrá una violencia escondida.

No, religión no puede ser una práctica. La moral puede practicarse, por eso la moral crea hipocresía, máscaras. Religión crea al ser auténtico, esto no puede practicarse. Tú no puedes practicar ser, simplemente te haces más consciente y las cosas empiezan a cambiar. Simplemente empiezas a ser más de la naturaleza de la luz y la oscuridad desaparece.

La oscuridad de siglos no puede opacar al luciente sol...

Por millones de vidas, de eras, tú has estado en la oscuridad; pero no te sientas deprimido ni desesperanzado, pues aún así en este minuto puedes alcanzar la luz.

Imagina: una casa ha permanecido cerrada por cien años, oscura, y tú entras con una luz. ¿La oscuridad podría decir: yo tengo ya cien años y esta luz es recién nacida, no voy a desaparecer a menos que ella permanezca encendida por otros cien años? No, incluso una flamita bebé es suficiente para dispersar la más antigua oscuridad. La oscuridad no puede arraigarse porque no existe, simplemente queda ahí en espera de la luz, y cuando ésta entra aquella no puede resistir porque no tiene positiva existencia.

La gente viene a preguntarme: "Usted enseña que es posible alcanzar la iluminación instantáneamente, entonces, ¿qué sucede con nuestros *karmas* pasados?" Nada, ellos son de la naturaleza de la oscuridad. Puede que hayas robado, asesinado; puedes haber sido un Hitler, un Gengis Khan o algo peor, pero eso no importa. Una vez que te has recordado a ti mismo, la luz entra y todo el pasado desaparece de inmediato, ni por un minuto permanece. Si has asesinado, lo hiciste porque no eras consciente de ti mismo, de lo que estabas haciendo.

Jesús dijo en la cruz: "Padre, perdónalos porque no saben lo que hacen". Simplemente decía: "Esta gente no es de la naturaleza de la luz, no tienen recuerdo de sí mismos, actúan en completo olvido, en la oscuridad se mueven y tropiezan. Perdónalos, no son responsables de lo que están haciendo. "¿Cómo una persona que no tiene el recuerdo de sí mismo puede ser responsable?"

Si un borracho comete homicidio, los tribunales pueden absolverlo si prueba que actuó en plena inconsciencia. ¿Por qué? Porque ¿cómo se le puede hacer responsable? Se le puede hacer responsable de beber, pero no de matar. Si un loco mata tiene que ser absuelto puesto que no es responsable.

Cualquier cosa que hayas hecho, yo te aseguro, no te preocupes. Ha sucedido así porque no eres consciente. Enciende tu llama interior, encuéntrala, está ahí; y de repente todo tu pasado se desvanecerá como si hubiera sucedido en un sueño cuando no eras consciente. Todos los *karmas* sucedieron en sueños y son de la misma sustancia de ellos.

No necesitas esperar a que tus *karmas* se extingan, pues si lo haces tendrías que esperar por la eternidad, y aún así no te liberarías de la rueda puesto que no podrías esperar simplemente a que el tiempo transcurriera, sino que estarías haciendo muchas cosas en ese lapso y el círculo vicioso nunca podría estar completo. Seguirías actuando y haciendo cosas y comprometiéndote para el futuro, sin fin. No, no hay necesidad, simplemente toma conciencia y todos los *karmas* desaparecen en el acto. En un momento solo de intenso estado de alerta, el pasado entero se vuelve tontería.

Esta es una de las cosas fundamentales que el Oriente ha descubierto. Los cristianos no pueden comprenderlo y siguen pensando en el Juicio Final, cuando todos serán juzgados de acuerdo con sus actos, entonces Cristo se equivocó al decir: "Perdónalos porque no saben lo que hacen". Los judíos tampoco lo pueden entender, ni los mahometanos.

Los hindúes son una raza de lo más selecto, han penetrado hasta el fondo último del problema. El problema no es la acción sino el ser. En cuanto uno descubre el ser interior y su luz, no se es más de este mundo; lo que haya sucedido en el pasado pertenece a los sueños. Por eso los hindúes dicen que este mundo es un sueño, solamente el que sueña no forma parte del sueño, todo lo demás sí.

Contempla la belleza de esta verdad: sólo el que sueña no es un sueño, porque si lo fuera, el sueño no podría existir. Por lo menos el sujeto del sueño tiene que ser real.

Durante el día, tú haces muchas cosas mientras estás despierto: vas al mercado, al trabajo y miles de cosas más. En la noche, mientras duermes, te olvidas de todo eso y un nuevo mundo aparece: el mundo de los sueños. Ahora los científicos dicen que se debe dar al sueño el mismo número de horas que a la vigilia. Así, en sesenta años, si veinte se han dedicado al trabajo, veinte se habrán tenido que dedicar al sueño, exactamente el mismo tiempo; así que los sueños no son menos reales, tienen la misma cualidad.

En la noche sueñas, te olvidas del mundo que te rodea cuando estás despierto. En el sueño profundo te olvidas de ambos, el mundo de cuando estás despierto o soñando. En la mañana otra vez este mundo vuelve a la existencia y te olvidas de que has dormido y soñado. Pero una cosa siempre permanece: Tú. ¿Quién es quien recuerda sus sueños? ¿Quién es el que dice: "tuve un sueño anoche", o "tuve una noche placentera sin sueños", quién?

Debe existir un testigo que permanece al margen, siempre mirando. Se despierta, se duerme, sueña... y sigue mirando. Sólo esto es real, pues existe en cualquier estado, es lo único permanente en ti.

Toma más y más conciencia de este testigo. Sé más alerta. En vez de ser un actor sé un espectador en el mundo. Todo lo demás es un sueño, sólo el que sueña es la verdad. Él es lo básico, las ilusiones se producen sólo si él está ahí.

Y en cuanto recuerdas empiezas a reír. ¿Qué tipo de vida existe sin este recuerdo? Eras como un borracho moviéndote a través de estos estados de conciencia sin saber por qué, sin dirección.

Pero:

> *"la oscuridad de siglos*
> *no puede opacar al luciente sol;*
> *tampoco los largos kalpas del samsara*
> *pueden ocultar la luz esplendorosa de la Mente".*

Kalpas, muchas, muchas edades, milenios de este mundo, y tu ser permanece ahí, siempre.

*"Aunque tus palabras son pronunciadas para explicar el Vacío,
el Vacío es tal que no puede ser expresado.*

Aunque decimos: La Mente es una luz brillante ésta trasciende las palabras y los símbolos".

Algo es necesario entender. Hay tres aproximaciones a la realidad: una es la empírica, la de la mente científica que experimenta con el mundo objetivo y a menos que pueda ser probado no lo acepta. Otra es la de la mente lógica, la cual no experimenta sino simplemente piensa, argumenta, encuentra los pros y los contras y sólo a través de un esfuerzo mental, razona y concluye. Y una tercera aproximación, la metafórica, la de la poesía y la religión. Estas tres aproximaciones existen, tres dimensiones por medio de las cuales uno puede dirigirse hacia la realidad.

La ciencia no puede ir más allá del objeto puesto que éste es su limitación. No puede ir más allá de lo externo puesto que la experimentación es posible sólo con lo externo. La filosofía y la lógica no pueden ir más allá de lo subjetivo puesto que éste es un esfuerzo de la mente, funciona en tu mente, no puedes disolverla y trascenderla.

La ciencia es objetiva y la filosofía y la lógica son subjetivas. La religión va más allá, la poesía también: es un puente de oro que une el objeto con el sujeto. Pero entonces todo se vuelve un caos, por supuesto muy creativo, aunque de hecho no hay creatividad ni caos, sino que todo se mezcla, las divisiones desaparecen.

Quisiera decirlo de esta manera: la ciencia es una búsqueda en pleno día, cuando todo es claro, sin fronteras y

es posible distinguir todo bien. La lógica es la búsqueda
nocturna; tropezando en la oscuridad con sólo la mente sin
soporte experimental, pensando. La poesía y la religión son
búsquedas crepusculares, en el justo medio:

> *El día no está más*
> *el esplendor del mediodía se ha ido,*
> *las cosas no son claras, definidas,*
> *la noche aún no ha aparecido,*
> *la oscuridad todavía no ha invadido todo.*
> *La noche y el día se encuentran,*
> *hay una suave luz grisásea*
> *—ni blanca ni negra—*
> *los límites se encuentran y confunden,*
> *todo es indeterminado,*
> *una y otra cosa se entrelazan.*

Esta es la aproximación metafórica. Por eso la poesía
habla en metáforas. Y la religión es la poesía absoluta.
Recuerda, esas metáforas no son para tomarse literalmente,
de hacerlo se pierde el sentido. Cuando digo: "luz interior" no
pienses en términos reales, es una metáfora. Algo está
indicado ahí, pero no definido, demarcado; algo de la
naturaleza de la luz.

Y esto se vuelve un problema porque la religión habla
en metáforas y no puede hacerlo de otra manera porque no
hay modo. Si yo he visitado otro mundo y he visto flores que
no existen en esta tierra, y tengo que hablarte de esas flores,
¿qué es lo que haré? Tengo que usar metáforas o símiles. Te
diré: "como las rosas", pero no son realmente rosas, si no,
diría rosas.

"Como" significa que estoy tratando de relacionar mi
conocimiento del otro mundo con tu conocimiento de éste.
Tú conoces las rosas; no conoces las flores del otro

mundo, y yo que las he visto trato de comunicarte algo, por eso digo "como las rosas". No te disgustes cuando al llegar al otro mundo no encuentres las rosas, no me juzgues, porque nunca lo expresé literalmente. Sólo una cualidad está indicada, es un ademán, un índice señalando la luna. Pero no te fijes en el dedo, éste no importa, mira la luna y olvídate del índice. Esto es lo que significa una metáfora, no te aferres pues a las metáforas.

Mucha gente está en un pantano por apegarse a las metáforas. Cuando hablo de luz interior, a los pocos días alguien viene a decirme que ha visto esa luz -encuentran las rosas del otro mundo que no existen. A causa de este lenguaje metafórico, mucha gente se vuelve imaginativa.

P.D. Ouspensky acuñó la palabra "imaginazione". Cuando alguien venía a hablarle de sus experiencias internas: kundalini ascendiendo, luz en la cabeza, chakras abriéndose; él inmediatamente los detenía diciendo: "Imaginazione". Él decía que imaginazione es la enfermedad de la imaginación y no explicaba más a los que caían víctimas de ella.

La religión habla en metáforas pues no hay otro modo de hacerlo, ella habla del mundo del más allá. Trata de encontrar símiles en este mundo y usa palabras que no tienen valor, pero son las únicas disponibles, algunas hay que usar.

La poesía es comprensible fácilmente, la religión es difícil. Con la poesía uno sabe que es sólo imaginación, no es una verdad, así que no hay problema. La ciencia es fácilmente comprensible pues no es imaginación, es un hecho empírico. Pero la religión es la poesía absoluta, y no es imaginación. y yo te aseguro que es empírica tal como lo es la ciencia, pero no puede usar términos científicos los cuales son demasiado objetivos. No puede usar términos filosóficos los cuales son demasiado subjetivos. Tiene que usar algo que no sea lo uno ni lo otro, algo que ligue a ambos; usa la poesía.

Toda religión es poesía absoluta, esencial. No se puede encontrar más grande poeta que Buda, aunque por supuesto, nunca trató de escribir ni un poema. Aquí estoy ante vosotros, soy un poeta, y nunca he compuesto un sólo poema, ni siquiera un haiku, pero constantemente uso metáforas y trato de crear un puente entre la ciencia y la filosofía. Trato de darte el sentimiento de la totalidad, sin divisiones.

La ciencia es una mitad, la filosofía es otra. ¿Cómo hacer para darte el sentimiento de la totalidad? Si penetras profundamente en la filosofía llegarás a la conclusión a la que Shankara llegó. Él dijo: "El mundo es ilusorio, no existe, sólo la conciencia existe". Y yo sé que ambos tienen razón y ambos están equivocados: están diciendo la mitad de la verdad y negando la otra mitad. Pero si tengo que hablar de la totalidad, ¿cómo hacerlo? La poesía es el único medio, la metáfora. Recuerda esto:

"Aunque palabras son pronunciadas para explicar
el Vacío, el Vacío es tal que no puede ser
expresado".

Por eso los sabios insisten: "Lo que estamos queriendo decir no lo podemos decir; es inexpresable, pero estamos tratando de expresarlo". Siempre ellos señalan el hecho, porque hay la posibilidad de que lo tomes literalmente.

El Vacío es vacío en el sentido de que nada de ti quedará ahí; pero no es vacío en otro sentido, ya que el Todo entrará en él. El Vacío constituirá el fenómeno más perfecto y completo. Pero el problema está en que al decir "Vacío" la mente piensa que ahí no hay nada, así que para qué ocuparse de él; y al decir que no es tal vacío sino el más perferecto estado del ser, la mente se empeña con ambición para llegar a ser lo más perfecto, y en esto el ego entra.

Para descartar el ego, la palabra "Vacío" ha sido enfatizada; pero para hacerte alerta del hecho que Vacío no es realmente un vacío, también se dice que está lleno con el Todo.

Cuando no te interpones, la existencia entra en ti. Cuando la gota desaparece, se convierte en el océano.

Aunque decimos: "La Mente es una luz brillante",
ésta trasciende las palabras y los símbolos.

No te dejes engañar por la metáfora, no empieces a imaginar una luz dentro de ti. Esto es fácil -imaginazione-. Puedes cerrar los ojos y empezar a imaginar la luz. Tú eres tal soñador que puedes soñar tantas cosas.

La mente tiene la facultad de crear cualquier cosa que quieras, una poca de persistencia se requiere. Si puedes crear tan hermosas mujeres en la mente, ¿por qué no luz? Las mujeres que creas con tu mente pueden ser más hermosas que cualquiera de la vida real. Puedes crear un mundo entero de experiencias en tu interior, cada sentido tiene su propio centro imaginativo dentro de sí.

En hipnosis sucede que la imaginación trabaja en plena capacidad y la razón se margina completamente. La hipnosis no es más que la conciencia dormida -que es quien duda-, así que la imaginación funciona perfectamente. Entonces no hay freno, sólo acelerador, y se puede continuar así sin nada que la detenga.

En estado de hipnosis cualquier cosa se puede imaginar. Se le da una cebolla a una persona hipnotizada y se le dice que es una manzana, él la comerá con delicia; luego se le da una manzana diciendo que es una cebolla y sus ojos empezarán a llorar y dirá que está muy fuerte el sabor. ¿Qué es lo que sucede? Que el que duda no está presente, la hipnosis lo ha hecho dormir. Ahora la imaginación funciona sin censura. Este es el problema con la religión.

La religión necesita confianza. Confianza significa que la facultad dubitativa de la mente está dormida, como en la hipnosis. Así que cuando la gente te dice: "Este hombre, Osho, te ha hipnotizado", en cierto modo tiene razón, pues si confías en mí es como una hipnosis: completamente despierto has descartado la razón; ahora la imaginación te funciona a toda capacidad y estás en situación peligrosa.

Si permites a la imaginación, puedes imaginar toda clase de cosas: kundalini, chakras, todo, y todo eso te sucederá. Y todo es hermoso pero no cierto. Así que cuando confíes en una persona sé consciente de la imaginación. Confía, pero no caigas víctima de la imaginación. Cualquier cosa que se diga aquí es metafórico. Y recuerda siempre que todas las experiencias sin excepción, son imaginadas, sólo el sujeto de la experiencia existe en verdad.

Por eso no te fijes en tus experiencias, no les des importancia ni te jactes de ellas. Recuerda que todo lo experimentado es ilusorio y sólo el experimentador es verdadero. Pon atención en el testigo, no en la experiencia, por hermosa que sea, pues es como un sueño que hay que dejar atrás.

La religión, por tanto, es poética. El discípulo tiene que estar alerta pues el estado de confianza en que se encuentra puede hacerlo víctima de la imaginación. Confía, pero acuérdate que son metáforas. Si algo te sucede, recuerda que todo es imaginación excepto tú. Y tú tienes que llegar a un punto donde sólo el experimentador permanezca en el silencio, sin objetos, sin luz, nada.

Lin Chin estaba sentado en su pequeño monasterio en la cima de un cerro, cuando alguien llegó a preguntarle: "¿Qué sucede cuando uno obtiene la Iluminación?" Y Lin Chin contestó: "Me siento aquí, solo, las nubes pasan y yo observo; las estaciones cambian y yo observo; los visitantes llegan y yo observo..."

Al final, sólo el observador -la conciencia- permanece, observando todo. Todas las experiencias desaparecen y sólo el propio fondo de ellas permanece: tú quedas, todo lo demás se pierde. Ten cuidado con la enfermedad llamada imaginazione.

> *Aunque decimos: "La Mente es una luz brillante,*
> *ésta trasciende las palabras y los símbolos.*
> *Aunque la Mente es en esencia el vacío,*
> *ésta contiene y abraza todas las cosas".*

Estas afirmaciones parecen contradictorias. Se dice que la mente es vacía y enseguida que contiene todo. ¿Por qué esta contradicción? Esta es la naturaleza de toda experiencia religiosa. Las metáforas son necesarias.

> *Cuando estés completamente vacío*
> *sólo entonces estarás completo.*
> *Cuando no existas más,*
> *entonces por primera vez vivirás.*
> *Jesús dice:*
> *"Si te quieres perder, te ganarás.*
> *Si te quieres ganar, te perderás".*
> *Si mueres, renacerás.*
> *Si puedes borrarte completamente te volverás*
> *eterno.*
> *te harás uno con la eternidad.*

Todas estas son metáforas, pero si tienes confianza, si amas, si me abres tu corazón, entonces podrás comprender, con ese entendimiento que sobrepasa todo entendimiento, que no es intelectual sino de corazón a corazón. Es una energía que salta de un corazón hacia otro.

Yo estoy aquí y trato de hablarte, pero eso es secundario. Lo básico es que si estás abierto yo puedo entrar en ti. Si mi charla te ayuda a abrirte más y más, ha cumplido su objeto. No estoy tratando realmente de decirte algo, sino de hacerte más y más abierto. Entonces puedo derramarme dentro de ti, y hasta que pruebes eso no podrás entender lo que estoy diciendo.

IV

Sé Como Un Bambú Hueco

14 de febrero de 1975

La Canción continúa:

No hagas nada con el cuerpo, relájate;
mantén la boca cerrada y en silencio
permanece;
vacía tu mente y piensa en la nada.
Como un bambú hueco abandona tu cuerpo.
Sin dar, sin hablar, mantén tu mente en
descanso.
Mahamudra es como mente que a nada se
apega.
Practicando esto, a su tiempo alcanzarás el
Estado del Buda.

*P*rimero, la naturaleza de la actividad y de las corrientes ocultas en ella tiene que ser entendida, de otro modo no hay relajación posible. Aun cuando intentes relajarte no lo lograrás si no has observado y entendido la naturaleza de tu actividad, ya que ésta no constituye un fenómeno simple.

Mucha gente quisiera relajarse pero no puede. La relajación es como un florecimiento, no puedes forzarla. Tienes que entender por qué la actividad te mantiene tan ocupado, por qué estás obsesionado con ella.

Recuerda dos palabras: una es "acción", la otra es "actividad". Una no es la otra, sus naturalezas son diametralmente opuestas. Acción es cuando la situación lo requiere, entonces actúas, respondes. Actividad es cuando la situación no tiene nada que ver -no es una respuesta- sino que, debido a tu inquietud, te proporciona una excusa para ser activo.

La acción se produce en una mente silenciosa y es lo más hermoso de este mundo. La actividad se produce en una mente inquieta y es lo más feo. La acción tiene importancia; la actividad no. La acción es espontánea, del momento. La actividad está cargada de pasado, no es una respuesta al momento presente, sino que más bien canaliza la inquietud que existe en el pasado y la descarga dentro del presente. La acción es creativa. La actividad es muy, muy destructiva; te destruye y destruye a otros.

Trata de ver la sutil distinción. Por ejemplo, tienes hambre y comes; esta es una acción. Pero no tienes hambre, no sientes apetito, y sigues comiendo. Esto es actividad. Esta forma de comer es una violencia: destruyes el alimento con los dientes furiosamente; esto te alivia de la tensión interior. No comes debido al hambre, sino debido a tu urgencia de ser violento.

En el mundo animal la violencia está asociada con las mandíbulas y las manos, los dientes y las uñas. Con el alimento, ambos elementos se unen: la boca y las manos, así tu violencia se alivia. Pero cuando se hace sin hambre, es enfermedad. Esta actividad es una obsesión. Por supuesto no se puede realizar continuamente, así es que la gente ha inventado trucos como mascar goma, fumar... estos son falsos alimentos sin valor alguno, pero que funcionan debido a la violencia.

Un hombre mascando "pan" (betel). ¿Qué está haciendo? Él está matando a alguien en su mente, con una actividad en sí misma inocente, sin hacer mal a nadie en apariencia; pero peligrosa para el que la realiza porque está completamente inconsciente de lo que hace. Un hombre fumando, ¿qué hace? Sólo inhalando el humo, exhalando: un tipo de *pranayama* enfermizo, como Meditación Trascendental; crea una *mandala*, un círculo: absorbe el humo, lo retiene, lo arroja... una especie de canto rítmico. Su inquietud interior se reduce un poco.

En cuanto hablas con alguien, es casi seguro que si empieza a buscar sus cigarrillos es que se está aburriendo contigo. El quisiera mandarte lejos, pero sería descortés; en cambio fuma. En el reino animal él se habría arrojado sobre ti, pero como es un ser civilizado se arroja sobre el cigarrillo.

Ahora puede despreocuparse de ti, ahora puede encerrarse en su propio ritmo fumando.

Pero esta actividad muestra que estás obsesionado; no puedes permanecer tú mismo, silencioso, inactivo. A través de la actividad sigues arrojando tu locura. La acción es hermosa, es una respuesta espontánea y la vida la necesita. A cada minuto hay que actuar, pero la acción nace del momento presente. Tienes hambre y buscas alimento. Tienes sed y buscas agua. Tienes sueño y duermes. Esto es totalmente debido a las situaciones. La acción es espontánea y total.

La actividad nunca es espontánea, viene del pasado. Puede ser que por muchos años la acumules y entonces estalla en el presente, sin razón. Pero la mente encontrará siempre formas de racionalizarlo, dirá que ésta es una acción necesaria. De repente tienes un ataque de ira. Todos pueden ver que esto no es necesario, la situación no lo requiere, pero tú encontrarás formas de justificación: una intelectualización.

Estas intelectualizaciones te ayudarán a seguir siendo inconsciente de tu locura. Estas son las cosas que Gurdjieff llamaba: "buffers". Tú fabricas "buffers" para no darte cuenta de cuál es la situación. Los buffers son usados en los trenes, entre dos vagones, para absorber los golpes de una frenada brusca. Tu actividad es continuamente inoportuna, pero los buffers de intelectualización no te permiten ver la situación, te ciegan. Y este tipo de actividad continúa.

Y si esta actividad existe, no te podrás relajar. Debido a tu necesidad obsesiva siempre quieres hacer algo, lo que sea.

Hay tontos por doquiera que dicen: "Haz algo", "Una mente vacía es el taller del diablo". No es cierto, una mente vacía es lo más hermoso que puede haber en el mundo, lo más puro. Porque, ¿cómo una mente vacía puede ser taller del diablo? El diablo no puede entrar en ella, imposible. El diablo sólo puede entrar en una mente obsesionada con actividad para enseñarle los modos de ser más activa. El diablo nunca dice: "Relájate". Él dice: "¿Por qué estás perdiendo el tiempo? ¡Haz algo antes de que la vida se vaya!" Y todos los grandes maestros que han despertado a la verdad de la vida, han descubierto que una mente vacía deja espacio para que la Divinidad entre.

La actividad puede ser usada por el diablo, no una mente vacía. Él no podría acercarse a ella, pues el vacío sería su muerte. Pero si estás movido por una profunda, una loca urgencia de ser activo, entonces el diablo se hará cargo de ti, será tu única guía.

Este proverbio es absolutamente equivocado, el diablo mismo debe haberlo sugerido.

Esta obsesión de estar en actividad debe ser observada. Y tú tienes que observarla en tu vida diaria pues lo que Tilopa diga, o yo diga, no tendrá significado si no lo ves en ti mismo: que tu actividad no tiene importancia ni es necesaria. ¿Por qué continúas realizándola?

Al viajar me he encontrado con gente que hace lo mismo una y otra vez. Por veinticuatro horas los he podido observar: leen el mismo periódico muchas veces porque no hallan otra cosa que hacer. El periódico no es el Guita, o la Biblia, que uno puede leer una y otra vez porque en cada ocasión surge un nuevo significado. Pero un periódico se termina en cuanto se ve, no vale la pena verlo ni siquiera una vez. Y la gente los repasa, los termina y vuelve a empezar. ¿Cuál es el problema? ¿Cumple esto con una necesidad? No, la gente está obsesionada, no puede permanecer silenciosa e inactiva. Esto es como estar muerto, tienen que estar activos.

El viajar por muchos años me dio la oportunidad de observar a la gente sin ser notado; a veces sólo una persona viaja en el compartimento y en este caso se esforzaba en atraerme a la conversación, pero yo sólo contestaba sí o no. Entonces lo observaba como un experimento.

Él abría la maleta -yo veía que no estaba haciendo nada- y la cerraba. Luego abría la ventanilla y la cerraba. Y entonces empezaba otra vez con el periódico. Fumaba, y otra vez abría la maleta y luego la ventanilla... ¿Por qué hacía esto? Por una urgencia interior, un estado enfermizo de mente. Tenía que hacer algo pues sin eso estaría perdido. Este debe haber sido un hombre de vida activa; ahora tenía un momento para descansar, pero él no puede, el viejo hábito persiste.

Se cuenta que Aurangzeb, un emperador mogul, hizo prisionero a su anciano padre, Sha Jehan, quien había construido el Taj Mahal. Se dice -y está escrito en la autobiografía de Aurangzeb- que Sha Jehan no se molestó ya que todas las comodidades le fueron proporcionadas en su propio palacio. Todo era absolutamente igual que antes salvo una sola cosa: actividad. Él no podía hacer nada. Así que pidió a su hijo Aurangzeb que treinta niños le fueran proporcionados para servirles de maestro.

Aurangzeb no podía creerlo, pues su padre nunca había mostrado inclinación por la enseñanza ni en ninguna otra forma de educación. ¿Qué le había pasado? Pero en fin, los treinta niños le fueron enviados y todo siguió bien. El volvió a sentirse emperador con los treinta niños rodeándolo.

Esto se puede ver en las escuelas primarias: el maestro es casi el emperador. Puede ordenar a los niños que se sienten y ellos se sientan; que se pongan de pie y se ponen. Y para el rey, esto le sirvió para continuar en su viejo hábito, el vicio de mandar.

101

Los psicólogos sospechan que los maestros son en el fondo, políticos sin bastante confianza en sí mismos para entrar en la política, por lo tanto entran en las escuelas donde se convierten en presidentes, ministros, emperadores. Con los pequeños niños ellos pueden imponerse.

Los psicólogos también sospechan que los maestros de primaria tienen cierta inclinación hacia el sadismo. Y para torturar, no se puede encontrar mejor sitio que la escuela primaria. Uno puede torturar a los niños por su propio bien. ¡Observa! Yo mismo he observado, y lo que los psicólogos sospechan yo lo tengo por seguro: que son sádicos. No se pueden encontrar víctimas más inocentes y desarmadas, ni siquiera pueden resistir, el maestro es como un emperador.

Aurangzeb escribe en su autobiografía: "mi padre, debido a sus hábitos, quiere seguir pretendiendo que es el emperador, así que dejémoslo hacerse tonto, no hay nada malo en eso. Le enviaré treinta niños -o trescientos-, lo que quiera. Dejémoslo dirigir una *madersa*, una escuelita, y que sea feliz".

La actividad existe cuando la acción no es necesaria. Obsérvate: el noventa por ciento de tu energía se desperdicia en la actividad y por esto, cuando el momento para la acción se presenta, tú no tienes energía. Una persona serena no es obsesiva, y la energía se acumula en ella. Conserva su energía automáticamente, por eso, cuando la acción es necesaria su ser entero fluye en ella. Por eso su acción es total. La actividad es siempre a medias porque tú no te puedes engañar totalmente. En el fondo sabes que es inútil. Alguna conciencia tienes de que actúas debido a cierta razón enfermiza, aunque esto sea muy vago para ti.

Puedes cambiar actividades, pero a menos de que éstas se transformen en acciones, no servirán. Algunos vienen a decirme que les gustaría dejar de fumar, pero yo les digo: "¿Por qué? ¡Si es tan hermosa Meditación Trascendental! Continúa. Porque si te abstienes vas a empezar algo diferente, pues la enfermedad no cambia por cambiar los síntomas. Entonces vas a mascar goma, "pan" (betel), y hay otras cosas más peligrosas. Estas son cosas inocentes, porque si mascas algo lo estás haciendo tú mismo. Quizá eres un tonto, pero no eres violento, no destruyes a otro. Si dejas de fumar o mascar, ¿qué harás? Tu boca necesita actividad -ésta es una violencia- entonces te pondrías a hablar continuamente y esto es más peligroso".

La esposa de Mulla Nasrudin vino el otro día. Viene raramente, así que inmediatamente comprendí que era algo grave. Le pregunté: "¿Qué pasa?" Ella se tomó una media hora y miles de palabras para explicarme que Mulla habla en sueños, grita y blasfema. Yo le aconsejé: "No hay nada que hacer, simplemente dale la oportunidad de hablar mientras tú y él estén despiertos".

La gente habla y habla, no deja a otros. Esto es lo mismo que fumar. Si tú hablas veinticuatro horas al día... y lo haces: mientras estás despierto, hablas; en sueños la plática continúa. Las veinticuatro horas del día te las pasas hablando. Esto es como fumar, el fenómeno es el mismo ya que la boca necesita movimiento. Y la boca es la actividad básica pues es la primera que tuviste en la vida.

El niño en cuanto nace empieza a mamar, esa es su primera actividad -la básica-. Y fumar es como mamar: leche tibia fluye del seno materno, humo tibio fluye del cigarrillo, y el cigarrillo entre los labios funciona como el pezón materno. Si se te impide fumar o mascar algo, entonces hablas, y esto es más peligroso pues es echar la basura en la mente de otras personas.

¿Puedes permanecer silencioso por largo tiempo? Los psicólogos dicen que si estás callado durante tres semanas empezarás a hablar contigo mismo. Entonces estarás dividido, pues tú eres el que habla y el que oye. Y si permaneces así por tres meses, quedarás listo para el manicomio, ya no te fijarás si hay alguien más contigo. Tú te preguntas y te contestas; ahora estarás completo, no dependerás ya de nadie. Esto es lo que hace un lunático.

Un lunático es una persona confinada en sí misma. Ella habla y ella escucha; es el actor y el espectador. Es todo. Su mundo entero está en sí. Se ha dividido en muchas partes y está fragmentada. Por eso la gente teme al silencio, saben que éste los puede desintegrar. Si tú temes al silencio, quiere decir que tienes una mente obsesiva, febril, enfermiza, la cual continuamente pide actividad.

La actividad es el escape de ti mismo. En la acción tú vives, en la actividad te has fugado, es una droga. En la actividad te olvidas de ti mismo y en el olvido no hay preocupaciones, ni angustia, ni ansiedad. Por eso es que necesitas estar activo continuamente, haciendo una cosa o la otra, pero nunca aquello que resulta del estado de inactividad.

La acción es buena. La actividad es mala. Encuentra la distinción en ti mismo, cuál es una y cuál la otra; este es el primer paso. El segundo es entrar más en la acción para que la energía se ocupe en ella, y estar alerta cuando exista actividad. Si eres consciente la actividad cesa, y la misma energía puede volverse acción. La acción es inmediata, no prefabricada. No te da la oportunidad de ensayar o prepararla. La acción es siempre fresca como rocío matutino; el que es persona de acción siempre está fresco y joven.

El cuerpo puede envejecer, pero su frescura continúa.

El cuerpo puede morir, pero su juventud persevera.

Porque Dios ama la espontaneidad. Dios siempre está en lo nuevo y fresco.

Abandona la actividad más y más. Pero, ¿cómo abandonarla? Puede que el hacerlo se te vuelva una obsesión, que es lo que ha sucedido con los monjes en los monasterios; el abandono de la actividad se les ha hecho obsesión: plegaria, oración, hatha yoga, esto o aquello. Eso también es una actividad que ha regresado por la puerta trasera.

Sé consciente. Siente la diferencia entre actividad y acción, y cuando la actividad tome posesión de ti -de hecho, te posee como un fantasma del pasado- toma consciencia, observa. Fuma pero muy lentamente, con plena conciencia, para que puedas ver lo que estás haciendo.

Si puedes observarte fumando, de improviso encontrarás que el cigarrillo un día se te cae de las manos porque lo absurdo de esto te será revelado. ¡Esto es simplemente estúpido e idiota! Cuando te des cuenta lo arrojarás. Tú no puedes arrojarlo por ti mismo pues esto sería una actividad, y entonces lo recogerías en otra forma.

Deja que las cosas caigan por sí mismas. Deja que la actividad desaparezca, no la fuerces, pues el hecho de forzarla a desaparecer es otra forma de actividad. Observa, está alerta, consciente, y lograrás algo milagroso: cuando algo desaparece por sí mismo, no deja huellas en ti. Si lo fuerzas, la huella queda. Entonces puede que te jactes de haber dejado de fumar después de treinta años de hacerlo, y esta jactancia es la misma cosa; dejaste de fumar y ahora hablas mucho de eso: tus labios están otra vez en actividad y la violencia sigue.

Si un hombre realmente lo comprende, las cosas caen solas, y nadie puede acreditarse el haberlo hecho. El ego no se fortalece por eso. Y entonces más y más acciones se hacen posibles. Cuando tengas oportunidad de actuar totalmente, no dudes, actúa. Actúa más y deja que las actividades caigan por sí mismas. Una transformación se efectuará en ti poco a poco. Esto toma tiempo –necesita madurar– pero no hay prisa.

Ahora entraremos en el *sutra*:

> *"No hagas nada con el cuerpo, relájate;*
> *mantén la boca cerrada y en silencio permanece,*
> *vacía tu mente y piensa en la nada".*

No hagas nada con el cuerpo y relájate. Ahora puedes comprender lo que significa relajación, lo cual es no tener urgencia de actividad. Relajación no quiere decir yacer en el suelo como muerto –cosa que no puedes hacer, sólo puedes fingir–. ¡Tú estás vivo! La relajación te llega cuando tu energía está dentro de ti sin tratar de salir hacia cualquier lado. Si cierta situación se produce, tu actuarás, eso es todo, pero no buscas pretextos para actuar pues estás en paz contigo mismo. Relajación significa estar en uno mismo.

Hace algunos años leí un libro: "Debes Relajarte". Esto es simplemente absurdo, pues "debes" es contrario a la relajación, por eso estos libros sólo pueden venderse en América. "Deber" es una actividad, una obsesión. Debes hacer tal cosa con tu cuerpo, etc.

¿Por qué "debes"? la relajación llega cuando no hay compulsión en tu vida. La relajación no es sólo del cuerpo o sólo de la mente; lo es de tu ser total.

Estás demasiado activo y por supuesto, cansado, disipado, agotado, congelado. La energía vital no fluye. sólo existen bloques en ti. Y cualquier cosa que haces es una locura. Por supuesto tienes necesidad de relajarte. Por eso tantos libros acerca de la relajación se escriben, pero nunca he encontrado a nadie que haya aprendido a relajarse a través de los libros, sino que al contrario, se vuelve más inquieto pues ahora su vida activa continúa igual. Su obsesión por la actividad -su enfermedad- está ahí y él pretende estar relajado, reposado. Toda la confusión interior como un volcán listo para hacer erupción y él en relajación siguiendo las instrucciones de un libro: "Cómo Relajarse".

No existe libro que te ayude a relajar a menos que leas tu propio ser interior, y entonces la relajación no es un deber. La relajación es la ausencia de actividad, no de acción. Así que no hay necesidad de emigrar a los Himalayas. Alguna gente lo hace, para alcanzar la relajación se va a los Himalayas, pero la acción no es renunciable; sin acción renuncias a la vida, y así estarías muerto, no relajado. Así encuentras a muchos en los Himalayas: muertos, no relajados. Han escapado de la vida, de la acción.

Este es el delicado punto que hay que entender: la actividad tiene que cesar, pero la acción no. Dejar las dos es fácil, puedes escaparte a los Himalayas. O también es fácil continuar en las actividades y forzarte por unos minutos todos los días a hacer relajación. Eso es no comprender la complejidad de la mente humana, su mecanismo. La relajación es un estado, no es posible forzarlo. Simplemente hay que abandonar las negatividades, los estorbos, y éste surge por sí mismo.

¿Qué es lo que haces en la noche cuando vas a dormir? ¿Es que haces algo? Si haces algo es que sufres de insomnio. Uno simplemente se acuesta y se duerme; eso no es hacer algo. El hacer algo hace imposible el sueño. De hecho, para dormir, todo lo que se necesita es discontinuar las actividades de la mente. ¡Eso es todo! Cuando no hay actividad, la mente se relaja y duerme. El hacer no es necesario absolutamente.

Tilopa dice: "no hagas nada con el cuerpo y relájate"... ¡nada! Ni posturas Yoga ni distorsiones ni contorsiones del cuerpo, sólo la ausencia de actividad. ¿Y cómo llega ésta? Llega por el entendimiento. La comprensión es la única disciplina. En cuanto comprendas tus actividades súbitamente cesarán. Si tomas conciencia de por qué haces algo, esto no puede seguir. Esta cesación es lo que Tilopa quiere decir con "no hagas nada con el cuerpo y relájate".

La relajación es el estado en que tu energía no se mueve hacia afuera, ni al pasado ni al futuro; está simplemente contigo. En el pozo silencioso de tu propia energía quedas acogido. Este momento es todo, no hay más. El tiempo se detiene, hay relajación. Si el tiempo cuenta, entonces no hay. Este momento es todo, no hay que preguntar por algo más, simplemente disfrútalo. Las cosas ordinarias pueden disfrutarse porque son hermosas. Y de hecho nada es ordinario, si Dios existe todo es extraordinario.

Cuando alguien me pregunta si creo en Dios le digo: "Sí, pues todo es tan extraordinario, ¿cómo puede existir sin poseer profunda conciencia?"

Cosas pequeñas:
Caminar en el prado cuando aún el rocío no se
ha evaporado.
Sintiéndose totalmente ahí.
La textura, el contacto de la verba.
La frescura del rocío,
la brisa matutina, el sol naciente.
¿Qué más necesitas para ser feliz?
¿Qué otra cosa es posible para la felicidad?

O con sólo tenderte en el lecho y sentir la suavidad, la tibieza, y tú rodeado de oscuridad en el silencio de la noche. Cierras los ojos y simplemente, duermes. ¿Qué más se necesita? Esto es más que suficiente. Una profunda gratitud nos rodea: esto es relajación.

La relajación significa que este momento es más que suficiente y más de lo que uno puede desear y esperar. Entonces la energía no se fuga.

> *Se convierte en un pozo de placidez.*
> *Quedas disuelto en tu propia energía.*
> *Este momento es la relajación.*
> *Esto no es del cuerpo o de la mente, es de tu totalidad.*

Por eso es que los Budas dicen siempre: "No tengas deseos", pues saben que si los tienes tú no puedes descansar. Dicen: "Abandona lo muerto", porque si estás muy relacionado con el pasado no puedes descansar. Ellos te dicen: "Disfruta este momento".

Jesús dice: "Mira los lirios del campo, no aran ni hilan, y ni aún Salomón en toda su gloria se vistió así como uno de ellos..."

¿Qué es lo que dice? Dice: "Relájate, no necesitas trabajar para lograrlo, todo está previsto. Si Dios cuida de los pájaros, animales, árboles, ¿por qué te preocupas? ¿Crees que no va a cuidar de ti?" Esto es la relajación, no preocuparte del futuro. Relajación es una completa transformación de tu energía.

La energía puede tener dos dimensiones. Una es motivada, con una meta; este momento es sólo un medio para alcanzar un objeto lejano. Esta es la dimensión de la actividad -orientada hacia una meta-. En cuanto alcances la meta descansarás. Pero para este tipo de energía la meta nunca llega porque ésta siempre continúa cambiando el minuto presente en instrumento para alcanzar algo más en el futuro. La meta queda siempre en el horizonte. Sigues corriendo, pero la distancia permanece igual.

No, hay otra dimensión de la energía, y es la de la celebración sin motivo. La meta está aquí, ahora, no en otra parte. En realidad, tú eres la meta. No hay nada más que este momento, como los lirios del campo. Cuando tú eres la meta y ésta no está en el futuro; cuando no hay nada que alcanzar sino la celebración del momento, entonces has logrado todo. Esta inmotivada energía es la relajación.

Para mí, dos tipos de gentes existen: los que persiguen una meta y los que están contentos. Los primeros son los locos que fabrican continuamente su locura hasta que se pierden completamente en ella. Los otros son los que no persiguen nada, celebran.

Y yo os enseño a celebrar: las flores que despuntan, los pájaros que gorjean, el sol en lo alto... esto es ya demasiado. Y además estás vivo y respiras y tienes conciencia, ¡celébralo! Y entonces de repente te relajas, no tienes angustia ni tensión. La misma energía que está en la angustia se vuelve gratitud. Tu corazón late en profunda gratitud, ésta es plegaria. Plegaria no es más que una profunda gratitud.

"No hagas nada con el cuerpo y relájate..."

No hay necesidad de hacer nada para lograrlo, sólo entender el inmotivado movimiento de la energía. Ésta fluye, pero no hacia la meta sino hacia el gozo.

Cuando un niño danza, salta, corre, si tú le preguntas: "¿A dónde vas?" Tú le parecerás tonto, él no va hacia ninguna parte. Por eso los niños piensan que los adultos son tontos, hacen preguntas tontas. ¿Hay necesidad de ir a alguna parte? Pero la mente orientada siempre hacia una meta piensa que la actividad es importante sólo cuando conduce hacia algún fin.

Y yo te digo:

No hay meta qué alcanzar,
aquí está todo.
La existencia entera culmina en este momento,
converge aquí.
Puedes encontrar la Existencia en este momento.
Todo lo que hay está aquí, ahora.

Un niño simplemente disfruta su energía. El tiene demasiada. Corre no porque tenga que ir a alguna parte, sino porque tiene mucha energía, tiene que correr.

El acto inmotivado es un desbordamiento de energía. Compártela, pero no hagas negocio con ella. Da, puesto que tienes, no para que recibas más, porque en ese caso sufrirás. Todos los negociantes van al infierno. El cielo no es para los que negocian sino para los que celebran.

En la Teología Cristiana por siglos se ha discutido acerca de lo que hacen los ángeles en el cielo. Esta es una pregunta importante para la gente orientada hacia metas. ¿Qué hacen los ángeles? En el cielo no hay nada que hacer. Esta pregunta fue hecha a Meister Erkhart. El contestó: "¿Qué tipo de tontos sois? Ellos simplemente celebran la gloria, la magnificencia, la poesía. Ellos simplemente cantan y danzan en pleno gozo". Pero no creo que esta respuesta haya satisfecho a quien la hizo, pues la actividad parece tener sentido sólo si conduce hacia algún fin.

Recuerda, actividad está orientada a algún fin, la acción no. La acción es un desbordamiento de la energía, es una respuesta al momento, sin preparación ni ensayo. La existencia entera te viene al encuentro y la respuesta simplemente te llega. Los pájaros cantan y tú empiezas a cantar, ésta no es actividad. Es un acontecimiento repentino, empiezas a cantar, esto es una acción.

Si más y más te ves envuelto en la acción y menos ocupado en la actividad, tu vida cambiará y estarás en relajación profunda. Entonces actúas, pero permaneces descansado. Un Buda nunca se cansa porque él no es el actor, lo que tiene lo da en un desbordamiento.

"No hagas nada con el cuerpo y relájate;
mantén la boca cerrada y en silencio permanece".

La boca es en verdad algo muy importante porque de ahí parte la primera actividad. Alrededor del área de la boca toda actividad empieza: la respiración, el llanto, la búsqueda del pecho materno. La boca siempre permanece en actividad. Por eso Tilopa sugiere: "Comprende la actividad, la acción; relájate y ...mantén la boca cerrada..."

Cuando te sientas a meditar o quieres estar silencioso, lo primero que haces es cerrar la boca firmemente. En este caso tu lengua toca el paladar y los labios quedan cerrados. Pero esto lo puedes hacer hasta que has logrado lo que he explicado antes.

Lo puedes hacer sí, no requiere mayor esfuerzo. Puedes sentarte como una estatua con la boca cerrada, pero eso no detendrá tu actividad. Dentro de ti el pensamiento continuará y por lo tanto, cierta vibración sutil en los labios. Cuando estás completamente relajado, esa vibración cesa. Ya no estás hablando ni realizando actividad alguna dentro de ti. Mantén la boca cerrada y en silencio permanece. Y entonces no pienses.

¿Qué es lo que harás? Porque los pensamientos vienen y van. Déjalos, ese no es el problema. Tú no te dejes llevar, permanece ajeno, desapegado. Simplemente obsérvalos ir y venir sin intervenir para nada. Mantén la boca cerrada y permanece silencioso. Poco a poco los pensamientos cesarán automáticamente pues necesitan tu cooperación para seguir. Si cooperas, se quedarán. Si luchas, entonces también se quedarán pues esa es otra forma de cooperar. Una es en favor y otra es en contra, pero ambas son formas de actividad. Simplemente observa.

Pero mantener la boca cerrada es gran ayuda. Así que primero yo te sugiero que bosteces: abre la boca cuanto puedas y manténla tensa hasta que te empiece a doler. Haz esto tres o cuatro veces. Esto te ayudará a mantener la boca cerrada por mayor tiempo. Entonces por otros tres minutos habla en voz alta cualquier cosa que te venga en mente, tonterías sin sentido y disfrútalas. Ahora cierra la boca.

Es siempre más fácil moverse desde el extremo opuesto. Si quieres relajar la mano, primero manténla tensa unos momentos y entonces relájate. Así se obtiene una mayor relajación del sistema nervioso. Haz muecas, distorsiona los músculos de la cara, bosteza y habla sin sentido. Entonces cierra la boca y sé simplemente el observador. Pronto el silencio caerá sobre ti.

Hay dos tipos de silencio. Uno, el silencio que es posible forzar, éste es una violencia, una agresión contra la mente. Otro es el silencio que desciende sobre ti, como la noche. Este te cae, te envuelve. Simplemente creas la posibilidad y éste llega. Cierra la boca y observa, no trates de lograr el silencio. Si tratas podrás forzar algunos minutos de silencio pero no te servirán de nada, por dentro seguirás en tensión. Así que no trates de estar silencioso, simplemente crea la situación, prepara el terreno, planta la semilla y espera.

"Vacía tu mente y piensa en la nada".

¿Qué hacer para vaciar la mente? Los pensamientos vienen, tú observa. Y esta observación debe ser pasiva, no activa. Estos son mecanismos sutiles que hay que entender, de otro modo puedes errar. Y si yerras ligeramente, esto bastará para que la calidad cambie completamente. Observa con pasividad.

¿Cuál es la diferencia? Cuando esperas a tu novia, esperas activamente. En cuanto alguien se asoma a la puerta tú saltas para ver si es ella. Cualquier ruido de las hojas en el viento te hace sentir que llega. Tu mente es muy activa, ansiosa. No, esto no. Si eres demasiado activo no llegarás al silencio de Tilopa o al mío. Ten la pasividad del que se sienta junto al río y simplemente observa. No tiene urgencia, prisa alguna. Nadie lo fuerza. Aún si deja de obsevar nada se pierde.

Simplemente observa, mira. Incluso la palabra observar no es correcta pues tiene un sentido de actividad. Simplemente se observa sin nada qué hacer. Mira como se mira al río pasar. O a las nubes flotando en el firmamento. Pasivamente.

Es esencial comprender esta pasividad, pues tu obsesión por la actividad puede convertirse en espera activa y en este caso la actividad entra de nuevo por la puerta de atrás. Sé un observador pasivo.

"Vacía tu mente y piensa en la nada".

Esta pasividad automáticamente vaciará tu mente. Las olas de energía mental poco a poco se calmarán y toda la superficie de tu conciencia quedará tranquila, sin movimiento, como un espejo silencioso.

"Como un bambú hueco abandona tu cuerpo".

Este es uno de los métodos especiales de Tilopa. Cada Maestro tiene un método a través del cual él ha llegado y a través del cual quisiera ayudar a otros. La especialidad de Tilopa es: Como un bambú hueco...

Un bambú es completamente hueco. Así imagina tu cuerpo cuando descanses: hueco y vacío. En realidad es así, tu cuerpo es como un bambú vacío. tu piel, tus huesos, tu sangre... son parte de ese bambú, y dentro, el vacío.

Cuando te quedes inactivo en completo silencio, la boca cerrada, la lengua inmóvil tocando el paladar, la mente observando pasivamente sin esperar nada en particular, siéntete como bambú. De repente una infinita energía empezará a llenarte. Lo Divino entrará en ti con el misterio, lo desconocido.

> *El hueco bambú se convierte en flauta.*
> *La Divinidad empieza a tocar en ella.*
> *En cuanto te vacías, no hay obstáculo para que*
> *lo Divino penetre en ti.*

Prueba esto, es una de las meditaciones más hermosas, convertirse en un hueco bambú. Nada más necesitas hacer. Simplemente te conviertes y todo lo demás sucede solo. Te vuelves como una matriz y una nueva vida desciende en ti. Una semilla cae. Y llega un momento en que el bambú desaparece por completo.

"Como un bambú hueco abandona tu cuerpo".

Abandónate, no desees incluso cosas espirituales, ni aún a Dios. Dios no puede ser deseado, cuando ya no tienes deseos Él viene a ti. La salvación no puede ser deseada porque el deseo es una cadena. Cuando no tienes deseos ya estás liberado. El estado del Buda no puede desearse porque esto sería el obstáculo. Cuando ya no existe barrera el Buda estalla en ti. Tú tienes la semilla en ti, cuando estás vacío hay espacio, y entonces la semilla germina.

> *"Como un hueco bambú abandona tu cuerpo.*
> *Sin dar, sin hablar, mantén tu mente en*
> *descanso".*

No hay nada que dar ni nada que recibir. Todo está bien tal como está. No hay necesidad de arreglar nada, tú eres absolutamente perfecto tal como eres.

Esta enseñanza del Oriente ha sido muy mal comprendida en el Occidente, pues se piensa que la gente entonces no lucharía por elevarse; no haría un esfuerzo por cambiar su carácter, por transformar sus maldades en bondades. Entonces se harían víctimas del diablo. En Occidente lo que importa es mejorarse uno mismo. Cómo volverse más grande y más fuerte.

En Oriente lo entendemos más profundamente. Hemos visto que este esfuerzo se vuelve el obstáculo porque uno lleva ya consigo su propio ser. No hay que volverse algo, simplemente tomar conciencia de lo que está escondido en sí. Mejorarse tanto como se pueda mantiene en ansiedad y angustia constante porque el esfuerzo dirige a uno hacia caminos equivocados.

Esto hace que el futuro tenga sentido en relación con una meta, y entonces la mente está deseosa.

Desea y errarás. Deja perder los deseos, vuélvete un pozo silencioso sin deseos y ¡oh sorpresa! inesperdamente, todo está ahí. Y te reirás de buena gana como lo hizo Bodhidharma. Los seguidores de Bodhidharma dicen que cuanto tú te vuelvas silencioso otra vez podrás oír su carcajada, como un rugido, pues todavía está riendo sin parar. El rio porque esta es una broma: ¡Uno trata de volverse eso que ya es! ¿Cómo puede uno lograrlo si ya se es lo que uno trata de lograr? La derrota es absolutamente segura, uno no puede volverse lo que ya es. Así que Bodhidharma rio a carcajadas.

Bodhidharma fue un contemporáneo de Tilopa. Tal vez se hayan conocido, no físicamente, pero deben haber sabido que tenían la misma calidad de ser.

> *"Sin dar, sin hablar, mantén tu mente en descanso.*
> *Mahamudra es como mente que a nada se apega".*

Lo has logrado si no te apegas. Con nada en tu mano lo has logrado.

> *"Mahamudra es como mente que a nada se apega.*
> *Practicando esto, a su tiempo alcanzarás el Estado del Buda."*

> *¿Qué es entonces lo que hay que practicar?*
> *Sentirse más y más a gusto.*
> *Estar más aquí y ahora.*
> *Estar más en acción.*
> *Estar menos en actividad.*
> *Estar más y más vacío, hueco, pasivo.*
> *Ser más y más un observador.*
> *Indiferente, sin esperar nada ni desear nada.*
> *Estar contento consigo mismo tal como se es.*
> *Estar gozoso.*
> *Y entonces, cualquier momento,*
> *cuando las cosas maduren en su estación precisa,*
> *floreces como un Buda.*

V

La Verdad Innata

15 de febrero de 1975

La canción continúa:

*La práctica del mantra o paramita,
la instrucción en los sutras y preceptos
y la enseñanza de escuelas y escrituras,
no proporcionarán el conocimiento de la
Verdad Innata.
Pues si la mente llena de deseo
busca una meta,
ella oculta la Luz.*

*Aquél que guarda los preceptos tántricos,
y sin embargo hace distinciones,
traiciona el espíritu del samaya.
Cesa toda actividad, abandona todo deseo,
deja que los pensamientos surjan y caigan
tal como las olas en el mar.
Aquél que nunca daña al desarraigado
ni al principio de la no-distinción,
mantiene los preceptos tántricos.*

*Aquél que abandona los anhelos
y no se apega a esto o lo otro,
percibe el significado real de las escrituras.*

*L*a actitud tántrica es el ser mismo de Tilopa. Primero debes entender lo que es la actitud tántrica, sólo entonces podrás comprender lo que Tilopa está tratando de decir.

La primera cosa acerca de la actitud tántrica es que no es una actitud, porque el Tantra contempla la vida con una visión total. No tiene una cierta actitud para contemplar la vida. No tiene conceptos ni es una filosofía. Ni siquiera es una religión, no tiene teología. No cree en palabras, teorías, doctrinas. Quiere ver la vida sin ninguna filosofía, teoría o teología. Quiere ver la vida tal como es, sin interponer la mente, pues eso sería una distorsión. La mente entonces proyectaría y no sería capaz de saber qué es lo que existe.

El Tantra evita la mente y va al encuentro de la vida cara a cara, sin pensar si esto es bueno o esto es malo; simplemente encarando lo que existe. Así que es difícil afirmar que es una actitud. En realidad, es una no-actitud.

La segunda cosa que hay que recordar es que el Tantra dice siempre sí, a todo. No existe el no en su vocabulario, no hay nada que niegue, pues con el no, empieza la lucha. Con el no, tú te vuelves el ego. En el momento que dices no a algo, tú eres el ego y el conflicto entra, entonces estás en guerra.

El Tantra ama, incondicionalmente. Nunca dice no a nada, lo que sea, porque cada cosa es parte del Todo y el Todo no puede existir si algo falta.

Dicen que si una gota de agua se perdiera,
la Existencia entera tendría sed.
Al cortar una flor del jardín
has arrancado algo de la existencia entera.
Has dañado una flor,
y has dañado millones de estrellas,
porque todo está relacionado.

El Todo existe como un todo orgánico, no como una cosa mecánica; cada cosa está relacionada con todo lo demás.

Así pues Tantra dice sí incondicionalmente. No ha habido ninguna otra visión de la vida que diga sí sin condiciones, simplemente hay sí, el no desaparece. Si no hay un no, ¿cómo puedes luchar? ¿Cómo puedes hacer la guerra? Sencillamente, flotas, te fusionas y disuelves. Te vuelves uno. Los límites no existen. El no crea los límites. El no es la barrera a tu derredor. Observa, cuando dices no, algo se cierra. Cuando dices sí, tu ser se abre.

El verdadero ateo es aquél que dice no a la vida. Negar a Dios es sólo simbólico. Puede que creas en Dios, pero si niegas algo tu creencia no tiene valor, tu Dios es falso, porque sólo una total afirmación te revela al Dios real. Cuando aceptas la totalidad de la existencia, ésta se transforma repentinamente. Entonces las rocas, árboles, montañas, personas, todo deja de existir; repentinamente todo se vuelve uno, y esa unidad es Dios.

Un verdadero teísta es quien dice sí a todo, no sólo a Dios, puesto que la mente es muy mañosa, te hace decir sí a Dios y no al mundo. Esto ha sucedido siempre; millones han perdido la vida a causa de esto. Han dicho sí a Dios y no a la vida. De hecho creen que la única forma de afirmar a Dios es negando al mundo. Crean una división, niegan al mundo para aceptar a Dios. Pero una aceptación que descansa en un rechazo no es aceptación de manera alguna, es una falsedad.

¿Cómo se puede aceptar al Creador sin aceptar la Creación? Ambos son uno. El Creador y la Creación no son dos cosas, uno es lo otro. En realidad no hay división entre el Creador y la Creación, éste es un proceso continuo de creatividad. Por una parte la creatividad semeja al Creador y por otra parte la creatividad semeja la Creación, pero ambos son dos polos del mismo fenómeno.

Tantra dice que al decir sí, simplemente lo dices sin oponerlo a ningún tipo de no. Pero todas las religiones lo han hecho, niegan al mundo como requisito para poder afirmar a Dios con mayor fuerza. Muchas personas llamadas santas han dicho: "Dios, te aceptamos, pero no a tu mundo". ¿Qué tipo de aceptación es ésta? Esto es dividir la existencia en dos; colocarse por encima de Dios aceptando una cosa y negando la otra. Todas las renunciaciones se derivan de esto.

El que renuncia no es una persona religiosa. En la visión del Tantra el renunciante es un egoísta que primero acumula cosas del mundo y luego las renuncia, pero su atención permanece en el mundo. El ego tiene formas sutiles para satisfacerse y regresar en espirales sin fin. Una y otra vez regresa con nuevos colores, nuevas caras.

Sucedió que una vez vino el Mulla Nasrudin a visitarme a mi pueblo. En aquellos días él habitaba en Nueva Delhi, la Capital, y estaba tan orgulloso de ella que parecía cegado. Lo conduje al pequeño fuerte de la aldea y él dijo: "¿Pero tú llamas fortaleza a esto? ¡Deberías ver la Fortaleza Roja que tenemos en Delhi!" Lo llevé al río e inmediatamente dijo:

"¿A esto llamas río? ¡Es un arroyo sucio!" Y así sucedió con todo.

Entonces vino el plenilunio y pensé que al menos estaría contento de ver la luna sin referirla a lo demás del pueblo, pero me equivoqué. Lo llevé al río una hermosa noche silenciosa; cuando la luna apareció, enorme, le dije a Nasrudin: ¡"Mira qué luna esplendorosa!"

Él miró la luna se encogió de hombros y dijo: "No está mal para un pueblito como éste".

Así es la mente, persiste, regresa en espirales una y otra vez. Puede ser que renuncies al mundo pero no dejarás de ser mundano. Si quieres verlo ve a visitar a los monjes hindúes, los *sahus*, los cuales están bien arraigados en el mundo. Ellos han renunciado a todo, pero su atención está en la renuncia, centrada en su ego. Puede ser que piensen que por renunciar se han colocado cerca de Dios, pero nadie jamás ha alcanzado la Divinidad negando algo.

Esta es la visión del Tantra: decir sí a todo. No hay necesidad de luchar, ni siquiera nadar, sólo hay que flotar en la corriente. El río fluye solo y llega al océano absoluto. Simplemente hay que dejar de crear obstáculos, dejar de querer empujar la corriente. Hay que dejarse ir, flotar, relajarse. Esto es el Tantra.

Si puedes decir sí, una aceptación profunda surge en ti. ¿De qué puedes quejarte? ¿De qué puedes sufrir? Entonces todo es tal como debe ser. Ya no luchas, no niegas, aceptas. Y recuerda que ésta no es una aceptación ordinaria.

Por lo común, una persona acepta una situación cuando se siente fracasada; ésta es una aceptación impotente. Eso no te conducirá a ninguna parte. Si una persona acepta una situación porque nada puede hacer sino resignarse, no es una aceptación tántrica. Esta viene del contentamiento profundo, de la satisfacción completa. Cuando ya no niegas nada, surge en ti y tu entero ser se convierte en un profundo contentamiento.

Esta aceptación tiene su propia belleza, no es forzada. No hay que practicar para obtenerla pues si lo hicieras te dividirías en dos: por fuera, la aceptación y en el fondo la negación, la efervescencia. En cualquier momento podrías estallar, sólo por encima se puede pretender que todo va bien.

La aceptación tántrica es total, no te divide. Todas las demás religiones han creado esquizofrenia, te dividen. Te crean algo malo y algo bueno. Te dicen que lo bueno debe obtenerse y lo malo desecharse; Dios debe aceptarse y el diablo negarse. Esto crea una división en ti y una lucha. Entonces te sientes continuamente culpable puesto que no puedes destruir una parte orgánicamente integrada a ti. Puedes llamarla maldad, cualquier nombre es indiferente. Pero no puedes destruir algo que nunca creaste, simplemente te fue dada. El enojo, el sexo, la codicia... no los creaste, son hechos de la vida, tal como tus manos y tus ojos. Puedes llamarlos feos o hermosos o como quieras, pero no puedes destruirlos.

Nada puede destruirse ni extirparse de la existencia.

El Tantra dice que una transformación sí es posible, destrucción no. Y la transformación llega cuando has aceptado tu ser total. Entonces súbitamente todo se arregla, toma su lugar. La ira se absorbe, la codicia también. Sin tratar de cortar nada de tu ser éste se armoniza. Si aceptas, donde antes fue un clamor interno ahora hay una melodía. Una música nueva nace.

¿Cuál es la diferencia entre ruido y armonía? Las mismas ondas sonoras arregladas de diferente manera. En el ruido no hay un centro. Si un loco se pone a tocar el piano, las notas son las mismas, los sonidos son iguales, pero no hay un centro. Si puedes dar un centro al ruido, éste se vuelve música, entonces se vuelve un todo orgánico. Cuando el loco toca el piano los sonidos están separados, es una muchedumbre de notas, no una melodía. Y cuando un músico toca el mismo piano hay un cambio alquímico. Ahora las notas toman forma, se reúnen en una unidad orgánica, adquieren un centro. Ahora no son una multitud sino una familia; un amor sutil las reúne, forman una unidad. Esto es todo el arte: reunir las notas en un fenómeno amoroso para crear una armonía.

Tal como estás ahora eres un ruido. No es malo, simplemente careces de centro. En cuanto lo tienes todo queda arreglado y se vuelve hermoso.

Cuando Gurdjieff se enoja es hermoso. Cuando tú te enojas es feo. La ira en sí no es hermosa ni fea. Cuando Jesús se enoja es como una música. Al tomar el látigo en el templo para arrojar a los traficantes, hay algo hermoso. El mismo Buda carece de tal belleza, él es unilateral. Parece que no existe nada en él que sea como el enojo. Esto es como la sal, y Buda por esto no sabe tan bien como Jesús, que puede enojarse; nada de su ser ha sido negado.

Pero Tilopa es incomparable. Los maestros tántricos son simplemente flores silvestres que tienen todo. Quizá hayas visto retratos de Bodhidharma, míralo, tan feroz que si meditas en su retrato durante la noche, no podrás dormir. Se dice que cuando fijaba la vista en alguien, esta persona sufría pesadillas. Cuando Bodhidharma o Tilopa hablaban, se dice que su voz era como el rugido del león, o como trueno o cascada tremenda.

Pero si te detienes y no los juzgas a la ligera, encontrarás en ellos un corazón de lo más amoroso. Podrás oír la música en su ser. Y de repente te darás cuenta que ellos no han negado nada, que lo han absorbido todo, aún la ferocidad. El león feroz tiene su propia belleza. Si le quitas la ferocidad, entonces es un león disecado, muerto.

El Tantra dice que todo tiene que ser absorbido, ¡todo! sin condición. El sexo absorbido se vuelve una tremenda fuerza en ti. Un Buda, un Tilopa, un Jesús, ellos tienen una fuerza magnética a su derredor. ¿Qué cosa es? El sexo que ha sido absorbido. El sexo es el magnetismo humano. Entonces, uno se enamora, se siente atraído hacia su mundo diferente. Se siente uno desconectado del mundo habitual y entra en un nuevo mundo del cual ni en sueños puede concebirse. ¿Cuál es esta fuerza? Es la misma energía sexual que se ha transformado y se ha convertido en magnetismo, en carisma. Buda ha absorbido la ira y ésta se ha vuelto compasión. Y cuando Jesús toma el látigo en sus manos lo hace por compasión. Las palabras de Jesús tienen fuego, éste es su compasión.

Recuerda que el Tantra te acepta en tu totalidad. Al llegar a mí también te acepto en tu totalidad. Yo no estoy aquí para negar nada de ti, sólo para ayudarte a arreglar tus energías y darles un centro. Y te afirmo que serás más rico si absorbes la ira, el sexo, el odio, los celos. Estos son los condimentos de la vida y tú tendrás mejor sabor. La ira se tiene en la exacta cantidad que es necesaria. Si ésta se apodera de ti, entonces es fea. Si comieras solamente sal, morirías; ésta entra en cierta proporción, pero en esa proporción es necesaria, absolutamente.

En este camino encontrarás gente que intentará podarte, mutilarte. Te dirán: "Esta mano es mala, arrójala". También te dirán que es malo el sexo, el enojo, el odio... te dejarán paralizado, sin vida. Esto es lo que le ha sucedido a la humanidad.

Hasta que el Tantra se vuelva el fundamento de la visión humana, el hombre no estará completo, pues ninguna otra visión acepta al hombre en su totalidad. Pero esta aceptación -recuérdalo-, es un desbordamiento, no una impotencia.

Uno vive la vida en todos sus aspectos. Cada tonalidad debe conocerse, cada sabor. Incluso la duda y el fracaso son necesarios, porque si nunca fracasaras, no alcanzarías la simplicidad, serías sólo un simplón, y éste nunca es simple.

La simplicidad debe estar precedida de una experiencia profunda y compleja. Un simplón es simple sin experiencia alguna. Puede ser un tonto pero no un sabio. El sabio ha vivido todos los pecados de la vida sin negar nada, sin llamarlos siquiera pecados, sino que ha dejado que suceda lo que tenga que suceder, se ha dejado llevar por la corriente y ha fracasado, ha caído hasta las profundidades del infierno.

Alguna vez Nietzche dijo: "Si un árbol quiere alcanzar el cielo, sus raíces tienen que llegar al fondo del infierno". Tiene razón. Si quieres florecer, necesitas arraigar profundamente en la tierra.

Cuando un pecador se vuelve sabio, éste es hermoso. Cuando un sabio nunca ha sido un pecador, éste es un simplón que ha perdido la vida. Y ninguna virtud puede surgir a menos que haya habido antes un fracaso.

Hay una parábola de Jesús: "Un padre tenía dos hij... más joven pidió su herencia, se marchó, la dilapidó en vino y mujeres y se redujo a pordiosero. El otro hijo permaneció con el padre, trabajó duramente en la hacienda y acrecentó el patrimonio. Un buen día, el hijo pordiosero que había fracasado regresó y dijo a su padre: "Regreso a ti, he sido un tonto, he dilapidado tu riqueza. Perdóname. No tengo a donde ir, acéptame". Y el padre dijo: "Celebremos la ocasión con el becerro más grueso, haced un gran banquete con el vino más añejo, porque mi hijo extraviado ha vuelto".

Alguna gente hizo comentarios al otro hijo: "¡Mira, qué injusticia! Tú has permanecido siempre con tu padre, lo has servido y nunca lo has contrariado, pero él jamás ha dado una fiesta en tu honor ni lo ha celebrado. Ahora el vagabundo que ha gastado el dinero viviendo en el pecado, regresa, y tu padre lo celebra."

Por supuesto el hijo mayor quedó muy resentido y dijo a su padre: "¿Qué tipo de justicia es ésta? Tú nunca has matado un becerro por mí, y ahora que tu hijo regresa después de haber gastado tu hacienda equivocadamente, lo celebras".

El padre contestó: "Sí, puesto que siempre has estado conmigo, no es necesario celebrarlo, pero él se había perdido y ha regresado, hay que celebrarlo".

Esta historia no ha sido comprendida bien por los cristianos. En realidad está diciendo lo mismo que el Tantra, lo que yo he explicado. Es una historia tántrica. Significa que si siempre te conservas en el camino correcto, no serás festejado por la Existencia. Serás un simplón sin riqueza de vida. Puedes ser nutritivo, pero sin ningún sabor, sin condimentos. Tu bondad carecerá de una compleja armonía. Serás una sola nota, no una melodía. Una línea recta sin curvas y rincones que es lo que da a la vida su misterio, su profundidad.

Por esto el Tantra dice que todo es hermoso, incluso el pecado, pues al regresar se encuentra uno enriquecido. Este mundo es necesario para que en él te olvides completamente de ti mismo y entonces puedas regresar.

La gente pregunta: "¿Por qué existe el mundo si Dios está en su contra, y por qué nos arroja en él para sufrir el pecado, los *karmas*? Él puede simplemente redimirnos". Eso no es posible. Entonces serías superficial. Tienes que ser arrojado al último rincón del mundo y de ahí debes regresar. Entonces tu ser adquiere una cristalización.

El Tantra acepta todo. Lo vive todo. Por eso no pudo nunca aceptarse como ideología y fue marginada de la sociedad de la civilización, ya que ésta ha escogido ser superficial. La civilización ha decidido negar muchas cosas. No tiene el valor de aceptar todo lo que la vida da.

El mayor valor humano es aceptar todo aquello que la vida da. Esto es lo que yo te estoy ayudando a lograr, y aceptarlo con profunda humildad. Y esto se refiere también a las cosas que la sociedad te ha condicionado a tomar como malas. Acepta el sexo y éste florecerá en brahmacharya, en inocencia, en virginidad. Pero eso será una trascendencia.

A través de la experiencia uno trasciende. Al moverse en los hondos valles de la vida el ojo se acostumbra a la oscuridad y uno empieza a ver la luz incluso en la oscuridad. ¡Qué mérito tiene ver la luz en el día! Lo hermoso es poder mirar el día escondido en la oscuridad de la noche cuando tus ojos han sido entrenados.

Cuando en la oscura noche puedes ver la mañana,
entonces hay belleza, lo has logrado.
Cuando en lo más bajo puedes ver lo más alto,
cuando en el infierno puedes crear un cielo,
entonces te has vuelto un artista de la vida.

Y el Tantra quiere hacer de ti, artista de la vida, alguien que afirma, no que niega la vida.

Acepta y poco a poco sentirás que el deseo disminuye. Con tu aceptación el deseo no puede subsistir. Lo que exista en el momento, lo aceptas. Entonces no, hay movimiento hacia algo ajeno. Vives momento a momento en profunda aceptación: creces sin ninguna meta, sin deseo de ir a ninguna parte o ser algún otro.

El Tantra dice: "Sé tú mismo". Y ese es el único ser que puedes lograr jamás. Con la aceptación la pérdida del deseo llega por sí misma, no hay que practicar ni forzar nada en ti. No tienes que cortar tus deseos, simplemente aceptarlos y ellos desaparecen.

Y cuando llega el momento en que tus deseos totalmente aceptados se han ido, entonces la Iluminación sucede repentinamente, sin hacer nada de tu parte. Ese es el regalo máximo que la Existencia puede darte.

Esta es la actitud tántrica hacia la vida. No hay más vida que ésta ni otro mundo sino éste. Este mismo *samsara* es el *nirvana*. Sólo tienes que ser un poco más comprensivo, más capaz de aceptar, más cándido, menos egoísta.

Ahora, el sutra de Tilopa:

"La práctica del mantra y paramita,
la instrucción en los sutras y preceptos
y la enseñanza de escuelas y escrituras,

no proporcionarán el conocimiento de la Verdad Innata".

Ni los Vedas ni las Biblias servirán. La práctica del *mantra* no servirá tampoco, sino que más bien será un estorbo. ¿Qué es un *mantra*? ¿Qué es lo que haces cuando lo repites? ¿Qué es lo que Maharishi Mahesh Yogui hace cuando enseña la meditación trascendental? Él enseña a repetir un *mantra* continuamente: Ram, Ram, Ram... o Aum, Aum, Aum... cualquier cosa, aún tu propio nombre, o H2O, puesto que el sonido no es el problema, la cuestión es repetir algo continuamente y por esta repetición el resultado se obtiene.

Al repetir cierta palabra continuamente, un ritmo interior se crea, un ritmo monótono. Entonces empiezas a sentir sueño. Esto es la hipnosis. El mantra es una autohipnosis, te embriagas con tu propio ritmo de sonido monótono.

Esto es bueno, no que sea malo, te hace dormir bien. Si estás cansado, éste es un buen truco mental, te hará sentir más fresco que de ordinario, pues el sueño ordinario no puede llegar tan profundo como el sueño del *mantra*, ya que los sueños que continuamente perturban no se encuentran cuando duermes repitiendo el *mantra*. Este te sume en un muy profundo sueño.

En la Yoga tenemos un nombre especial en sánscrito para el sueño ordinario, es llamado *nidra*. El *tandra* es más profundo, pero todavía hay otro mucho más, el *yoga-tandra*, el sueño creado por la repetición del *mantra*.

Si tienes dificultades para dormir, la meditación trascendental puede ayudarte. Por eso se explica la influencia de Maharishi en los Estados Unidos, puesto que éste es el país con mayores problemas al respecto. Muchas píldoras para dormir y tranquilizantes varios se usan pues la gente ha perdido la capacidad natural para conciliar el sueño. En India nadie se preocupa por esta meditación pues la gente aquí duerme tanto que la dificultad está en despertarla.

El *mantra* te da un sueño sutil, que es bueno, pero no puede tomarse como meditación, entonces te vuelves una víctima. Este es sólo un tranquilizante mental. Y es tan químico como cualquier otra píldora para dormir, ya que el sonido cambia la química del cuerpo. Es por eso que te sientes refrescado con cierto tipo de música, que te limpia y refresca tal como si hubieras tomado un baño. El sonido afecta la composición química del cuerpo. Hay cierto tipo de música que te hace sentir sensual y apasionado.

El *mantra* crea una música interior de una sola nota; la monotonía es la base. Y no hay necesidad de preguntar a Maharishi, cada madre en el mundo lo sabe. Cuando el niño está intranquilo, ella le canta. Las canciones de cuna son *mantras*: pocas palabras a veces sin sentido. Pone al niño en su pecho y las palpitaciones del corazón también son música monótona. Y el niño se deja engañar y se duerme. La monotonía ayuda, no hay nada malo en esto. Es mejor que los tranquilizantes químicos, pero no deja de ser también un tranquilizante sutil que afecta la química del cuerpo.

Así pues, si sufres de insomnio, el mantra es bueno, pero no creas que es una meditación. Esto te hará más y más conforme, no te transformará. Y toda la sociedad trata de ajustarte más a ella. Lo ha tratado a través de la religión, a través de la moral. Lo ha tratado a través del psicoanálisis y muchos otros tratamientos psiquiátricos que quieren regresarte a la sociedad establecida. Pero si toda la sociedad está equivocada, ajustarte a ella no puede ser bueno. Si la sociedad está loca, ajustarse a ella significa estar loco.

Alguien preguntó a Sigmund Freud: "¿Qué es exactamente lo que pretende usted lograr con el psicoanálisis?" Él respondió -y él era una persona extraordinariamente auténtica-: "A lo más, lo que el psicoanálisis puede hacer es que la gente histéricamente infeliz se haga normalmente infeliz. Eso es todo, traerlos a la infelicidad normal general. Los neuróticos van muy lejos en su infelicidad y nosotros los ayudamos a regresar a la neurosis normal de la humanidad. El hombre nunca puede ser feliz; sólo neuróticamente infeliz o normalmente infeliz".

Por lo que concierne a la humanidad común, esta diagnosis parece exacta, pero él no tomó en cuenta a Buda, a Tilopa, quienes alcanzaron el estado de total felicidad. Y es natural, ya que Buda nunca iría a tratarse con Freud, sólo van personas histéricas, neuróticos, y toda su experiencia es con esta gente. En sus cuarenta años de experiencia no conoció un solo individuo que fuera feliz. Así que empíricamente le asistía la razón. Su experiencia le enseñó que hay solamente dos tipos de personas: los normalmente infelices y los histéricamente infelices, él sólo podía readaptarlos.

El mantra, el psicoanálisis, la religión, la moral, las iglesias, las oraciones... todo esto te puede readaptar. La verdadera religión empieza sólo cuando entras en la jornada de la transformación, no de la adaptación a la sociedad; cuando entras en armonía con el Cosmos. Al adaptarte a la sociedad, retrocedes.

Muchas veces pasa que el loco no tiene nada malo, simplemente demasiada energía que no puede ajustarse a la sociedad. Un loco es demasiado individual y a veces demasiado talentoso para ciertas cosas que le hacen imposible adaptarse. Los genios siempre permanecen al margen; casi el ochenta por ciento visita alguna vez el manicomio. El genio sobrepasa las normas permitidas por la sociedad.

La sociedad corriente funciona como pisapapeles: no te deja volar. El genio arroja el peso y vuela hasta el lejano cielo. Y en el momento que traspasas el límite de la sociedad, estás loco. Y toda la sociedad trata de reajustarte.

El Tantra afirma que la meta no es la readaptación, sino la transformación. El *mantra* es un truco para lograr mayor adaptación. Si no puedes dormir, no trates de lograrlo con el *mantra*. Por el contrario, trata de encontrar qué tipo de inquietud te perturba. Puede que tus deseos sean exagerados, que seas codicioso y tu mente continúe funcionando sin permitirte dormir. Entonces hay dos caminos: uno el *mantra*; otro, el Tantra.

El *mantra* dice: "No te preocupes de la causa, repite la palabra y duérmete". Esto es superficial, repetir una fórmula quince minutos en la mañana y quince en la tarde y eso bastará para que duermas bien, te sientas saludable. Pero incluso si te sientes bien, ¿qué resultará de esto? Hay tantas gentes que duermen bien y están saludables y no pasan de ahí, la última floración no ha sucedido. La salud es valiosa, pero no puede ser la meta. El Tantra dice que debes encontrar las causas de tu inquietud.

Un ministro del gobierno Hindú acostumbraba visitarme. Tenía dificultades para dormir. Una vez me dijo: "Dame una técnica para que pueda conciliar el sueño". Yo le dije: "Un político no puede dormir, es imposible, él no debe. Es como debe ser y no voy a darte ninguna técnica. Ve con Maharishi Mahesh Yogui quien te dará una técnica sin preguntarte la razón".

Y en efecto, él fue. Regresó después de meses y me dijo: "Funcionó. Ahora puedo dormir bien". Yo le respondí: "Ahora, cuando sientas que dormir no es suficiente, que necesitas un despertamiento, entonces ven conmigo". Porque durmiendo nada más, uno permanece igual, en la mañana estarás listo otra vez para tu mismo viaje de codicia. Nada bueno te ha sucedido, sino que ahora no te darás cuenta de las causas porque te has forzado a una inconciencia más profunda debido al *mantra*, y la posibilidad de transformación se habrá pospuesto.

Yo no te puedo dar un sueño mejor. Me gustaría darte mayor conciencia, un despertamiento.

Un político está siempre deseando, luchando, compitiendo, tratando de alcanzar más altos puestos. Al final nada le queda.

Mulla Nasrudin trabajó toda su vida en política y alcanzó el mayor puesto posible. Entonces le pregunté: "¿Qué has alcanzado en la vida?". Me dijo: "Para ser franco, he logrado ser el mayor escalador del mundo".

Pero incluso si llegas al más alto puesto, ¿Qué ganas? Tus presidentes y primeros ministros son grandes escaladores, pero esto no es la vida. Y sólo lograr subir más y más escalones, ¿qué objeto tiene?

La ambición crea inquietud. Quisiera que entendieras tu ambición, tus deseos. El desear crea inquietud, hazte conciente de tus deseos. Este es el camino del Tantra. Y cuando la causa desaparece, la enfermedad también. Entonces puedes transformarte, la enfermedad es sólo un síntoma, no trates de esconderlo, éste es bueno porque al molestarte va diciendo que algo anda mal. Si no puedes dormir, es bueno, te está mostrando algún error en tu forma de vida.

Yo no voy a ayudarte a dormir mejor, sino a entender el síntoma. El síntoma es un amigo, no un enemigo. Te dice que en las profundidades de tu inconsciente hay corrientes que te perturban. Entiéndelas, absórbelas, trasciéndelas; y entonces dormirás sin haberlas forzado. La enfermedad desaparece y una nueva calidad de conciencia entra en existencia. Esto no es hipnosis ni un estado de embriaguez. Todos los *mantras* son drogas. No te vicies en ninguna droga.

Tilopa dice:

> *La práctica del mantra y paramita,*
> *la instrucción en los sutras y preceptos*
> *y la enseñanza de escuelas y escrituras,*
> *no proporcionará el conocimiento de la Verdad*
> *Innata.*

Paramita es una palabra budista que significa compasión, servicio al prójimo. Todo lo que los misioneros cristianos hacen en el mundo, es *paramita*. Pero Tilopa dice que ni esto te ayudará.

Yo lo he observado también. Conozco a muchos reformadores sociales que han dedicado la vida a servir y se han sacrificado, pero ninguna transformación ha sucedido. No puede suceder porque el servir al prójimo o a la sociedad se vuelve una ocupación.

Si la sociedad repentinamente, por un divino milagro, se transformara y no quedara nadie por servir, ni pobres, ni enfermos, ni locos, ¿puedes concebir qué pasaría con los grandes servidores de la sociedad? ¡Tendrían que suicidarse! Simplemente estarían perdidos sin nadie a quien servir. ¿Qué pasaría con los misioneros cristianos si no quedara nadie a quien convertir? Si la revolución realmente triunfara ¿cuál sería la suerte de los revolucionarios? De repente, todos sin trabajo, desempleados.

Tú puedes ocuparte tanto con tu propio negocio como con los de otra gente, pero la mente necesita ocupación. La mente necesita que te olvides de ti mismo y te mantiene ocupado en algo. Esto es un escape de la Verdad Innata, y Tilopa dice que no es el camino.

El Tantra tiene una cosa muy hermosa que decirte y es que, antes de empezar a servir a otro tienes que ser absolutamente egoísta. Para poder ayudar a otro, primero tienes que encontrar tu ser. ¡Sé absolutamente egoísta! Si tu luz interior se enciende, puedes ayudar a otros; de otra manera tu servicio será una maldad. Hay tanta maldad en el mundo a causa de tantos revolucionarios, reformadores sociales, gente que se dice servidora. Ellos crean un caos, y es natural pues no han alcanzado primero su propia verdad. Si tienes luz interior, puedes compartirla con otros, pero si no, ¿qué es lo que vas a compartir? ¿Lo que no tienes?

Un hombre vino hacia Buda -debe haber sido un revolucionario, como Marcuse- y le preguntó: "¿Cómo puedo servir a otros? siento gran compasión y quisiera hacer felices a los demás". Buda lo observó y se dice que respondió tristemente: "Eso es difícil, porque tú no pareces feliz y estás en la misión de hacer felices a otros".

Primero tú tienes que serlo, y entonces no es una misión. Si has alcanzado la felicidad no tendrás que empeñarte en ayudar a otros, tu propio ser es la ayuda dondequiera que estés. No lo haces por profesión. Tu forma de ser es la ayuda. Si te sientas cerca de un árbol, ayudarás al árbol sin hacerlo conscientemente, sin esfuerzo de tu parte. Algún día este árbol se convertirá en un Buda y tu habrás tenido parte en ello, y cuando todo el universo lo celebre tú también lo celebrarás porque le has dado una parte de ti al árbol.

Con estar presente, compartes; tu movimiento se vuelve tu compasión, sin hacer nada. Si eres tú el que hace algo, ahí hay algo equivocado. ¿Cómo puedes fabricar el amor? Esto no es una hechura, sino un estado del ser. Cuando amas tienes luz y tus puertas se abren, entonces quienquiera puede entrar a tu altar interior. Y quienquiera puede prender su lámpara con tu fuente de luz.

Nunca pretendas ir en busca de alguien a quien ayudar. Si lo haces, es seguro que tú no eres la persona indicada. Si eres tú quien empieza la acción, es seguro que vas a hacer maldades, te estarás metiendo donde no te llaman. Ten la suficiente compasión para no perturbar a otros; no trates de cambiarlos. No sabes lo que estás haciendo.

Solamente un Iluminado puede ayudar, y su ayuda fluye espontáneamente. Es como una flor que ha despuntado: los vientos esparcen su fragancia por toda la tierra. Es cosa muy sutil e indirecta; no se impone nunca directamente. Sólo te rodea, si estás abierto un poco de su olor entrará en ti. Si estás cerrado, esperará a la puerta, sin siquiera llamar, pues eso puede perturbar tu sueño. Tú tienes todo el derecho de dormir tanto como quieras y nadie debe entrometerse para despertarte.

Puede ser que yo esté despierto y quisiera que tú te despertaras, pero ese es asunto mío, no tuyo. Si estás durmiendo y soñando lindos sueños ¿quién soy yo para estorbarlos? Yo esperaré, te rodearé con mi fragancia y si tal cosa te hace salir de tus sueños, está bien, porque ése no es un esfuerzo directo. Y recuerda, sólo aquellos que actúan indirectamente pueden ayudar. Esa es la ayuda del sabio. La ayuda directa es la del político.

"La instrucción en los sutras y preceptos
y la enseñanza de escuelas y escrituras,
no proporcionarán el conocimiento de la
Verdad Innata."

¿Por qué? Porque ya está ahí, no tiene que ser adquirida. Estás buscando algo que está ya dentro de ti en su total belleza y perfección. No hay nada qué hacer. El hacer carece de importancia, sólo tienes que regresar a ti. El huésped está dentro, pero el anfitrión, fuera. A través de tus deseos te alejas más y más. Te gustaría tener una casa grande, un buen automóvil, esto, lo otro, y tú te vas muy lejos; no tienes tiempo de volver a ti.

La meditación no es más que el regreso. No es la repetición de un *mantra* ni una plegaria, es sólo regresar a descansar un poco dentro de ti. No ir a ninguna parte, eso es la meditación; quedarse donde estás, ocupando sólo tu espacio. Los deseos te conducen a largas jornadas en tiempo y en espacio. Los deseos nunca te hacen regresar, siempre te alejan.

"Pues si la mente llena de deseo
busca una meta,
ella oculta la Luz."

Por eso no encuentras, porque te alejas. Al buscar te pierdes, al tratar de encontrar. No es necesario nada de tu parte. La Divinidad te ha dado todo lo que has menester. No has sido enviado como un mendigo a este planeta, sino como emperador. Detente y mira hacia adentro, trata de no alejarte por unos momentos; sin deseos, sin pensar en el futuro ni el pasado; estando sólo aquí y ahora. Y de repente eso está ahí y siempre ha estado ahí. Y entonces ríes.

Cuando Lin Chin obtuvo la Iluminación, lo primero que hizo fue reír a carcajadas y pedir una taza de té. Porque estaba buscando algo que ya estaba ahí. Todos los budas han reído y pedido su taza de té porque ¿qué más puede uno hacer cuando regresa a casa después de correr innecesariamente acá y allá? Se regresa cansado y una taza de té es exactamente lo indicado.

> *"Pues si la mente llena de deseo*
> *busca una meta,*
> *ella oculta la Luz."*

Tu búsqueda crea humo alrededor de la flama. Sigues corriendo en círculos y levantas mucho polvo. Y es tu propio esfuerzo lo que levanta el polvo y crea el humo, y la flama permanece oculta. Descansa un poco, deja que el polvo se asiente. Y si ya no corres con tanta prisa ya no crearás tanto humo. Entonces poco a poco la luz interior se revela.

Esto es lo fundamental en el Tantra, la afirmación de que eres perfecto ya. Ninguna otra visión lo afirma. Dicen que debes lograrlo luchando, trabajando duramente, pues es muy raro que alguien alcance la meta que está muy distante, a millones de vidas de distancia; que la perfección debe ser adquirida. El Tantra dice que ésta es la razón por la cual no la has adquirido, pues ésta no es cosa que se deba adquirir sino descubrir.

El Tantra te ofrece la Iluminación aquí y ahora, sin tiempo de por medio. El Tantra dice que si descansas es mejor, pues por tu inquietud no puedes escuchar. Si alguien te dice: "¡Descansa!" tú contestarás: "No tengo tiempo, tengo que alcanzar la meta que está muy lejana". El Tantra dice que no la alcanzarás porque corres y llevas prisa.

> *"Aquél que guarda los preceptos tántricos,*
> *y sin embargo hace distinciones,*
> *traiciona el espíritu del samaya.*
> *Cesa toda actividad, abandona todo deseo,*
> *deja que los pensamientos surjan y caigan*
> *tal como las olas en el mar.*
> *Aquél que nunca daña al desarraigado*
> *ni al principio de la no-distinción,*
> *mantiene los preceptos tántricos".*

Muy simple, pero tú eres muy complejo y sofisticado interiormente, de otro modo es muy simple.

> *"Cesa toda actividad, abandona todo deseo,*
> *deja que los pensamientos surjan y caigan*
> *tal como las olas en el mar".*

¿Qué es lo que uno hace cuando va al mar? Uno se sienta simplemente en la playa y observa. Las olas se levantan y caen. Exactamente es el caso de la mente: olas suben y caen, a veces en tormenta, a veces en calma.

Es en realidad el mismo caso: la conciencia es como un océano. Y tu mente no es sólo tuya, es parte de la conciencia colectiva; todo a tu alrededor es un océano de conciencia: adentro, afuera, por encima, por debajo. El océano se mueve, ¿quién eres tú para perturbarlo? ¿Quién eres tú para tratar de hacerlo quieto y silencioso? ¿Y cómo podrías hacerlo?

Así, cuando alguien empieza a interesarse en calmar su mente, se crea problemas. ¡Esto no es posible! Y cuando se intenta lo imposible entra la frustración. El hecho simple es que esto no puede suceder. El Tantra dice: "¡Observa! No es asunto tuyo si los pensamientos vienen y van. Solos entran y solos se van. ¿Quién eres tú para entrometerte? Ellos no te pertenecen, pertenecen al vasto océano que te rodea. Antes de que tú estuvieras aquí ellos ya estaban y estarán después de que ya no estés".

Ahora la ciencia está de acuerdo: cada pensamiento es una onda, por eso la radio puede transmitir los pensamientos. Ellos atraviesan paredes y montañas, cuerpos... nada los detiene. Algo se transmite en Nueva York y puedes oírlo aquí. Ahora los científicos sospechan que hay la posibilidad de que se puedan captar pensamientos del pasado, pues éstos nunca mueren. Este pensamiento de Tilopa debe estar en algún sitio cerca de una estrella. La ciencia puede captarlo algún día, puesto que la transmisión toma tiempo. De Nueva York a Puna toma algunos segundos pero sigue viajando y alguna vez dejará la tierra y podrá alcanzar una estrella en millones de años. Si pudiéramos hacer contacto con ella sería posible oírlo otra vez.

Los pensamientos son como un océano a tu derredor, sin ti también existirían. Sé sólo un testigo. Por eso el Tantra dice:

¡Acéptalos!
Cuando la marea baja, es hermoso;
cuando es pleamar, es hermoso.
Grandes olas poderosas tratan de alcanzar el
cielo,
tremenda energía, ¡observa!
Luego viene la calma, todo se aquieta
y la luna se refleja en el mar, es hermoso.
Si puedes observar, te volverás completamente
silencioso.
Los pensamientos seguirán llegando a la playa,
rompiéndose en las rocas,
y tú permanecerás calmado y quieto,
no te afectarán.

Así el problema real no está en los pensamientos, vuélvete un testigo y no te afectarán. Y éste es un silencio enriquecido, recuérdalo, el Tantra siempre se inclina por las experiencias plenas. Es posible crear un silencio muerto, el de los cementerios. Puedes forzar tu mente de tal manera que todo tu sistema nervioso se paralice. Entonces cesarán los pensamientos, ya que el delicado sistema nervioso es necesario para recibirlos. El océano estará ahí pero tú habrás perdido la receptividad.

Eso es lo que sucede a muchos mal llamados yoguis, han entorpecido su sistema nervioso. Comen poco para que la energía no suba al cerebro. Durante el ayuno la energía la necesita primero el cuerpo. Sentados en una postura, repitiendo monótonamente un *mantra*, la vitalidad se pierde.

De hecho un hombre así no se vuelve silencioso, se hace más estúpido. Y tendrá la cara estúpida que tienen tantos que se dicen yoguis. Tú no verás ahí inteligencia, sino algo muerto como piedra. Estos no han logrado el silencio, se han apagado completamente y han perdido la receptividad. Nada sucede en su interior puesto que para que algo suceda un sistema nervioso delicado es necesario; receptivo, sensible.

Por lo tanto éste debe ser el criterio: si la cara del yogui es radiante, inteligente, alerta, sensible, es que algo ha florecido en él. Sólo entonces el silencio existe. De otro modo uno puede estar silencioso tal como un idiota, que no puede pensar. ¿Qué clase de silencio es éste?

Un idiota no es un yogui. El idiota nace con un sistema nervioso que no funciona. Esto lo puedes hacer tú mismo con ayunos, con ciertas posturas yóguicas como *shirhasan* practicada por horas —pararse de cabeza— eso matará tu sistema nervioso pues el cerebro requiere minúscula cantidad de energía y poquísima sangre, puesto que los nervios son tan frágiles que no pueden ser percibidos a simple vista. Diez mil nervios juntos forman el espesor de un cabello. Así pues si la sangre circula aprisa simplemente los destruye.

El hombre ha llegado a tener un cerebro que ningún animal ha obtenido por el hecho de estar de pie, la sangre, por la gravitación, no puede llegar a la cabeza más que en mínima parte. El sistema nervioso tan sutil del hombre no existe en los animales porque sus cuerpos permanecen al nivel de sus cabezas. Si te paras de cabeza –*shirhasan*– por un minuto o menos, es bueno, porque así se irriga y limpia el cerebro, pero hacerlo por horas destruye el cerebro.

Los yoguis han encontrado muchas formas de destruir el cerebro, en cuanto se logra, el océano no puede ya ser percibido. Es como si tu radio estuviera descompuesto. Las ondas pasan, pero el mecanismo receptivo no funciona.

El cerebro es como un centro de receptividad. Si se destruye, hay silencio, pero éste no es el del Tantra. Y yo no enseño ese silencio muerto. El cerebro es un instrumento muy sutil que puede hacerte perfectamente inteligente y perceptivo para disfrutar la celebración de la existencia, no se debe destruir.

Más sensitividad es necesaria, más poesía.
Más vida, más belleza, más de todo.

Hay que obtener el silencio tántrico. Observa las olas y cuanto más lo logres, más serás capaz de ver su belleza, las tonalidades del pensamiento te serán reveladas. Es hermoso, y tú permaneces como un observador en la playa. Te quedas quieto y dejas que el océano haga su trabajo, no intervienes.

Si no intervienes, poco a poco el océano deja de afectarte. Ruge en derredor tuyo, pero no te penetra. Es hermoso en sí mismo, pero separado de ti. La distancia que existe es la meditación verdadera, el silencio real.

El mundo continúa y tú no te afectas. Permaneces en el mundo, pero no eres del mundo. Estás en el mundo, pero el mundo no está en ti. Pasas por el mundo intacto. Eres virgen. Lo que hagas, lo que te suceda, es lo mismo:

Tu virginidad permanece intacta,
tu inocencia, absoluta,
tu pureza no se mancha.

"Aquél que guarda los preceptos tántricos y
sin embargo hace distinciones,
traiciona el espíritu del sanmaya."

Y dice Tilopa que si estás tratando de guardar los mandamientos tántricos, recuerda: no debes discriminar. Si lo haces puede que seas un filósofo tántrico, pero no un aspirante. No digas: esto es bueno, esto es malo. No hagas diferencias, acepta todo como es.

"Cesa toda actividad, abandona todo deseo,
deja que los pensamientos surjan y caigan
tal como olas del mar.
Aquél que nunca daña al desarraigado
ni al principio de la no-distinción,
mantiene los preceptos tántricos."

¡Descansa en ti mismo, regresa a tu hogar!

Quien nunca viola el principio de la no-distinción, sigue el camino correcto. Y... quien nunca daña al desarraigado. Esta es una de las cosas más hermosas del Tantra. El Tantra dice que permanezcas desarraigado, sin habitar en lugar fijo y sin identificarte o apegarte a algo. Sin hogar tú llegarás a tu verdadero hogar. Si empiezas a arraigarte aquí y allá, no encontrarás tu hogar. No te aferres a nadie ni a nada. Disfruta, pero no te apegues. Disfrutar no es un problema, es tu mente que en cuanto se arraiga no te deja fluir, te amuralla. Si no moras en parte alguna, morarás en ti mismo. Solamente no apegándote a nada podrás descansar en ti mismo.

Así pues hay dos principios básicos: no dañar el principio del desarraigado y no dañar el principio de la no-distinción.

> *"Aquél que abandona los anhelos*
> *y no se apega a esto o a lo otro,*
> *percibe el significado real de las escrituras."*

A través de las escrituras no podrás alcanzar la Verdad. Pero si alcanzas la Verdad tú comprenderás las escrituras. Las escrituras no son sino testimonios, no puedes conocer la Verdad por ellas. Todas las escrituras del mundo te confirmarán que has conocido la Verdad, ya que vienen de personas que la han conocido y usan lenguaje simbólico. Pero cualquier metáfora o símbolo que usen tú lo podrás comprender en cuanto has conocido la Verdad.

La gente me pregunta por qué a veces hablo sobre Tantra y Tilopa y algunos otros sobre Yoga y Patanjali o sobre Lao-Tsé y Chuang Tze y a veces doy un salto hasta Heráclito y Jesús. ¿Qué estoy haciendo? Estoy hablando sobre lo mismo, no hay diferencia. Para mí no hay diferencia entre Heráclito o Tilopa, Buda o Jesús. Yo soy quien habla. Ellos me dan un pretexto, porque en cuanto uno conoce la Verdad, cumple todas las escrituras del mundo. No hay escrituras hindúes, judías, cristianas... uno de inmediato se vuelve la culminación misma de las escrituras.

Yo soy cristiano, hindú, judío, mahometano... porque no soy nadie. Y la verdad está más allá de todas las escrituras. Estas sólo indican la dirección hacia aquella. Las escrituras son como dedos apuntando a la luna; estos pueden ser miles, la luna es la misma. En cuanto conoces, conoces todo.

A través de las escrituras uno se vuelve parcial. Serás cristiano si te apegas a la Biblia; mahometano si te apegas al Corán; hindú si te quedas con el Guita; pero eso no es ser religioso. La religiosidad te sucede sólo cuando la Verdad te es revelada. Entonces no te aferras a nada y todas las escrituras se aferran a ti. Entonces no sigues a nadie y las escrituras te siguen como tu sombra. Y todas las escrituras son lo mismo porque hablan de lo mismo. Sus metáforas, por supuesto, son diferentes, su lenguaje también, pero es la misma experiencia.

Buda dice: "Por dondequiera que pruebes el océano lo encontrarás salado". Pruébalo por el Corán, o por la Biblia, o el Torah, el Talmud, el sabor es el mismo. Las escrituras no pueden guiarte, están muertas sin ti. Cuando alcanzas la Verdad, entonces la vida surge de las escrituras. A través de ti se vuelven otra vez vivas, renacen.

Eso es lo que estoy haciendo, resucitando a Tilopa. Él ha estado muerto por siglos; nadie ha hablado de él; yo lo estoy haciendo renacer. Mientras yo viva, él estará vivo otra vez. Lo puedes conocer si eres capaz, si eres receptivo. Él se ha materializado otra vez.

A través de mí, todas las escrituras renacerán. A través de mí ellas volverán al mundo, yo puedo ser el ancla. Es lo que hago y lo que quisiera que tú hicieras algún día con tu propia vida.

Cuando tomes conciencia de la Verdad, entonces recoge todo lo hermoso del pasado y renuévalo, resucítalo, para que la sabiduría pueda otra vez estar en la tierra y pueda ayudar a la gente.

VI

La Gran Enseñanza

16 de febrero de 1975

La canción continúa:

En Mahamudra todos los pecados se incineran;
en Mahamudra uno es liberado
de la prisión del mundo.
Esta es la suprema antorcha del Dharma.
Los que no creen, son tontos que para siempre
se empantanan en el sufrimiento.

Para luchar por la liberación
uno debe depender de un Guru.
Cuando tu mente reciba sus bendiciones
la emancipación estará a tu alcance.

¡Oh! Todas las cosas de este mundo
son insignificantes,
no son más que semillas de dolor.
Las enseñanzas pequeñas te conducen a la
acción,
uno debe sólo seguir las grandes enseñanzas.

*E*l Tantra cree, no en el gradual desarrollo del alma, sino en la Iluminación repentina. La Yoga cree en el desarrollo gradual -paso a paso, pulgada a pulgada- uno progresa hacia la meta final.

La Yoga es muy precisa: cada pecado que hayas cometido debes equilibrarlo con un acto virtuoso; tu cuenta debe cerrarse en forma perfecta. Sin pagar tus deudas en este mundo, no puedes alcanzar la Iluminación. Este es un concepto matemático, científico, y la mente piensa que por supuesto debe ser así: que si has cometido pecados, debes sufrir por ellos. Y sólo por el sufrimiento puedes ser liberado. Hasta que la cuenta se cierre puedes liberarte; de otra forma tienes que ser arrojado una y otra vez a la tierra para renacer, crecer y actuar. Esta es la filosofía de la transmigración, del renacimiento.

El Tantra exactamente dice lo opuesto. Su aproximación es muy poética, no aritmética. Y el Tantra cree en el amor, en la Iluminación repentina. Dice que las enseñanzas pequeñas te conducen a la acción, las grandes enseñanzas no te muestran cómo actuar, sino cómo ser.

Las acciones suman millones, y si debes pagar por todas ellas será casi imposible que te liberes. Has vivido ya millones de vidas y en cada una millones de actos has cometido. Si tienes que pagar por ellos, sufrir, equilibrar cada mala acción con una buena, esto te llevará otros millones de vidas. Y entre tanto, en la compleja relación con la vida, muchas más acciones cometerás y la cadena no terminará nunca. La liberación se hace casi imposible. El crecimiento que debe ser ganado pulgada a pulgada parece un sueño imposible.

Si entiendes la actitud de la Yoga, te sentirás desesperanzado. El Tantra es una gran esperanza. Es como un oasis en un mundo de desiertos.

El Tantra dice que las acciones no son el problema, las cometiste porque eras ignorante y no eres responsable de ellas. Si alguien es responsable es el Todo —llámalo Dios—, pero tú no puedes serlo. El Tantra dice que incluso asumir esta responsabilidad es egoísta; quererse liberar uno mismo paso a paso, es una actitud centrada en el ego.

¿Por qué piensas que eres responsable? Incluso si la responsabilidad tiene que ser asumida por alguien ésta corresponde a la Divinidad con el Todo. Tú no te creaste a ti mismo, tú has sido hecho así, entonces el Creador debe ser responsable, no tú.

Y tú has cometido todos tus actos en ignorancia sin darte cuenta de lo que hacías; estabas completamente embriagado de ignorancia. En medio de la oscuridad entraste en conflicto con otros, tropezaste con algo y las cosas sucedieron solas. El Tantra dice que lo único necesario es la luz, la conciencia. No actos que deban realizarse, sólo una cosa: no permanezcas ignorante, vuélvete consciente.

En cuanto te vuelves consciente, todo lo que pertenece al mundo de la oscuridad desaparece. Esto será como un sueño, una pesadilla. No se verá más como una realidad pues nunca ha sido real, si tú estabas en profunda inconciencia, sólo sueños podían existir, no realidad. Tú has soñado que amaste. Tú no puedes amar. Tú no existes aún, no tienes un centro, ¿cómo puedes amar? Sólo has creído haber amado, y todos tus actos concernientes fueron un sueño. Cuando despiertes de este sueño simplemente dirás: "¿Cómo pude haber amado? Imposible. Yo no existía en realidad. Sin conciencia la existencia no significa nada".

Tú estás tan profundamente dormido que es como si no existieras. Alguien en estado de coma no existe realmente, si es o no es da igual. Si los ladrones entran y despojan la casa, ese hombre en estado de coma no puede ser responsable.

El Tantra dice que has permanecido en estado de coma durante todas tus vidas, por tanto no eres responsable. Esta es la primera liberación que te da el Tantra. Y basado en ella muchas cosas se hacen posibles. Entonces no hay que esperar millones de vidas, en este momento la puerta puede abrirse. No es un proceso gradual, es un despertamiento repentino, y así debe ser.

¿Cuando duermes profundamente y alguien te despierta, es un proceso gradual? Es algo repentino. Incluso en el sueño común sucede así. O tú estás despierto o estás dormido, no hay grados. No puedes decir que estás diez por ciento o veinte por ciento despierto, si te das cuenta que alguien te llama es que estás ya despierto.

No es un proceso gradual, sino un salto repentino. A cien grados el agua que se calienta se vuelve vapor. Ahí no hay transformación gradual, o es agua o es vapor, no hay grados de por medio.

Cuando alguien muere no lo hace por un proceso gradual, o bien está vivo o muerto. Si se dice que está medio muerto es que no está muerto.

Cuando se ama tampoco se puede graduar. No se puede decir que se ama diez o veinte por ciento. O se ama, o no se ama. No hay posibilidad de dividir el amor.

El amor, la muerte, la vida, todos ellos suceden repentinamente.

Un niño nace, o no nace. Y lo mismo es cierto en lo que conciene a la Iluminación, porque eso es el nacimiento absoluto, la muerte absoluta, el amor absoluto. Todo llega a su apogeo en la Iluminación, y ésta es repentina. El Tantra dice: "No enfoques tu atención en los actos, sino en el sujeto que los ejecuta". El Yoga la enfoca en los actos. El Tantra en la persona, en la conciencia, en ti.

Si eres ignorante, el Tantra afirma que estás condenado a cometer pecados. Aún si tratas de ser virtuoso tu virtud será una forma de pecado puesto que un ignorante, y profundamente dormido ¿cómo puede ser virtuoso? ¿Cómo puede la virtud surgir de la ignorancia e inconciencia? No es posible. Tu virtud sería una máscara detrás de la cual se escondería la cara real del pecado.

Puede ser que hables de amor, pero tú no puedes amar, odias. Puede que hables de compasión, pero ésta sólo será una cubierta para tu ira, codicia, celos. Tu amor es ponzoñoso. En el fondo, tu amor es la larva del odio devorándolo continuamente. Tu amor es como una herida que lastima. No es como una flor, no puede ser. Y aquellos que esperan amor de ti son unos tontos que piden lo imposible. Aquéllos que esperan moralidad de ti, también.

Tu moralidad está condenada a ser una forma de inmoralidad.

Observa a tu gente moral, los que se dicen santos. Verás que tienen el rostro de la hipocresía, del engaño. Dicen una cosa y hacen otra. Hacen cosas que ocultan no sólo de ti, sino de ellos mismos.

> *En la ignorancia el pecado es natural.*
> *En la Iluminación la virtud es natural.*
> *Un Buda no puede pecar.*
> *Tú en cambio sólo puedes pecar.*
> *El pecado y la virtud no son decisiones tuyas,*
> *son actos tuyos,*
> *son sombras de tu ser.*

Si te has despertado, tu sombra se pierde y se vuelve llena de luz. Esta sombra no daña a nadie, no puede hacerlo, tiene el sabor de la inmortalidad. Ésta sólo puede caer como una bendición. Incluso si un Buda se enoja, esto es compasión, no puede ser de otra forma. Tu compasión no es verdadera. Tu pecado -tu sombra natural- es todo lo que haces, aunque lo decores o lo escondas o lo embellezcas, en el fondo de ti lo encontrarás. Porque no es cuestión de lo que haces sino de lo que eres.

Si tú comprendes este cambio en el énfasis -es de gran importancia- entonces serás capaz de comprender el Tantra.

El Tantra es una gran enseñanza. No te enseña nada acerca de los actos sino acerca de tu ser. Quién eres tú es lo que importa: dormido profundamente o despierto; alerta, consciente o hipnotizado. ¿Eres un sonámbulo? ¿Estás despierto, alerta en todo lo que haces? ¿Actúas recordándote a ti mismo? No, todo te sucede y no sabes por qué ni de dónde viene; de qué parte de tu inconsciente nace la urgencia y te obliga a actuar.

Este acto, como quiera que la sociedad lo califique ¤moral, inmoral, pecado, virtud¤ al Tantra no le importa. El Tantra te mira a ti, a tu ser en su más profundo centro. La vida no puede esperarse que surja del veneno de tu ignorancia, sólo la muerte. De la oscuridad sólo oscuridad surge. Y eso es lo más natural. Así que no hay necesidad de cambiar los actos ni hacerse uno más moral, virtuoso, respetable. Hay que cambiar el ser.

El ser puede ser transformado. No hay necesidad de esperar infinitas vidas para eso. Si tu esfuerzo es total, tu entendimiento intenso, en tal intensidad la luz se enciende súbitamente en ti, como un rayo surge de tu ser y todo tu pasado y tu futuro pasa de inmediato ante tu vista. Entonces entiendes lo que ha sucedido, lo que sucede y lo que sucederá. De improviso todo queda claro, tal como si alguien hubiera encendido una luz en la oscuridad.

El Tantra cree en la posibilidad de encender tu luz interior, y con tal luz el pasado deja de tener importancia. Nunca te perteneció. Por supuesto que todo sucedió, pero fue como un sueño mientras dormías. Hiciste muchas cosas buenas y malas, pero todo fue en estado de inconsciencia, no eres responsable. Y de repente el pasado se desvanece y surge un ser fresco, virgen: esto es la Iluminación repentina.

El Yoga atrae a la gente por su forma práctica, como de negocios. Tú puedes entender muy fácilmente a Patanjali porque concuerda con tu propia mente lógica y matemática. Tilopa es difícil de comprender pues él es raro. El entendimiento de Pantanjali es común, por eso su influencia es tan grande y extendida a lo largo de la historia.

La gente como Tilopa ha simplemente desaparecido sin dejar huella en la mente humana, ya que no encuentra ninguna afinidad con su mente. Patanjali es muy grande, pero pertenece a la misma dimensión. Puede que tú seas un pensador muy pequeño y Patanjali un grandioso pensador, pero eres de su misma dimensión. Si te esfuerzas puedes entenderlo y practicar sus enseñanzas. Sólo el esfuerzo es necesario.

Pero para entender a Tilopa tienes que entrar en una dimensión completamente desconocida. Tienes que entrar en el caos pues él destruirá todos tus conceptos, tus matemáticas, tus lógicas, tus filosofías... Simplemente te destruirá completamente. El no quedará satisfecho hasta que te destruyas y un nuevo ser nazca.

Con Patanjali tú quedarás modificado, mejorarás infinitamente. Por muchas vidas puedes seguir mejorando. Con Tilopa en un segundo puedes alcanzar el Absoluto. Ser mejor no es el problema porque él no piensa en términos de graduación.

Es como si estuvieras en la cima de un monte, puedes bajar paso a paso y volver a subir igual. Con Tilopa simplemente saltas hacia el abismo, no hay que dar pasos, vuelas. Con Patanjali tú vas en carreta de bueyes, lento, muy seguro, sin temor a los accidentes, siempre en control. Puedes detenerla en cualquier momento y apearte. Y la dimensión es horizontal: de A a B y de B a C, siempre en el mismo plano. Con Tilopa la dimensión cambia, se hace vertical. No es como una carreta sino como aeroplano desplazándose hacia arriba.

Con Tilopa el tiempo puede trascenderse.
Con Patanjali te mueves en el tiempo.
Con Tilopa la dimensión es la eternidad.

Puede ser que no te des cuenta, pero en los últimos diez o doce años un milagro ha sucedido, y es que los nuevos transportes espaciales han destruido el antiguo concepto del tiempo, pues es posible dar la vuelta al mundo en segundos. Quizá no te has dado cuenta del problema teórico. Significa que si un transporte espacial parte de Puna en domingo, puede llegar a otra parte del mundo cuando todavía es sábado y en algún otro lado, lunes. Así que es posible regresar al sábado y de ahí saltar al lunes y regresar a Puna el domingo. Todo el concepto de tiempo se pierde. Parece absurdo: partes el día 16, pasas al 17 y regresas otra vez al 16. Y esto puede hacerse muchas veces en veinticuatro horas. Significa que puedes retroceder en el tiempo, adelantarte a él y volver a él.

Con la velocidad y la dimensión vertical, el tiempo carece de importancia. Tiene importancia con la carreta de bueyes y en el mundo de las carretas. Tilopa es la mente vertical, la conciencia vertical. Esa es la diferencia entre la Yoga y el Tantra. El Yoga toma millones de vidas para llegar; el Tantra, un segundo. El Tantra te dice que no te preocupes por el tiempo. El Tantra te da una técnica que te dice que no es técnica ni método, a través del cual tú puedes rendirte incondicionalmente y saltar hacia el abismo.

El Yoga es esfuerzo, el Tantra es sin esfuerzo. Con esfuerzo, tu minúscula energía y tu pequeño ego lucha contra el Todo. Esto te tomará millones de vidas. Y ni aún así parece posible alcanzar la Iluminación; la lucha contra el Todo es tonta, tú eres sólo una parte.

Es como si la ola luchara contra el océano,
la hoja contra el árbol,
o tu propia mano contra tu cuerpo.
¿Con quién estás luchando?

El Yoga es un intenso esfuerzo; es un modo de luchar contra la corriente. Así todo lo que es natural el Yoga hace abandonarlo, y todo lo no natural, cultivarlo. Yoga es una forma contra natura: lucha con el río y nada contra la corriente. Por supuesto que hay un estímulo y éste puede ser disfrutado. ¿Pero quién disfruta la lucha? ¡Tu ego!

Es muy difícil encontrar un yogui que no sea egoísta. Si lo encuentras es un milagro. Es difícil porque con la lucha y el esfuerzo el ego se crea. Puede que encuentres yoguis humildes, pero si observas, en el fondo de su humildad el más sutil de los egos se oculta. Si dicen que son sólo polvo del suelo, ellos están presumiendo de su humildad. El ego quiere ser el más humilde de todos.

Si vas contra la corriente tu ego se fortalecerá, éste es el estímulo que la gente aprecia. Una vida sin estímulos se vuelve opaca porque el ego desfallece. El ego necesita alimento y el estímulo se lo proporciona. Crea dificultades para luchar contra ellas.

El Tantra es la forma natural: lo simple y natural es la meta. No necesitas luchar contra la corriente, simplemente déjate llevar. El río se dirige hacia el océano, ¿para qué luchar? Muévete con el río, hazte uno con él, ríndete. La rendición es la clave del Tantra. La voluntad es la clave del Yoga. Yoga es el camino de la voluntad; Tantra el de la rendición.

Por eso el Tantra es camino de amor -amor es una entrega. Es lo primero que hay que entender y las palabras de Tilopa se harán claras. Como dice Chuang-tse: "Lo fácil es lo correcto". En el Yoga, lo difícil es lo correcto.

Relájate y descansa, no hay prisa. El Todo te está llevando por sí mismo, no necesitas hacer esfuerzos individuales para llegar antes de tiempo, ya llegarás cuando sea la hora, espera. El Todo avanza, ¿cuál es tu prisa? ¿Por qué quieres llegar antes que otros?

Hay una historia hermosa acerca de Buda: cuando llegó a la puerta del cielo, la gente estaba esperándolo, pero él dio la espalda a la puerta y contempló el *samsara*, el mundo, en donde millones de almas avanzaban por el mismo camino luchando en medio de sufrimientos y miserias por alcanzar la felicidad, el cielo. El guardián del cielo le dijo: "Entra, te hemos estado esperando". Pero Buda contestó: "¿Cómo puedo entrar cuando los demás no han entrado aún? Tengo que esperar. Es como si mi mano entrara a la puerta y mis pies no la hubieran alcanzado. Tengo que esperar, no puedo entrar así".

Esta es una de las más profundas visiones del Tantra. De hecho, declara, nadie puede alcanzar la Iluminación solo. Todos somos parte de todos, miembros unos de otros; somos el Todo. Alguien puede alcanzar la cumbre, ser una ola muy alta, pero permanece conectado con las pequeñas olas en derredor suyo. La ola no está sola, permanece unida al océano y a todas las demás olas. Una ola no puede aisladamente alcanzar la Iluminación.

Se dice que Buda todavía está esperando. Tiene que esperar, nadie es una isla, formamos un continente todos juntos. Quizá yo he avanzado un poco más, pero no estoy separado de ti. Y ahora ésta no es una historia para mí, yo estoy esperando por vosotros. Ahora ésta no es una parábola, ahora sé que no hay Iluminación individual. Los individuos pueden adelantarse, pero permanecen integrados al Todo.

¿Y quién sino un Iluminado puede ser consciente de esta integración? Somos un solo ser y el Tantra dice: "No tengas prisa, no empujes a otros para tratar de ser el primero de la fila, sé simple y natural. Todo va hacia la Iluminación, ésta sucederá. No crees angustia en torno a esto. Si puedes entenderlo, ya estás cerca; entonces te relajas. De otra forma, los religiosos se hacen muy tensos, más que la gente mundana.

La gente mundana común tiene metas mundanas y por supuesto está tensa, pero no tanto como la gente religiosa porque ésta tiene metas del otro mundo, y ese mundo está muy lejano e invisible y hay siempre la duda de si existe o no. Surge un nuevo sufrimiento: este mundo se pierde y el otro no aparece. Esto causa gran perturbación mental. Nunca te conviertas en tal tipo de religioso.

Para mí, el hombre religioso es simple y natural. El no se preocupa acerca de este mundo ni del otro. No se preocupa de nada, simplemente vive y disfruta. Este momento es el único para él, el próximo se cuidará solo. Cuando venga el próximo momento él lo recibirá con gozo. El hombre verdaderamente religioso no tiene metas. Tener metas es ser mundano, aunque tu meta sea Dios.

El Tantra es en verdad hermoso. Es la suprema comprensión y el supremo principio. Si no puedes entenderlo, entonces la Yoga es para ti. Si puedes comprender el Tantra, entonces no te ocupes de pequeñas enseñanzas. Cuando tan gran vehículo está a tu disposición, ¿para qué ocuparse de pequeñas embarcaciones?

Hay dos sectas en el budismo, sus nombres son de gran significación. Una secta se conoce como Inayana, el pequeño barco, que es el camino del Yoga. Tienes que sentarte solo en él, nadie más cabe. El Yogui se desplaza solo. Y la otra secta es llamada Mahayana, el gran barco, el mundo entero puede ser absorbido en él.

Mahayana es el camino del Tantra. Tilopa es mahayanista, sostiene el gran principio.

Los barcos pequeños son para la gente egoísta que no puede tolerar a nadie más en su vehículo y miran a los otros con ojos condenatorios. Mahayana tiene profundo amor por todos, ninguna condenación existe.

La gente me pregunta: "¿Tú concedes *sannyas* a todos por igual? Nunca antes fue concedida así". *Sannyas* ha sido siempre para la gente egoísta que condena y sostiene que todo anda mal y te ve con aire de ser más santo que tú. Ellos se creen grandes *sannyasins* que han renunciado al mundo del pecado y tú todavía estás en él. Muchos grandes egoístas han sido *sannyasins*.

Por primera vez he abierto la puerta para todos. En realidad, he arrancado la puerta, ahora ya no puede cerrarse y todos son bienvenidos. ¿Por qué? Porque mi actitud es del Tantra, no del Yoga. Yo también hablo de Patanjali para aquellos que no pueden comprender el Tantra, de otro modo mi actitud es tántrica, todos son bien recibidos. Si Dios te acepta, ¿quién soy yo para rechazarte? Si el Todo te mantiene y la Existencia te tolera y más aún, te da energía y vida, ¿quién soy yo? Incluso si cometes pecados la Existencia no te niega su energía, en cualquier circunstancia te mantiene.

Sucedió que un místico mahometano, Junnaid, imploró una vez a Dios para que uno de sus vecinos desapareciera,

pues estaba creando graves problemas para la población. Y Junnaid escuchó una voz en respuesta de su plegaria: "Si yo lo acepto, ¿quién eres tú para rechazarlo?" Junnaid escribió en su autobiografía que nunca más censuró a nadie, pues si Él ha dado nacimiento a alguien y le ayuda a estar vivo y floreciente, ¿quién era él para censurarlo?

La Existencia te da vida incondicionalmente.
Yo te concedo sannyas incondicionalmente.
La Existencia tiene infinitas esperanzas en ti.
Y tú no puedes destruir tales esperanzas,
¿quién soy yo...?

El Tantra es para todos, no para los escogidos. Se convirtió en el camino de unos pocos escogidos porque no todos lo comprendieron, pero es para todos. Para todos los que están listos a dar el salto.

Ahora trata de entender:

"En Mahamudra todos los pecados se incineran".
No tienen que ser equilibrados con buenos actos.

¿Qué es en fin este Mahamudra? Mahamudra es el estado del ser en el cual uno no está separado del Todo. Es como un profundo orgasmo sexual con la Totalidad.

Cuando dos amantes están en profundo orgasmo sexual se funden uno en otro. La mujer deja de ser mujer y el hombre deja de ser hombre, ambos se vuelven como el círculo *yin* y *yang*, uno entra en el otro olvidando su propia identidad. Por eso el amor es tan hermoso. Este estado se llama *mudra*. Y el orgasmo final con el Todo es el gran orgasmo: *Mahamudra*.

¿Qué es lo que sucede en el orgasmo sexual? Tienes que entender esto puesto que sólo así tendrás la clave para el orgasmo final. Cuando dos amantes se encuentran...

-recuerda, dos amantes, entre el esposo y la esposa casi nunca sucede- porque los esposos desempeñan papeles fijos y no se funden uno en otro. Ellos actúan y adoptan un papel les guste o no. Esto se vuelve un asunto legal.

Una vez pregunté a Mulla Nasrudin que cuántos años había estado casado. El respondió: "Veintitantos años." Yo le dije: "¿Quieres decir más de veinte?" "No, pero si ves a mi mujer sabrás que son ¡tantos!"

Los esposos son un resultado social; el matrimonio es una institución, no una relación. Es un fenómeno forzado no por amor, sino por otras razones: económicas, de seguridad, sociales, culturales, religiosas, por los hijos... por todo, excepto por amor.

El orgasmo no sucede entre esposo y esposa a menos que sean también amantes. Eso es posible, ellos pueden amarse. Entonces es totalmente diferente, pues no son resultado de una institución.

En Oriente, debido a que el matrimonio concertado ha existido por miles de años, la gente se ha olvidado por completo de lo que es el orgasmo. No me he encontrado aún una mujer hindú que sepa lo que es. Algunas mujeres occidentales en los últimos veinticinco años se han dado cuenta de que el orgasmo es algo que vale la pena lograr. De otra manera, las mujeres se han olvidado por completo de que tienen la posibilidad del orgasmo en sus cuerpos.

Esta es una de las cosas más desafortunadas que le ha sucedido a la humanidad. Y si la mujer no puede tener orgasmo, el hombre tampoco lo puede tener en realidad, pues el orgasmo es el encuentro de dos. Sólo dos que se funden uno en otro pueden lograrlo. No es posible que uno lo logre y el

otro no. Un alivio puede lograrse, orgasmo no. ¿Qué cosa es el orgasmo?

El orgasmo es un estado en el que el cuerpo no se siente ya como materia sino como energía, vibra, como electricidad. Vibra tan profundamente desde su base, que es posible olvidar la materia. Se vuelve un fenómeno de electricidad y es eso exactamente lo que es.

Ahora los físicos dicen que no hay materia, que ésta es sólo una apariencia. En el fondo lo que existe es electricidad, no materia. En el orgasmo se alcanza esta profunda capa del cuerpo en la que la materia ya no existe, sólo ondas de energía. Se vuelve uno la vibración de la energía. No existen más las limitaciones substanciales. Ambos palpitan.

Y poco a poco, si se aman y se entregan uno a otro, ellos se rinden a esta vibración, a esta conversión de energía; y no sienten temor aunque esto sea como la muerte.

Cuando el cuerpo pierde sus límites,
cuando se vuelve algo vaporoso,
cuando deja de ser sustancial
y sólo la energía queda
en un ritmo sutil,
te sentirás como si no existieras.

Sólo en un amor profundo puede uno llegar a esto. El amor es como la muerte: mueres en lo que respecta a tu imagen material; mueres como un cuerpo y evolucionas como energía, energía vital.

Y cuando la pareja empieza a vibrar en un ritmo, los latidos de los corazones y cuerpos se hacen armónicos, entonces el orgasmo sucede y ya no son dos. Este es el símbolo del yin y yang. Yin entrando en el yang; yang entrando en el yin. La mujer y el hombre fundiéndose uno en otro.

> *Ahora son un círculo y vibran juntos,*
> *palpitan al unísono.*
> *Sus corazones no están ya separados,*
> *se han hecho una melodía, una armonía.*
> *Esta es la más grandiosa música posible.*
> *Todas las otras músicas palidecen en*
> *comparación.*

Esta vibración de dos al unísono es el orgasmo. Cuando esto sucede no con una persona sino con la Existencia entera, entonces es Mahamudra, el máximo orgasmo. Esto sucede. Quisiera decirte cómo puedes lograrlo para que Mahamudra sea posible.

En Indonesia vive un raro hombre: Bapak Subuh. Accidentalmente descubrió un método llamado *latihan*. Este es uno de los más antiguos métodos tántricos, pero él lo volvió a encontrar. *Latihan* es el primer paso hacia Mahamudra. Consiste en dejar que el cuerpo vibre hasta convertirse en energía, inmaterial; dejar al cuerpo disolverse y perder sus límites.

Bapak Subuh es mahometano, pero fundó un movimiento llamado Subud. Esta es una palabra budista formada de tres vocablos: *su, bu, dha. Su* es sushila, *bu* es Buda y *dha*, dharma. Significa la ley de la gran virtud derivada de Buda. Esto es lo que Tilopa llama la Gran Enseñanza.

Latihan es simple. Primero uno se pone de pie, relajado y natural. Mejor si se está solo y sin distracciones, a menos que uno encuentre a alguien que haya realizado esta práctica, entonces su presencia puede ayudar pues actúa como un

agente catalizador. De otro modo es mejor est
esto llevará un poco más de tiempo.

Tú nada tienes que hacer. Simplemente
esperando que algo suceda. Cuando tu cuerp
moverse déjalo, permítele moverse y coopera. La
cooperación no debe ser demasiado directa, no hay que
presionar; sólo se debe permitir. De pronto el cuerpo se
mueve como si fuera poseído, como si una gran energía
descendiera en forma de nube que lo rodease. Entonces la
nube penetra en el cuerpo y éste toma la iniciativa. Las manos
se alzan o se empieza una danza suave de movimientos
sutiles, suaves gestos. El cuerpo es poseído.

Si algo sabes de escritura automática, comprenderás
fácilmente lo que pasa en *lathihan*. En la escritura automática
se toma un lápiz en la mano y uno espera con los ojos
cerrados. De pronto se siente un temblor en la mano como
si algo hubiera entrado en ella y fuera poseída. Nada hay
que hacer, pues si se hace esto no vendrá del más allá; será
un acto. Simplemente hay que permitirlo. Las palabras de
Tilopa son maravillosas: "simple y natural", no pueden
mejorarse. No hay que resistir, puesto que uno puede
detener el movimiento. Esta energía es muy sutil y al
principio no muy poderosa. Puede ser detenida fácilmente
pues no es una energía agresiva, si no la dejas, no viene. Si
dudas, no sucederá, puesto que con la duda viene la
resistencia, la lucha. Por esto la confianza, *shraddha*, es de
tal significado. Simplemente confía y deja tu mano suelta:
poco a poco se mueve y empieza a rayar el papel. Permítelo.
Entonces formula una pregunta y déjala perder en tu mente,
sin forzarla. De pronto la respuesta viene.

De diez personas que lo intentan, por lo menos tres serán absolutamente capaces de lograr la escritura automática. Treinta por ciento de la gente no se da cuenta de su receptividad. Y esto puede convertirse en una gran fuerza en la vida. Las explicaciones son diversas acerca de lo que sucede, esto no importa. La máxima explicación que yo encuentro es que el centro superior se apodera del inferior; la propia conciencia a su más alto nivel se impone a la mente inconsciente inferior. Tú preguntas y tu propio ser interior te responde. Nadie más está ahí, pero tu ser interior -que tú no conoces- es muy superior a ti. Tu propio ser interior es tu máxima posibilidad de florecer.

Es como si la flor tomara posesión de la semilla.
La semilla no sabe,
pero es la flor, tu posibilidad,
que se posesiona de tu presente y te responde;
como si tu potencialidad absoluta
tomara posesión de lo que tú eres,
y te respondiera.
O como si el futuro tomara posesión del pasado,
lo desconocido de lo conocido,
lo intangible de lo tangible.
Son metáforas, pero siento que comprenderás
la significancia
como si tu vejez se posesionara de tu niñez
y te diera la respuesta.

Lo mismo sucede en *latihan* con el cuerpo entero. En la escritura automática sólo se deja la mano suelta y natural. En *latihan* se deja todo el cuerpo suelto y se espera. Y uno no coopera y repentinamente viene la urgencia del movimiento: la mano se alza sola, como tirada de una invisible cuerda. ¡Permítelo! La pierna se mueve y uno empieza a girar, a danzar caóticamente, sin ritmo, sin manipulación, pero en cuanto se profundiza, poco a poco un ritmo propio surge. Entonces deja de ser caótico y entra en su propio orden, se disciplina, pero no forzadamente. Es tu más alta posibilidad moviendo tu cuerpo inferior.

Latihan es el primer paso. Poco a poco sentirás lo hermoso de esto y empezarás a sentir la unión entre tú y el cosmos. Pero es sólo el primer paso. Por eso en Subud algo falta. El primer paso es en sí mismo muy hermoso, pero no es lo último. Quisiera que lo completaras. Por lo menos durante treinta minutos —sesenta sería estupendo— danza con *latihan*.

En sesenta minutos el cuerpo, de poro a poro, de célula a célula, se limpia. Es una catarsis. Uno se queda completamente renovado ya que toda la impureza se quema. Es lo que Tilopa dice: "En Mahamudra todos los pecados son incinerados". El pasado se echa al fuego. Es un renacimiento. Se siente una energía que llueve sobre uno por dentro y por fuera. Y la danza no es sólo externa; pronto, cuando entras en armonía, sientes una danza interna, pues la energía está moviéndose también por dentro. Ambas se coordinan una con otra. Entonces una pulsación te arrebata y sientes que has entrado al ritmo universal.

De treinta a sesenta minutos es el tiempo, cada uno tiene que encontrar su tiempo correcto. Entonces la meditación debe proseguir: si entras en sintonía a los quince minutos, treinta te bastarán. Hay que hacer lo doble del tiempo para quedar completamente limpio, y terminar con una plegaria.

Cuando sientas que tu cuerpo ha quedado enteramente limpio y fresco -has estado bajo una lluvia de energía- y todo tu cuerpo se siente integrado, sin divisiones. Y sientes que la sustancialidad se pierde y eres más bien una energía, un movimiento, un proceso, no una materia; entonces estás listo. Ahora cae a tierra de hinojos.

Arrodillarse es hermoso, así como los sufis o los mahometanos se postran para decir sus oraciones en la mezquita; esa es la mejor postura para la plegaria. Entonces levanta las manos hacia el cielo con los ojos cerrados y siéntete como una vasija vacía, como un bambú hueco. Tu cabeza es la boca de la vasija y por ella cae la energía en forma tremenda, como una cascada. Y realmente puedes sentir la cascada. Después de *latihan* lo tienes que sentir. Cuando uno está listo cae con mayor fuerza y el cuerpo empieza a temblar, a agitarse como hoja en el viento. Si has estado bajo una cascada sabrás lo que se siente, es la misma sensación. Estás vacío, ahora deja que la energía te llene completamente.

Déjala caer dentro de ti tan hondo como sea posible para que llegue a los rincones últimos de tu cuerpo, mente y alma. Y cuando sientas que estás lleno, con el cuerpo entero cimbrándose, póstrate y besa la tierra, espera a quedar completamente vacío. Entonces levanta las manos otra vez, llénate y póstrate de nuevo. Esto tiene que hacerse siete veces porque cada vez penetra un *chakra* del cuerpo, un centro vital. Y si se hace menos de siete veces, la energía quedará suspendida y uno puede sentirse inquieto.

Tienen que penetrar los siete *chakras* del cuerpo para que éste se convierta en un pasadizo completamente vacío. La energía cae de lo alto y llega a la tierra a través de ti, simplemente pasas la energía a la tierra. Como hacemos con la electricidad, ponemos un alambre de contacto con la tierra. Puedes hacerlo más de siete veces, pero no menos. Y esto será un Mahamudra completo.

Si lo haces todos los días, pronto, antes de tres meses, un día sentirás que dejas de estar ahí. Serás sólo una energía palpitando con el universo. El ego se pierde completamente, no hay quien actúe. El universo está ahí, y tú eres la ola palpitando con el océano. Esto es Mahamudra. Ese es el orgasmo final, el estado de conciencia más gozoso que es posible.

Es como dos amantes haciendo el amor, pero multiplicado millones de veces. El mismo fenómeno aumentado infinitamente porque ahora uno está haciendo el amor con el universo entero. Por eso el Tantra es conocido como el Yoga Sexual o el Camino del Amor.

"En Mahamudra todos los pecados se incineran;
en Mahamudra uno es liberado
de la prisión del mundo.
Esta es la suprema antorcha del Dharma.
Los que no creen, son tontos
que para siempre se empantanan
en el sufrimiento.

Y Tilopa es perfectamente claro, franco. Dice: "Los que no creen, son tontos..."

¿Por qué los llama tontos? No los llama pecadores, irreligiosos. Son simplemente tontos, puesto que por no creer se pierden del mayor gozo que la vida puede darles. Y esto no puede suceder si uno no confía, tanto que se pueda rendir, entregar completamente. Todos los momentos de beatitud suceden sólo en la rendición. Incluso la muerte se vuelve hermosa si se rinde uno a ella, ¡cuánto más la vida! Por supuesto, la vida es la mayor bendición, el máximo gozo. Uno se pierde el regalo absoluto por no rendirse.

Si quieres aprender cualquier cosa,
aprende a confiar, nada más se necesita.
Si sufres,
ninguna otra cosa puede ayudarte,
aprende a confiar.
Si no encuentras sentido a la vida
y sientes que careces de significado,
nada te ayudará sino confiar.
La confianza da sentido
porque te hace capaz de permitir
que el Todo descienda sobre ti.

"Para luchar por la liberación
uno debe depender de un Guru.
Cuando tu mente reciba sus bendiciones
la emancipación estará a tu alcance."

¿Por qué creer en un *Guru*, en un Maestro? Porque lo Desconocido está lejos de ti. Esto es sólo un sueño, a lo más una esperanza, un deseo.

Cuando me escuchas hablar del gozo beatífico, ese gozo se queda como palabra. Quizá lo desees, pero no lo conoces, ni sabes lo que es ni cuál es su sabor; está tan lejano de ti. Estás sumido en el sufrimiento y la angustia, en medio de eso empiezas a esperar, a desear el gozo; pero no servirá de nada, necesitas probarlo ¿Quién podrá dártelo? Sólo aquél que lo ha probado puede servirte de mediador. Él puede actuar de agente catalizador. Nada tiene que hacer, basta su presencia, y a través de él lo Desconocido fluye hacia ti. Como si él fuera una ventana. Sus puertas están abiertas cuando las tuyas están cerradas y has olvidado cómo abrirlas. A través de su ventana puedes dar una ojeada al cielo.

Un maestro, un Guru, no es sino una ventana. Uno tiene que pasar a través suyo y probar un poco. Entonces ya se pueden abrir las propias ventanas, de otro modo todo queda en palabras. Puedes leer a Tilopa, pero a menos que encuentres a Tilopa nada te sucederá. Tu mente seguirá diciendo: "Este hombre está loco, alucinado, soñando; debe ser un filósofo, un pensador, un poeta. Pero esto no puede suceder, es imposible estar lleno de gozo". Tú has conocido solamente el sufrimiento y las penas. Sólo has probado el veneno ¿cómo puedes creer en el elixir?

Un Maestro no es más que la personificación del gozo total. En él está vibrante. Si confías en él, sus vibraciones pueden alcanzarte. Un Maestro no es un enseñante, nada te enseña. Un Maestro no depende de doctrinas y principios. Un Maestro es una presencia. Si confías en él, está a tu disposición. Un Maestro es una disponibilidad. A través suyo tendrás el primer chispazo de la Divinidad. Entonces ya puedes continuar por ti mismo.

"Para luchar por la liberación
uno debe depender de un Guru.
Cuando tu mente reciba sus bendiciones
la emancipación estará a tu alcance."

Un Maestro no puede darte la emancipación, pero puede conducirte al borde de ella. La emancipación tiene que ser adquirida por ti, pues una cosa que es dada por alguien también puede ser arrebatada por alguien más. Sólo lo que es tuyo puede ser tuyo. Un Maestro no puede dártelo.

Puede únicamente bendecirte, pero su bendición es un fenómeno vital.

A través suyo puedes mirar tu futuro.
A través suyo puedes percibir tu propio destino.
A través suyo las lejanas cumbres se acercan.
A través suyo comienzas a subir como una
semilla que trata de germinar hacia el cielo.
Su bendición es agua para tu semilla.

En Oriente la bendición de un Maestro tiene un gran significado. Occidente ha permanecido absolutamente ignorante del fenómeno. Occidente conoce enseñantes, no Maestros. Los enseñantes hablan acerca de la Verdad. El Maestro te la da a probar. Un enseñante puede ser alguien que no la conoce por sí mismo, puede que la haya aprendido de otros enseñantes. Busca al Maestro. Enseñantes hay muchos; Maestros, pocos.

¿Y cómo buscar al Maestro? Muévete. Siempre que oigas el rumor de que alguien es un Iluminado, ve y permanece disponible. No pienses mucho, ama, pues a un Maestro se le encuentra a través del sentimiento. El enseñante es hallado a través del pensamiento, él es lógico en sus argumentos. Al Maestro cómelo, bébelo; escucharlo no, pues es un fenómeno vivo de energía. Si lo paladeas te darás cuenta de la diferente cualidad de su ser.

Una gran receptividad es necesaria —receptividad femenina— para encontrar al Maestro. Mas si tú estás en disponibilidad ante un Maestro vivo, instantáneamente algo se enciende y quedas atrapado. Es un fenómeno de amor. No puedes probar ante nadie que has encontrado al Maestro. Cualquier prueba puede ser denegada por otros. Si lo has encontrado, tú lo sabes. Este conocimiento es del corazón, de los sentimientos.

Tilopa dice:

"Para luchar por la liberación
uno debe depender de un Guru.
Cuando tu mente reciba sus bendiciones
La emancipación estará al alcance".

La palabra misma, "Guru" es significativa. La palabra "Maestro" no lo es tanto. maestro parece ser el que ha perfeccionado un arte después de largo entrenamiento, disciplina. Guru es totalmente diverso.

La palabra "Guru" significa alguien que se ha hecho muy pesado, como una nube cargada, esperando que tu sed la haga descargar; como una flor repleta de perfume esperando que tu olfato la absorba. La palabra "Guru" significa impregnado de energía, impregnado de divinidad; tal como una mujer preñada.

Un Maestro está preñado de Dios. Por eso en Oriente al Guru se le llama Dios. Esto en Occidente no lo pueden entender porque allá piensan que Dios significa Creador del mundo. Aquí no nos preocupamos del Creador. Llamamos Dios al Guru porque está impregnado de la Divinidad y por lo tanto está listo para derramarla. Sólo una tierra sedienta es necesaria.

En realidad él no ha perfeccionado nada ni se ha entrenado ni disciplinado en algún arte. No, él ha vivido la vida en su totalidad, no como una disciplina, sino en forma natural. El no se ha forzado. Se ha movido con el viento, ha permitido a la naturaleza tomar su propio curso. Y a través de millones de experiencias de sufrimiento y pena, de gozo y felicidad, él ha madurado.

> *Un Guru es un fruto maduro en espera de caer,*
> *pesado*
> *Si tú estás listo para recibir, él puede*
> *impregnarte.*

Un Guru es un fenómeno totalmente oriental. El Occidente no lo ha comprendido todavía. En Occidente es difícil sentir el porqué uno debe postrarse ante un Guru, humillarse, poner la cabeza a sus pies. Pero si uno quiere recibir tiene que inclinarse.

Cuando un discípulo totalmente confiado se inclina a los pies de su Maestro, algo sucede invisiblemente. Una energía desciende del Maestro y entra en el discípulo. Si uno se hace consciente, puede verlo, y también puede ver el aura del Maestro penetrando en el discípulo.

El Maestro pesa por la energía divina. Y ahora tiene infinita energía, la puede derramar en infinidad de discípulos. Él solo puede afectar a millones de aspirantes, y nunca se agorará, pues ahora está conectado con la Totalidad, con la fuente original de todo. A través de él tú puedes también dar el salto hacia el abismo. Rendirse a Dios es difícil porque no sabes dónde está, Él nunca ha dado su dirección a nadie. Pero un Guru puede ser encontrado. Y si me preguntases, te diría que el Guru es la dirección de Dios.

> *"Cuando tu mente recibe sus bendiciones,*
> *la emancipación está al alcance".*

Entonces puedes estar seguro de que has sido aceptado. Cuando sientes que el Maestro derrama sus bendiciones sobre ti, como flores, entonces puedes estar seguro de que la emancipación está a tu alcance.

Sucedió una vez: Uno de los discípulos de Buda, Sariputta, vino un día a inclinarse a los pies de Buda. Al instante sintió una energía caer sobre él y una súbita transformación de su mente tuvo lugar, como si hubiera sido creado de nuevo. Entonces exclamó: "¡No, espera un poco!" La asamblea de discípulos no pudo entender lo que sucedía.

Buda dijo: "¿Por qué?" El contestó: "Entonces estos pies tuyos quedarían perdidos para mí. La emancipación está a mi alcance y yo quisiera estar contigo un poco más de tiempo. ¡Espera, no me arrojes tan pronto!" Porque en cuanto el Maestro ha dado su bendición, ésta es la última cosa, hay que decirle adiós.

Sariputta alcanzó la Iluminación más tarde. Buda le dijo: "Ahora márchate, ya esperé bastante. Ahora lo que has recibido de mí tienes que darlo a otros".

Sariputta tuvo que marcharse, gimiendo y llorando. Alguien le preguntó: "¿Eres un Iluminado y lloras?"

Él dijo: "Sí, he alcanzado la Iluminación, pero podría renunciar a ella si Buda me permitiera vivir a sus pies".

Tal era su gratitud. Y cada mañana Sariputta continuó haciendo una reverencia en dirección a la región donde Buda viajaba. Y la gente continuaba preguntando: "¿Por qué haces esto?" Y él decía: "Buda viaja por el sur".

Cuando los últimos días de Sariputta llegaron, él preguntó: "¿En dónde está Buda ahora?" Y murió inclinado hacia la dirección donde Buda moraba.

Cuando la energía es recibida, cuando la bendición final es impartida por el Maestro, la emancipación está al alcance y uno tiene que decir adiós.

En Zen, en Japón, cuando un discípulo llega con el Maestro, trae una estera, la desenrolla ante el Maestro y se sienta en ella a escucharlo todos los días, hace todo lo que él le dice y deja la estera ahí, por años. Entonces, cuando recibe la bendición final, la enrolla otra vez, hace una reverencia y abandona al Maestro con su estera bajo el brazo. Esa estera es simbólica. Cuando un discípulo la enrolla, los otros saben que ha recibido la bendición. Es el adiós final.

> *"¡Oh! todas las cosas de este mundo son insignificantes,*
> *no son más que semillas de dolor.*
> *Las enseñanzas pequeñas te conducen a la acción,*
> *uno debe sólo seguir las grandes enseñanzas".*

En este mundo todo es semilla de sufrimiento. Pero un rayo de luz penetra cuando una persona alcanza la Iluminación. Sigue ese rayo de luz y él te conducirá a la fuente de toda luz, el sol.

Y recuerda, dice Tilopa, "No seas víctima de pequeñas enseñanzas". Hay muchas. La gente viene a preguntarme: "¿Si somos vegetarianos, podremos alcanzar la Iluminación?" Esta es una muy pequeña enseñanza. O: "Creemos en la castidad". Otra muy pequeña enseñanza. Hacen muchas cosas excepto una que nunca tocan, que es su ser. Arreglan su carácter, tratan de ser sabios en todo lo posible, pero todo queda como una decoración.

Una disciplina externa es una decoración. Esta debe provenir del interior. Debe esparcirse en la periferia desde el centro, no desde la periferia hacia el centro. La Gran Enseñanza es:

Tú ya eres eso que puedes llegar a ser,
dáte cuenta.
Tú eres tu propia meta,
sé consciente de ello.
En este preciso momento
tu destino puede ser cumplido.
¿Qué es lo que esperas?
No creas en pasos graduales,
da un salto, ten valor.

Sólo aquél que es valeroso puede seguir la Gran Enseñanza del Tantra. Teniendo miedo, temor de morir o de perderte, de rendirte, tú caerás víctima de pequeñas enseñanzas: no hacer esto, no hacer lo otro; permanecer siempre en control.

La Gran Enseñanza es la rendición,
rindes tu control y dejas que la
Totalidad te arrebate
y te lleve a donde quiera llevarte.
No nades contra la corriente.
Déjate llevar por el río.
conviértete en el río.
Y el río está ya en camino hacia el mar.
Esta es la Gran Enseñanza.

VII

El Camino Sin Camino

17 de febrero de 1975

La canción continúa:

Trascender la dualidad es la visión regia.
Conquistar las distracciones, la práctica real.
El camino de la no-práctica es el sendero de los Budas.
Aquél que transita tal camino alcanza el estado del Buda.

Pasajero es este mundo,
tal como los fantasmas y los sueños, sin sustancia alguna.
Renúncialo y abandona a tus parientes,
corta los cordones de la lujuria y el odio
y medita en las selvas y montañas.

Si permaneces sin esfuerzo
en estado simple y natural,
pronto a Mahamudra ganarás
y alcanzarás lo inalcanzable.

*H*ay dos caminos. Uno es el del guerrero, el soldado; el otro es el del rey, el camino real. Yoga es el primero, Tantra el segundo. Así que primero tienes que entender lo que es el camino del soldado, sólo entonces entenderás lo que Tilopa quiere decir con el Camino Real.

Un soldado debe luchar, ser agresivo, violento; el enemigo tiene que ser destruido o conquistado.

El Yoga trata de crear un conflicto en ti. Hace una distinción clara entre lo bueno y lo malo, lo correcto y lo incorrecto, lo que es de Dios y lo que es del diablo. Y casi todas las religiones –excepto Tantra– siguen el camino del Yoga. Dividen la realidad y crean un conflicto interior. Prosiguen sobre la base de este conflicto.

Por ejemplo: tu sientes odio; el camino del guerrero es destruir ese odio. Tienes codicia, sexo y miles de cosas más; el camino del guerrero es destruir todo lo negativo y desarrollar todo lo positivo. El sexo tiene que ser sustituido por la *bramacharya*, castidad. El Yoga inmediatamente corta a uno de un tajo en dos partes: lo correcto y lo incorrecto. Lo correcto tiene que vencer a lo incorrecto.

¿Qué es lo que hay que hacer? El enojo existe, el Yoga sugiere crear el hábito de la compasión, crear lo opuesto, y formar tal hábito que uno empieza a funcionar como un robot, por lo tanto es llamado el camino del soldado. A través de la historia, en todo el mundo el soldado ha sido entrenado a modo de robot, tiene que crear hábitos.

Los hábitos funcionan sin la conciencia, no se necesita estar alerta, pueden existir sin ti. Si tienes hábitos –todo el mundo los tiene– puedes observarlo. Un hombre saca su paquete de cigarrillos de la bolsa, obsérvalo, puede ser que ni se dé cuenta de lo que hace, como un robot. Si tiene alguna inquietud inmediatamente mete la mano a la bolsa, toma un cigarrillo y arroja el desecho sin darse cuenta de sus gestos, ni siquiera de lo que está haciendo.

Al soldado se le enseña a llevar una existencia de robot, tiene que actuar sin necesidad de estar consciente. Cuando se le ordena dar vuelta a la derecha, la da; no tiene que pensar si debe hacerlo o no, pues si pensase, las guerras no podrían continuar. Pensar no es necesario, tampoco el ser consciente. Lo único que necesita entender es la orden, tener conciencia de eso es suficiente, es decir, un mínimo de conciencia. No es que gire a la izquierda cuando se le ordena, simplemente escucha la orden y gira. El no es quien lo ejecuta, es el hábito que ha cultivado. Tal como si se encendiese la luz eléctrica y se apagase; la luz no tiene que pensar, uno oprime el interruptor y basta. Así, cuando escucha: ¡Vuelta a la izquierda!, el botón se enciende y el hombre gira.

William James relata que una vez estaba sentado en un café cuando un soldado retirado –retirado por casi veinte años– pasó por ahí llevando una canasta de huevos. De pronto William James sintió ganas de jugarle una broma. En voz alta dijo: "¡Atención!" Y el pobre viejo se puso firme. Los huevos cayeron al suelo, rotos. Se enojó muchísimo y le reclamó: "¿Qué tipo de broma es esta?"

Pero William James le dijo: "Tú no necesitas cumplir la orden; cada quien es libre de gritar lo que quiera. Podrías haber seguido de frente".

El hombre respondió: "Eso no es posible, es automático. Aunque hayan pasado veinte años, el hábito está muy arraigado". Con tantos años de práctica, un reflejo condicionado se crea.

Este término, reflejo condicionado es bueno. Fue inventado por un psicólogo ruso, Pavlov. Dice que uno simplemente refleja: cuando alguien arroja algo sobre los ojos, estos no piensan en parpadear o cerrarse, los ojos simplemente se cierran. Una mosca pasa y uno cierra el ojo, no es necesario pensar, es un reflejo condicionado. Esto está dentro de los hábitos de tu cuerpo, en tu sangre y huesos. Sencillamente sucede, nada se debe hacer para eso.

El soldado está entrenado para existir a modo de robot, a base de reflejos condicionados. Lo mismo hace el Yoga. Si te enojas el Yoga te dice: "No te enojes, cultiva la virtud opuesta: la compasión". Poco a poco tu energía empezará a moverse en el hábito de ser compasivo. Si perseveras por largo tiempo el enojo desaparecerá completamente, tú sentirás compasión. Pero estarás muerto, no vivo. Serás un robot, no un ser humano. Tendrás compasión no porque la tengas, sino porque has cultivado el hábito.

Puedes cultivar un mal hábito o un buen hábito. Alguien cultiva el hábito de fumar, o el de no fumar. Alguien puede cultivar el hábito de ser vegetariano o el de no serlo, pero ambos son cultivados y al final de cuentas son lo mismo.

Este punto tiene que ser bien meditado pues es muy fácil cultivar un buen hábito, pero es difícil volverse bueno. Y el sustituto —el buen hábito— es cosa barata que puede adquirirse fácilmente.

Ahora, particularmente en Rusia, están desarrollando una terapia basada en los reflejos condicionados. Se dice que la gente no puede dejar sus hábitos. Si alguien ha estado fumando por veinte años no puede esperarse que lo deje. Puede explicársele que es peligroso, que incluso el cáncer lo puede atacar, pero veinte años han hecho que el hábito se arraigue en el cuerpo y está ya en su metabolismo. Incluso si lo desea –aunque sea con sinceridad– es muy difícil suspenderlo, pues no es cuestión de desearlo sinceramente, son veinte años de continua práctica lo que hace imposible dejarlo. ¿Qué hacer?

En Rusia dicen que no es necesario hacer nada ni dar explicaciones. Se deja que el paciente fume y le dan un choque eléctrico. El dolor del choque y el acto de fumar se asocian. Por siete días es hospitalizado y en cuanto fuma, automáticamente viene la descarga eléctrica. Después de siete días el hábito queda suspendido. Aún cuando se le quiera persuadir de fumar no lo hará. Al momento de tomar el cigarrillo en la mano el cuerpo entero empezará a temblar ante la idea del choque eléctrico.

Se dice que ahora nunca más fumará, el hábito se rompió para siempre con esta terapia. Pero ahora no puede volverse un Buda con este tratamiento. Todos los hábitos pueden ser cambiados así, ¿alcanzará esta persona la Iluminación porque ya no tiene malos hábitos? No, ahora no será siquiera un ser humano, será sólo un mecanismo. Él tendrá miedo de todo y no será capaz de hacer nada malo porque ha adquirido el hábito del temor.

Ese es el significado de Infierno. Todas las religiones lo han usado como tratamiento de choque. El infierno no está en ninguna parte como tampoco el cielo. Ambos son trucos, viejos conceptos psicoterapéuticos. Han pintado el infierno tan horrible que uno le teme desde la infancia. A la sola mención del infierno el miedo sobrecoge. Este es un ardid para prevenir los malos hábitos. Y el cielo es también un ardid para ayudar a los buenos hábitos; gran felicidad, placer, belleza, vida eterna son prometidos en el cielo si sigues los patrones buenos creados por la sociedad. El cielo te conduce hacia la positividad, el infierno te impide dirigirte hacia la negatividad.

Tantra es la única religión que no ha usado tales reflejos condicionados, porque el Tantra dice que uno debe florecer como un perfecto ser despertado, no como un mecanismo de robot. Así que, según el Tantra, los hábitos son malos, no que haya buenos y malos hábitos. Un hábito es malo. Uno debe estar despierto, sin necesidad de hábitos. Hay que vivir momento a momento en completa conciencia, no a través de hábitos. Si puedes hacerlo, ese es el Camino Real.

¿Por qué real? Porque el soldado tiene que seguir órdenes, el rey no. El rey es quien ordena, es superior y no recibe órdenes de nadie. Un rey nunca pelea, es el soldado quien lo hace. Un rey vive una vida descansada –ésta es una metáfora–, vive relajado y natural. ¿A quién tienes que seguir? ¿A quién tienes que imitar, o tomar el patrón de vida? No hay nadie. Vive una vida simple, natural, fluida. La única cosa: sé alerta, consciente.

A través de la lucha se pueden cultivar buenos hábitos, pero esto no es lo natural. Se dice que un hábito es una segunda naturaleza. Puede ser, pero recuerda la palabra "segunda". Es casi lo natural, pero no lo es.

¿Cuál será la diferencia entre compasión real y compasión cultivada? La compasión real es una respuesta a la situación; es fresca, algo sucede y el corazón fluye hacia allá. Cuando un niño cae uno corre a ayudarlo, ésta es una respuesta. La falsa compasión es una reacción.

Estas dos palabras son muy significativas: "respuesta" y "reacción". La respuesta es viva y surge con la situación; la reacción es sólo un hábito derivado del entrenamiento del pasado, pues si uno ha sido entrenado para ayudar a alguien cuando cae, uno lo hará, pero no pondrá el corazón en ello. Tú puedes salvar a alguien que se ahoga en el río sólo porque te han enseñado a hacerlo. Has cultivado el hábito de ayudar; pero puedes permanecer desconectado, sin poner en esto tu corazón, esa no es una respuesta. No has respondido al momento, has seguido una ideología.

Seguir una ideología es bueno: "Ayuda a los demás, vuélvete un servidor del prójimo, ten compasión..." Tienes una ideología y a través de ella reaccionas. Esta acción proviene del pasado, ya está muerta. Cuando la situación crea la acción y tú respondes en completa conciencia, sólo entonces algo hermoso te sucede.

Si reaccionas debido a la ideología o a viejos patrones, no ganarás nada por eso. Cuando más ganarás un poco de ego, lo cual no es en absoluto una ganancia. Comenzarás a presumir por el hecho de haber salvado a un hombre que se ahogaba en el río, lo anunciarás por todas partes: "¡He salvado una vida humana!" Has hecho algo bueno, pero nada has ganado. Has perdido una gran oportunidad, la de ser espontáneo en la compasión. Si hubieras respondido a la situación, entonces algo hubiera florecido en ti; un silencio, una quietud, una bendición hubieses sentido.

Siempre que hay respuesta se siente que algo florece dentro.
Siempre que hay reacción, permaneces muerto; te comportas como un cadáver, actúas como robot.
La reacción es fea; la respuesta, hermosa.
La reacción pertenece siempre al pasado

y nunca a la totalidad.
La respuesta es siempre de la totalidad,
todo tu ser salta en el río.
Tú no lo piensas,
simplemente la situación hace que suceda.

Si tu vida se vuelve vida de respuesta y espontaneidad, algún día tú serás un Buda. Si tu vida se vuelve vida de reacción y hábitos muertos, podrás parecer un Buda pero por dentro serás un cadáver. Los hábitos matan a la vida, van contra ella.

Cada mañana uno se levanta temprano por hábito. En India yo he visto a mucha gente hacerlo pues hay una tradición centenaria que enseña a levantarse antes de que el sol salga, Brahmamuhurt, el momento más auspicioso y sagrado. Sí lo es, pero no puedes hacer un hábito de eso porque lo sagrado existe sólo en la respuesta viva. Se levantan todos a las cinco, pero no se ve en sus caras el resplandor proveniente de levantarse temprano como respuesta.

Toda la vida empieza a despertarse a tu derredor; la tierra entera espera al sol, las estrellas empiezan a desvanecerse. Todo se vuelve más consciente. La tierra, los árboles, los pájaros han dormido y están listos para celebrar el nuevo día.

Si ésta es una respuesta, te levantarás como un pájaro, cantando y trinando; tus pasos serán una danza. Esto no es porque te debas levantar puesto que así lo ordenan las escrituras. Si lo haces por hábito no escucharás los pájaros pues ellos no están incluídos en las escrituras; ni verás salir al sol porque eso no es lo indicado en tu muerta disciplina.

Puede que hasta estés enojado, pues la noche anterior te desvelaste y ahora no te sientes bien, te gustaría dormir otro poco. Te sientes cansado y no estás listo para levantarte. Pero no, las escrituras están en contra de eso y has sido enseñado desde tu infancia...

En mi infancia, mi abuelo era muy aficionado a levantarse temprano. Me sacaba del sueño alrededor de las tres de la mañana, y desde entonces no he sido capaz de levantarme temprano. Él me arrastraba fuera de la cama donde yo me acurrucaba sin poderme defender, y me llevaba a caminar. Tenía que caminar con él casi dormido. Él destruía toda la belleza.

Más tarde, siempre que tomé un paseo matutino, no pude perdonarlo. Siempre lo recordaba, él destruyó todo el encanto pues por años me forzó, y él estaba haciendo algo bueno, se suponía que me ayudaba a crear un estilo de vida. Este no es el modo. La mañana era hermosa y el camino hermoso, pero él me aniquilaba. Sólo después de muchos años pude reponerme y pasear en la mañana sin recordarlo, porque su memoria solía seguirme como sombra aún después de muerto él.

Si lo haces por hábito la cosa se volverá forzada y fea. Entonces es preferible dormir. ¡Pero sé espontáneo! Algunas veces no serás capaz de levantarte, nada hay de malo en eso, no es un pecado. El sueño es hermoso, tan hermoso como la mañana y como la salida del sol, ya que el sueño pertenece a la Divinidad tanto como el sol. Si te sientes con ganas de descansar todo el día, ¡bueno!

Esto es lo que dice el Tantra: El Camino Real es portarse como un rey, no como soldado; no hay nadie arriba de ti forzándote. No debe existir un estilo de vida. Ese es el Camino Real, vivir momento a momento, la espontaneidad debe ser la forma. ¿Y quién se preocupa del mañana? Este momento es bastante. ¡Vívelo en su totalidad! Responde, no reacciones. La fórmula debe ser: "hábitos no".

Yo no digo que vivas en el caos, sólo que no vivas de hábitos. Tal vez, con sólo vivir espontáneamente, un modo de vida se formará a tu derredor, pero ese no será forzado. Si disfrutas de la mañana y todos los días te levantas temprano para disfrutarla, no por hábito, entonces puedes hacerlo por toda tu vida sin que sea un hábito. Esto sucede, no te estás forzando, es hermoso, te gusta.

Si esto sucede por gusto, no es un estilo ni un condicionamiento ni una cosa cultivada y muerta. Cuantos menos hábitos, más vivo estarás. Sin hábitos estarás perfectamente vivo. Los hábitos te rodean como una cáscara muerta y tú quedas encerrado, encapsulado, tal como una semilla de cáscara dura. Sé flexible.

Yoga te enseña a cultivar lo opuesto de todo lo que es malo; a luchar contra lo perjudicial y obtener lo bueno. Si hay violencia, destrúyela y vuélvete bondadoso cultivando la no-violencia. Siempre hay que hacer lo opuesto, forzarse. Este es el camino del soldado, una pequeña enseñanza.

Tantra es la Gran Enseñanza, suprema. Tantra dice: "No hay que crear conflictos en uno mismo. Hay que aceptar ambos y en la aceptación la trascendencia sucede, no la victoria". En Yoga hay victorias, en Tantra no. En Tantra simplemente se trasciende. No que adquieras la no-violencia yendo contra la violencia, simplemente vas más allá de ambas, te vuelves un tercer fenómeno: un testigo.

Una vez me hallaba visitando a un carnicero en su tienda justo antes de cerrar, cuando un cliente vino a pedir una gallina. Yo había visto que una sola quedaba y él se puso muy contento de poderla vender. La puso en la balanza y dijo: "Cinco rupias".

El hombre dijo: "Es muy pequeña, voy a dar una fiesta y necesito una mayor".

El carnicero vaciló un poco, llevó una gallina a la trastienda y regresó con la misma gallina, la puso en la balanza y exclamó: "Siete rupias".

El hombre respondió: "Está bien, me quedo con ambas".

Ahora el carnicero se metió en un lío. Y el Tantra mete a la Existencia también en un lío, pues dice: "Me quedo con ambas".

No son dos cosas diferentes. El odio no es sino otro aspecto del amor. La ira, el otro aspecto de la compasión. Y la violencia es la otra cara de la no-violencia. El Tantra te dice: "Me quedo con ambos". Y a través de esta aceptación viene de inmediato la trascendencia, puesto que no son dos.

Esto lo sabes, pero eres tan inconsciente que no reconoces el hecho. Tu amor cambia a odio en un segundo. ¿Cómo sería posible si fuesen dos? Ni un segundo se necesita: en este momento amas y en el próximo odias a la misma persona. En la mañana la amas, en la tarde la odias, y en la noche la vuelves a amar. Es un continuo juego de odio y amor. En realidad no deben ser dos palabras; lo correcto es: amor-odio, compasión-enojo, son el mismo fenómeno.

Tantra afirma que la división es introducida por la mente y entonces uno empieza a luchar. Uno crea primero la división, el conflicto, y entonces empieza el problema. Y tú estás en un lío. Un yogui está en un lío porque haga lo que haga, su victoria no puede ser final, cuanto más será temporal.

Tú puedes reprimir el enojo y actuar compasivamente, pero sabes que lo estás empujando hacia tu inconsciente y ahí estará para hacer irrupción en cuanto estés descuidado. Así que constantemente hay que reprimir las cosas negativas y la vida entera se pierde. ¿Cuándo vas a disfrutar lo divino?

No te queda espacio ni tiempo. Luchas contra el enojo, la codicia, el sexo, los celos y miles de cosas más; y esas miles de cosas son los enemigos contra los que hay que estar en guardia constantemente, no puedes aflojarte. ¿Cómo puedes ser simple y natural? Estarás siempre tenso, esforzado, listo para luchar, temeroso.

Los yoguis temen incluso al sueño pues en el sueño profundo no pueden estar en guardia. En el sueño todo lo que han reprimido resurge. Quizá hayan guardado la castidad mientras están despiertos, pero en sueños esto es imposible, mujeres hermosas vagan en torno suyo. Y el yogui nada puede hacer. Esas hermosas mujeres no provienen de ningún cielo —las historias hindúes las mencionan como enviadas de Dios—. ¿Por qué Dios iba a estar interesado en un pobre yogui sentado en los Himalayas sin hacer daño a nadie, con los ojos cerrados, ocupado de sus propios problemas? ¿Para qué iba a enviar *apsaras,* hermosas mujeres, para distraerlo de su tarea? No hay necesidad de enviar a nadie, el yogui crea sus propios sueños.

Lo que reprimas resurgirá en sueños. Esos sueños son la parte denegada. Las horas de vigilia son tan tuyas como lo son los sueños. Así que si amas a una mujer cuando estás despierto es lo mismo que si la amas cuando estás dormido, pues no importa si la mujer existe o no, lo que importa eres tú. Si amas una pintura, un sueño o una mujer real, no hay diferencia, porque incluso la mujer real es también una pintura dentro de ti. Tú nunca conoces a la mujer, sólo conoces su imagen.

Yo estoy aquí. ¿Cómo sabes que realmente estoy aquí? Podría ser un sueño. ¿Cuál sería la diferencia entre estar aquí en tu sueño o en la realidad? ¿Cuál es el criterio para hacer la distinción? Porque si estoy aquí o no, es lo mismo, tú me ves en tu mente. En ambos casos -sueño y realidad- tus ojos captan los rayos y tu mente interpreta que alguien está aquí. Tú no puedes ver a nadie directamente.

Por eso los hindúes dicen que esto es *maya*, un mundo ilusorio. Tilopa dice "Pasajero es este mundo, tal como los fantasmas y los sueños, sin sustancia alguna". ¿Por qué? Porque no hay diferencia entre el sueño y la realidad, en ambos casos estás confinado en tu mente. Tú sólo puedes ver imágenes, la realidad sólo puede uno verla cuando se vuelve uno real. Tú eres aún sombra; y las sombras sólo pueden ver sombras. Hasta que la mente es descartada uno no puede ver la realidad. A través de la mente todo es irreal. La mente proyecta, crea, pinta, interpreta; todo se vuelve falso. De ahí el continuo énfasis en cómo trascender la mente.

El Tantra dice: No luches. Si lo haces, tu lucha continuará por muchas vidas y nada lograrás, pues en primer lugar te equivocaste, has visto dos donde deberías haber visto uno. Y si el primer paso es dado en falso no podrás alcanzar la meta, toda la jornada será perdida. El primer paso hay que darlo absolutamente bien dado.

¿Y cómo algo puede ser absolutamente bueno? Tantra dice: "...es ver uno en dos, uno en muchos". En cuanto puedes ver la unidad en la dualidad, la trascendencia ha empezado. Este es el Camino Real.

Ahora trataremos de entender el *sutra*.

"Trascender la dualidad es la visión regia".
Trascender, no vencer. La palabra es hermosa,
¡trascender!

Es como un niñito jugando con sus juguetes, se enoja cuando le dices que los deje, él quiere llevarlos incluso a la cama. De ahí tiene que tomarlos su madre cuando ya se ha dormido. Incluso en sueños él juega con ellos, y en la mañana es la primera cosa que pide. Pero un día, de pronto, él se olvida de sus juguetes. Por algunos días permanecen en un rincón y después son desalojados. Nunca más vuelve a preguntar por ellos. El ha trascendido esa etapa, ha madurado. No es una lucha y una victoria; nunca trató de ir contra su deseo de tener juguetes. No, un día se siente que ya no es un niño para jugar con juguetes que no son la realidad, y él está listo para la vida real. Ni en sueños volverá a pensar en ellos. Y si ve a otro niño jugando sonreirá sintiéndose sabio. Dirá: "Es un niñito que aún juega con juguetes". El ha trascendido.

La trascendencia es un fenómeno espontáneo, no se puede cultivar. Simplemente hay que madurar; hay que ver lo absurdo de cierta cosa y uno trasciende.

Un joven vino a verme muy preocupado. Su esposa es muy hermosa pero tiene una nariz algo desproporcionada. Me preguntó qué debía hacer en tal caso pues incluso la cirugía plástica había fallado. Cuando se trata de mejorar algo que no tiene nada de malo, resulta peor. Ahora la nariz estaba más fea y él más preocupado.

Le conté lo de los juguetes y le dije: "Algún día trascenderás este juego, es infantil, ¿por qué estás obsesionado con la nariz? Esta es una pequeña parte de tu esposa que es tan bella. Y esa nariz se había hecho el gran problema de la vida. Y todos los problemas son como éste, nacidos de la inmadurez, creados por el infantilismo.

Estaba tan obsesionado que no veía a su esposa cara a cara, pues la nariz le molestaba. Pero uno no puede escapar tan fácilmente, incluso si evitas mirar, te recuerdas. Incluso si tratas de evadir la nariz, la nariz está ahí. Así pues le dije que meditara en la nariz de su esposa.

Él respondió: "¡Cómo, si ni siquiera puedo mirarla!"

"Tú trata", le dije, "...y en unos meses vuelve a decirme qué sucedió. Siéntate frente a ella todos los días y medita en su nariz".

Un día llegó corriendo y exclamó: "¡Qué tontería estaba haciendo! Toda la insensatez se ha hecho aparente. Ahora no es más un problema".

Él no resultó victorioso porque en realidad, no había enemigo contra quien luchar. Es lo que el Tantra dice. La vida entera está hondamente enamorada de ti. Nada hay que conquistar o destruir, ni hay un enemigo en la vida. Ella te ama. Por todas partes fluye el amor.

Y dentro de ti también, no hay enemigos. Ellos han sido creados por los sacerdotes que han hecho de ti un campo de batalla. Ellos te dicen: "Lucha contra esto que es malo, o contra lo otro". Te han rodeado de enemigos y así has perdido toda la belleza de la vida.

Yo te digo: "la ira no es tu enemiga, ni la codicia; así como la compasión no es tu amiga, ya que con amigos o enemigos tú permaneces en la dualidad."

Contempla la totalidad de tu ser y te darás cuenta que es uno. Cuando el amigo se vuelve el enemigo y el enemigo el amigo, la dualidad se pierde. De inmediato viene la trascendencia, el despertamiento. Y yo te digo que esto es instantáneo, porque cuando se lucha hay que hacerlo paso a paso. Esta no es lucha, es el Camino Real.

¡Trascender la dualidad!

Observa y verás que no hay dualidad.

Bodhidharma fue a China -él es una de las más raras joyas que ha nacido-. El rey vino a encontrarlo y le dijo: "Algunas veces me encuentro muy perturbado, con gran tensión y angustia dentro de mí".

Bodhidarma lo observó y le dijo: "Vuelve mañana temprano, antes de las cuatro, y trae contigo tu angustia, tu ansiedad y todo lo que te perturba".

El rey miró a este hombre que tenía un aspecto feroz, de dar miedo, y le dijo: "¿Qué es lo que quieres decir con eso?"

Bodhidharma le dijo: "Si tú no traes todas esas cosas, ¿cómo puedo ver bien lo que te pasa?"

El rey pensó que era mejor no ir, pues a las cuatro de la mañana estaría oscuro y este hombre parecía algo loco, con una gran vara en la mano con la que podía golpear.

No pudo dormir durante la noche porque Bodhidharma lo perseguía en cuando cerraba los ojos, así que al amanecer decidió ir, pues ¿quién sabe? tal vez ese hombre podía hacer algo...

Así que fue, de mala gana y gruñendo, pero llegó. Y Bodhidharma estaba sentado ante el templo con su vara en la mano, y en la oscuridad se veía más peligroso aún. "Así que has venido -le dijo- ¿y dónde están los otros de quienes me hablabas?"

El rey dijo: "Tú hablas con enigmas, eso no es algo que pueda traer, está dentro de mí".

Bodhidharma dijo: "Está bien, dentro o fuera, las cosas son cosas. Siéntate, cierra los ojos y trata de localizar esas cosas dentro de ti. En cuanto las encuentres, dime, con esta vara las voy a poner en su lugar".

El rey no tuvo más remedio que cerrar los ojos, temeroso, y buscó adentro por todas partes, hasta después de muchos intentos se dio cuenta de que ahí dentro no había nada, ni ansiedad, ni angustia, ni molestia alguna. Entró en profunda meditación. Las horas transcurrieron y el sol iluminó su rostro en el que se reflejaba un profundo silencio.

Entonces Bodhidharma le dijo: "Ahora abre los ojos y dime dónde están esos tipos que te molestaban".

El rey rio, hizo una reverencia y tocó los pies de Bodhidharma. Dijo: "Verdaderamente has puesto todo en su lugar, pues no pude encontrar nada, y ahora ya sé lo que pasa. Nunca hubo nada ahí, parecían estar porque nunca estuve dentro de mí mismo para ver lo que había, nunca había estado presente ahí. Ahora lo sé, tú has hecho el milagro".

Y esto es lo que sucede. Esto es trascender, no resolver un problema. En primer lugar hay que ver si existe en realidad un problema. Porque uno primero crea el problema y luego empieza a buscar la solución. Primero fabricas la pregunta y después vas por todo el mundo en busca de la respuesta. Esta es mi experiencia, que si se observa la pregunta, ésta desaparece, no hay necesidad de respuesta. Esta es la trascendencia. No es una solución puesto que no había problema. Si no tienes ninguna enfermedad, ¿para qué buscas remedio?

Cada hombre es tal como debe ser.
Cada hombre es por derecho, un rey.
Nada falta, no hay nada que mejorar.

Y la gente que trata de mejorarte, te destruye; esos son los verdaderos malhechores. Y hay muchos que parecen gatos ante un ratón; en cuanto te ven, te capturan y empiezan inmediatamente a componerte. Hay demasiados "componedores", por eso el mundo está en tal caos; demasiada gente dedicada a mejorar a otros.

No permitas que nadie te mejore.
Tú eres ya, la última palabra.
Tú eres alfa y omega al mismo tiempo.
Tú eres completo, perfecto.

Incluso si sientes alguna imperfección, Tantra dice que tal imperfección es perfecta, no tienes de qué preocuparte. En realidad, pareces imperfecto no porque lo seas, sino porque eres una creciente perfección. Parece absurdo, ilógico, pues se piensa que la perfección no puede aumentar por haber llegado a su estado último; pero esa perfección estaría muerta. Si no puede aumentar, no está viva.

Dios continúa creciendo. Dios no es perfecto en el sentido de ser estático. Él es perfecto porque nada le falta; pero el crecimiento continúa, de una perfección a otra. Dios es evolución. No de la imperfección a la perfección, sino de una perfección a otra mayor y a otra aún mayor.

Cuando la perfección ya no tiene futuro, está muerta. Cuando lo tiene y es todavía una apertura al crecimiento, al movimiento, entonces parece imperfección. Y yo te digo: No trates de ser perfecto, pues si lo haces dejarías de crecer; serías como una estatua de Buda, piedra muerta.

Por tal crecimiento de la perfección tú sientes que eres imperfecto. Deja que así sea, permítelo. Este es el Camino Real.

"Trascender la dualidad es la visión regia;
conquistar las distracciones la práctica real".

Las distracciones existen, una y otra vez te harán perder la conciencia. En cuanto te sientas a meditar, un pensamiento entra, e inmediatamente te olvidas de ti mismo, te dejas llevar por él. El Tantra dice que hay que conquistar las distracciones.

¿Qué hacer? Una cosa sólo: Cuando los pensamientos entren, sé un testigo. Obsérvalos, déjalos pasar, pero no te dejes envolver ni tomar partido. Puede ser un mal pensamiento -quieres matar a alguien-. No digas: "Esto es malo". Al momento de calificarlo te distraes. Ahora este pensamiento te llevará a otro y luego a otro. Si un pensamiento bueno entra, no digas: "Ah, que hermoso, soy un santo, quiero liberar al mundo". No digas que es bueno o malo, permanece como un testigo.

Aún así, al principio muchas veces te distraerás. Entonces ¿qué hacer? Pues si estás distraído, sé distraído. No te preocupes demasiado o se te volverá una obsesión. Por algunos minutos estarás distraído y entonces recordarás. Está bien, empieza otra vez. No te sientas deprimido. No digas: "Es malo, me distraje otra vez". Entonces estarías creando otro dualismo, bueno y malo. Acéptalo y regresa. No crees conflicto incluso con las distracciones.

Eso es lo que dice Krishnamurti. Él usa una paradoja: "Si tú estás desatento, sé atentamente desatento". ¡Está bien! De pronto encuentras que estás desatento, toma nota de esto y regresa a tu punto de partida. Krishnamurti no ha sido entendido debido a que él sigue el Camino Real. Si él fuese un yogui hubiera sido entendido fácilmente. Por eso es que afirma que no hay métodos: en este camino no hay un método. Afirma que no hay técnicas, en el Camino Real no las hay, ni hay escrituras que te ayuden.

¿Distraído? Al momento de darte cuenta regresas. ¡Eso es todo! No hay nada malo en eso. Disfrútalo si puedes.

Si puedes disfrutar de las distracciones éstas te sucederán cada vez menos. Y un día llega en que no hay más distracciones, pero ésta no es una victoria. No has empujado los factores perturbantes de tu mente hacia las profundidades de la inconciencia. No, tú los has permitido también.

Esta es la afirmación del Tantra: que todo es bueno y sagrado. Incluso las distracciones, ellas son de algún modo necesarias. Aunque no entiendas por qué las necesitas, de algún modo las necesitas. Si puedes llegar a sentirte bien con todo lo que sucede, sólo entonces estarás siguiendo este camino. Si empiezas a luchar contra cualquier cosa que sea, es señal de que te has salido del camino y te has vuelto un soldado cualquiera.

> *"Entender la dualidad es la visión regia;*
> *conquistar las distracciones, la práctica real.*
> *El camino de la no-práctica es el sendero de los*
> *Budas".*

Nada hay que practicar puesto que la práctica crea hábitos. Uno tiene que ser más alerta, no más habituado. Lo hermoso sucede espontáneamente, no por la práctica. Uno puede practicar el amor, entrenarse, como los americanos están tratando de hacer, pues la gente de hoy ha olvidado cómo amar. ¡Es extraño! Incluso los animales, los árboles... ellos aman y nunca han ido al colegio.

Hace unos días un joven me escribió una carta. Me pregunta: "¿Cómo amar? ¿Cómo empezar una relación?" Es ridículo, pero se ha perdido la naturalidad completamente. Ni siquiera el amor es ya posible sin entrenamiento. Pero si te entrenas, tu amor será absolutamente feo, pues todo lo que hagas será parte de tu aprendizaje, no será real. Será una actuación de teatro.

Los actores fingen amor, pero si observas verás que ellos son los que más fracasan en asuntos amorosos. Con tanta práctica no debiera ser así, pero es así.

La vida amorosa de los actores es un fracaso debido a la práctica, ahora su corazón no funciona. Ahora continúan haciendo gestos impotentes. Besan, pero ellos no lo hacen, sólo sus labios. Y la transferencia de energía no se produce, sólo es una transferencia de microbios y enfermedades, es todo.

Un beso es feo si la energía interior no aflora. Entonces es sólo un encuentro de cuerpos. Incluso si hacen el amor y recorren toda la gama de actitudes, eso es más bien gimnasia, no amor.

Recuerda, la práctica mata la vida. Hay más vida cuando ésta fluye en todas direcciones sin patrones ni disciplina forzada. Entonces adquiere su propio orden y disciplina.

"El camino de la no-práctica es el sendero de los Budas.

Aquél que transita tal camino alcanza el estado del Buda".

¿Qué hacer, si la no-práctica es el camino? ¡Vivir espontáneamente! ¿De qué tienes miedo? Por supuesto que hay muchos peligros, pero eso es bueno. La vida no es como un riel de tranvía por el que uno se mueve siempre en la misma dirección. La vida es como un río, crea su propio camino; no como un canal. El canal significa una vida de hábitos. El peligro existe, pero ése es la vida. Solamente una persona muerta está más allá del peligro. Por eso la gente se vuelve muerta.

Vuestras casas son como tumbas, demasiado rodeadas de seguridad. Demasiada seguridad mata, ya que la vida es insegura. Nada puede hacerse para remediarlo. Todas las seguridades son falsas, imaginarias. Si una mujer te ama hoy, mañana no lo sabes. ¿Quién puede estar seguro del mañana? tú puedes ir ante el juez y establecer un vínculo legal para que ella sea siempre tu esposa, pero el amor puede desaparecer. El amor no conoce de legalismos. Y cuando el amor se desvanece y los esposos continúan siéndolo, entre ellos sólo hay muerte.

A causa de la seguridad el matrimonio ha sido creado. También por eso se crea la sociedad. Por la seguridad se canalizan los caminos.

> *La vida es silvestre.*
> *El amor es silvestre.*
> *Y Dios es absolutamente silvestre.*

Él nunca entrará en vuestros jardines, demasiado humanizados. Él nunca seguirá vuestros caminos canalizados. Él es salvaje.

Recuerda, el Tantra dice que la vida es silvestre, salvaje. Uno tiene que vivir a través de todos los azares y peligros, y es hermoso, puesto que así hay aventura. No trates de hacer de tu vida un patrón fijo. Permítele que tome su propio curso. Acepta todo. Trasciende la dualidad a través de la aceptación, y llegarás, ciertamente. Esta certidumbre que te doy, no es para hacerte sentir seguro; esto es un hecho, por eso lo digo. No es la certidumbre de la seguridad. Los que son silvestres, llegan.

> *"Pasajero es este mundo,*
> *tal como los fantasmas y los sueños,*
> *sin sustancia alguna.*
> *Renúncialo y abandona a tus parientes,*
> *corta los cordones de la lujuria y el odio*
> *y medita en las selvas y montañas.*
>
> *Si permaneces sin esfuerzo*
> *en estado simple y natural,*
> *pronto a Mahamudra ganarás*
> *y alcanzarás lo inalcanzable".*

Este *sutra* debe ser entendido muy profundamente porque es fácil malinterpretarlo. Ha habido ya muchas interpretaciones equivocadas de este *sutra* de Tilopa. Los comentaristas anteriores no han dado en el clavo. Hay una razón, este sutra dice: "Pasajero es este mundo", está hecho de la misma sustancia que los sueños. Entre los sueños y el mundo no hay diferencia. Dormido o despierto vives en un mundo propio. Recordad, no existe un mundo, sino tantos como personas; cada quien vive en el suyo. A veces nuestros mundos se encuentran y chocan; a veces se funden, pero permanecemos enclaustrados en nuestros propios mundos.

> *"Pasajero es este mundo —creación de la mente- tal como los fantasmas y los sueños, sin sustancia alguna".*

Esto es lo que los físicos dicen también: "Sin sustancia alguna". La materia ha desaparecido completamente del vocabulario de los físicos en los últimos treinta o cuarenta años. Hace setenta y cinco años, Nietzsche declaró: "Dios ha muerto". Y enfatizó que sólo la materia existe. Y sólo unos veinticinco años después de su muerte -Nietzsche murió en 1900- los físicos comprendieron que no se sabe nada acerca de Dios, pero con seguridad, la materia murió. Esto fue en 1925. No existe la materia a nuestro derredor, todo es una red de vibraciones creando la ilusión de materia.

Es lo mismo que ves en el cinematógrafo: nada hay en la pantalla, sólo luces eléctricas entrecruzándose creando una ilusión. Y ahora hay películas tridimensionales, que crean la ilusión completa de la realidad. Exactamente como la película en la pantalla es el mundo entero, pues todo es un fenómeno eléctrico. Sólo tú eres real. Sólo el testigo es real y todo lo demás un sueño. Y el estado del Buda significa que se han trascendido todos estos sueños y no queda ya nada por ver. Entonces el observador se sienta, silenciosamente, sin ningún objeto que observar. Sólo el observador queda y él ha alcanzado la realidad. Esto es el estado del Buda.

"Transitorio es este mundo;
  tal como los fantasmas y los sueños,
  sin sustancia alguna.
  Renúncialo y abandona a tus parientes..."

Estas palabras: "Renúncialo y abandona a tus parientes", han sido mal comprendidas. Hay una razón, ellos son renunciantes que han pensado que Tilopa creía en lo mismo. Esto no concuerda con la trayectoria de Tilopa. Si todo es como un sueño, ¿qué puede importar renunciarlo? Se puede renunciar la realidad, no los sueños; esto sería tonto. Se puede renunciar al mundo sustancial, no al mundo fantasmal. ¿Acaso en la mañana declaras a gritos que acabas de renunciar a tus sueños? Todos reirían o te tomarían por loco, pues nadie renuncia a sus sueños. Uno simplemente se despierta.

Un maestro Zen se despertó una mañana y pidió a uno de sus discípulos que interpretara el sueño que acababa de tener.

El discípulo dijo: "Espera, voy a traerte una taza de té".

El maestro declaró: "¡Correcto, absolutamente correcto! Si tú hubieras interpretado mi sueño yo te hubiera echado del monasterio, puesto que sólo los tontos interpretan los sueños. Has hecho bien, una taza de té es bastante interpretación: ¡despierta!"

Cuando uno sueña, uno necesita una taza de té y todo terminado. Freud, Jung y Adler se hubiesen preocupado mucho con esta historia, ya que desperdiciaron muchos años de su vida interpretando sueños de otros. Un sueño hay que trascenderlo, simplemente dándose cuenta de que es un sueño. Esta es la renunciación.

Tilopa ha sido mal interpretado porque hay en el mundo demasiados renunciantes, condenadores. Pensaban que él decía que hay que renunciar al mundo. Él no dijo tal, dijo: Saber que es transitorio, que es sólo sueño, es la renunciación.

"Abandona a tus parientes", se ha dicho que significa dejar a la familia. No, esto no es lo que está diciendo, es imposible para Tilopa decirlo. Él dice que hay que renunciar la relación interna con la gente. No se debe pensar que alguien es tu esposa, tu esposo. Tal posesión es un sueño. No hay que decir: "Este es mi hijo". Nadie es tuyo ni puede serlo. Renuncia esas actitudes de posesión: mi amigo, mi enemigo... Las palabras tuyo o mío tienen que ser descartadas.

Súbitamente al descartar esas palabras, has renunciado a tus parientes, nadie es tuyo. Y eso no significa que uno debe escapar, puesto que si lo hace quiere decir que uno piensa que son sustanciales. Al huir uno muestra que todavía piensa que son suyos, de otro modo, ¿por qué huir?

Sucedió que un sannyasin hindú, Swami Ramteerth regresó de América. Él vivía en los Himalayas. Su esposa fue a visitarlo y él se mortificó un poco. Su discípulo, Sardar Poorn Singh -una mente muy penetrante- que estaba sentado a su lado lo percibió. Cuando la esposa partió Ramteerth arrojó sus ropas anaranjadas. Poorn Singh le preguntó: "¿Qué pasa? Observé que tú no eras más tú mismo y que estabas perturbado".

Él contestó: "Por eso estoy arrojando mi túnica. He visto a muchas mujeres y con ninguna me sentí molesto. Esta mujer nada tiene de especial excepto que es mi esposa. Ese "mi" está aún ahí, no merezco usar estas ropas. No he renunciado a la posesión, sólo he dejado a la esposa". Él murió sin volver a usar ropas anaranjadas.

Tilopa no puede decir que renuncies a tu esposa e hijos. No, él dice que renuncies a los vínculos. Abandónalos, eso te concierne a ti, no a tus parientes. Si ellos continúan pensando que tú eres su pariente, ese es su problema, no es el tuyo, ellos necesitan madurar.

Yo te digo: Tilopa quiere decir que renuncies a tus sueños y tus vínculos, los mundos interiores.

"...y medita en las selvas y montañas".

Y con esto tampoco te dice que huyas hacia las montañas y las selvas. Ha sido interpretado así y muchos se han ido, esto es erróneo. Lo que Tilopa dice es más profundo, no es tan superficial, pues uno puede ir a la montaña y permanecer en el mercado. La mente es el problema. Uno puede sentarse en los Himalayas y pensar en la esposa y los niños y todo lo que les puede suceder.

Sucedió que un hombre renunció a su familia y vino para ser iniciado con Tilopa como discípulo. Tilopa estaba sentado a las puertas de un templo fuera de la ciudad. El hombre vino solo y Tilopa estaba solo. Tilopa miró alrededor y dijo: "Está bien que hayas venido, pero ¿por qué con esta multitud?" El hombre vio que nadie estaba. Tilopa agregó: "No mires en torno tuyo, mira en tu interior". El hombre cerró los ojos y ahí estaba la multitud: la esposa llorando todavía, los niños tristes, los amigos, los familiares, todos acompañándolo hasta los límites de la ciudad. Y Tilopa dijo: "Vete, llévate a la multitud. Yo inicio personas, no muchedumbres".

No, Tilopa no puede decir que renuncies al mundo y te vayas a las montañas. Él no es tan tonto. Él es un hombre Despertado. Lo que él quiere decir es esto: Si tú renuncias a los sueños, los vínculos, las relaciones -no a las personas-, si tú renuncias a tu mente, de inmediato estás ya en las selvas y montañas. Puedes estar sentado en el mercado y el mercado se desvanece. Tú estás solo, no hay nadie más.

Puedes estar entre la multitud y solo, y puedes estar solo en la multitud. Puedes estar en el mundo y no ser del mundo. Puedes estar en el mundo y pertenecer a las selvas y montañas.

Este es un fenómeno interno. Hay montañas y selvas internas, y Tilopa no se refiere a las externas puesto que ellos son también sueños. Los Himalayas son sueños tal como el mercado aquí de Puna, puesto que ambos son fenómenos externos. Tienes que entrar más y más en tu interior, la realidad está ahí, en las profundidades de tu ser. Entonces llegarás a los Himalayas reales, los bosques y montañas rales, cumbres y valles de tu ser. Eso es lo que Tilopa quiere decir.

> *"Si permaneces sin esfuerzo*
> *en estado simple y natural..."*

Y eso es lo que quiere decir porque él va hacia lo simple y natural. Escapar de la esposa e hijos no es natural ni es en absoluto simple. El hombre que deja a su familia, a sus amigos, al mundo, se vuelve tenso y no puede ser simple. En el esfuerzo de renunciar la tensión entra.

Ser natural significa estar ahí donde estás. Dondequiera que te encuentres, quédate. Si eres esposo, bueno; si eres una esposa, magnífico, si eres madre también. Así es, acéptalo. Acepta lo que eres y lo que te sucede y sólo entonces puedes ser simple y natural. Los monjes, *sadhus*, gente que ha escapado del mundo, los cobardes refugiados en los monasterios, no pueden ser simples ni naturales, tienen que ser artificiosos; han ido en contra de la corriente natural.

Sí, para algunos pocos puede ser natural. Así que no estoy diciendo que te fuerces a estar en el mercado, pues así estarías yéndote al otro extremo y caerías por igual en la misma tontería. Para algunos pocos puede ser absolutamente natural estar en un monasterio; ellos deben estar allá. Para algunos lo natural es mudarse a las montañas, ellos deben irse allá. Lo que hay que recordar como criterio es la simpleza y la naturalidad. Si eres natural estando en el mercado, bien, el mercado también es parte de la Divinidad. Si te sientes simple y natural en los Himalayas, hermoso; no hay nada de malo en eso. Sólo recuerda ser simple y natural. No te fuerces ni trates de crear tensión dentro de ti. Relájate.

"...pronto a Mahamudra ganarás..."

Permaneciendo simple y natural, pronto llegarás al apogeo orgásmico con la Existencia.

"...y alcanzarás lo inalcanzable".

Y tú obtendrás eso que no puede ser obtenido. ¿Por qué si no puede ser obtenido? Porque esto no puede ser una meta. Esto no puede ser obtenido por la mente orientada hacia algún fin. ¡Esto te sucede! No lo puedes obtener. No puedes alcanzarlo, esto te llega. Sólo puedes ser pasivo, simple y natural y esperar el debido tiempo, porque a todo se le llega su tiempo. ¿Cuál es la prisa? Si tienes prisa te pondrás tenso, entonces estarás constantemente en expectación.

Eso es lo que Tilopa dice: "...y alcanzarás lo inalcanzable". Esto no es una meta. No se puede hacer como proyecto para realizar, ni lanzarte para llegar allá como una flecha. No, la mente dirigida hacia metas es tensa.

De pronto llega el momento de estar listo,
ni aún las pisadas se habían oído.
De pronto llega
y ni siquiera te habías dado cuenta.
Florece.
De pronto te ves florecido
e impregnado de fragancia.

VIII

Corta La Raíz

18 de febrero de 1975

La canción continúa:

*Corta la raíz del árbol y las hojas se secarán;
corta la raíz de tu mente y el samsara se
desvanecerá.*

*La luz de una lámpara dispersa en un momento
la oscuridad de largos kalpas;
la intensa luz de la Mente en un solo parpadeo
quemará el velo de la ignorancia.*

*Quien se aferra a la mente
no ve la verdad de lo que está más allá de la
mente.*

*Quien se esfuerza en practicar el Dharma
no encuentra la verdad que está más allá de la
práctica.*

*Para conocer lo que está más allá de ambas,
mente y práctica,
uno debe cortar de raíz la mente
y quedarse desnudo en la contemplación.*

*Uno entonces se separa de toda distinción
y permanece tranquilo.*

Escoger es encadenarse, no escoger es ser libre.
En cuanto uno escoge algo cae en la trampa
del mundo.
Si uno puede resistir la tentación de escoger,
si puede permanecer equilibradamente
consciente,
la trampa desaparece por sí sola,
porque cuando uno no escoge
no colabora con el engaño;
la trampa es creada porque uno escoge.

Así que esta palabra "escoger" tiene que ser entendida profundamente, pues sólo por el entendimiento es posible florecer sin decidir.

¿Por qué no puedes permanecer sin escoger? En cuanto ves una persona o cosa, inmediatamente una sutil decisión entra en ti, incluso si no te das cuenta de ello. Si es una mujer, dices: "hermosa". No dices nada acerca de escoger, pero ya la has escogido. De hecho estás ya en la trampa. La semilla ha caído en el surco y pronto germinará la planta.

Al momento de decir este automóvil me gusta, lo has escogido. Quizá no eres consciente de que te gustaría poseerlo, pero en la mente la fantasía ha entrado, un deseo ha nacido. Cuando uno dice que algo es hermoso quiere decir que le gustaría tenerlo. Cuando uno dice que algo es feo quiere decir que no le gustaría tenerlo.

Escoger es algo muy sutil y uno tiene que estar muy alerta. Siempre que decidas algo recuerda que decir no es sólo decir, es también algo que ha entrado en el inconsciente. No hagas distinciones entre hermoso y feo, bueno y malo. Permanece ajeno. Las cosas no son ni buenas ni malas, estas cualidades son introducidas por ti. Las cosas no son ni hermosas ni feas; son como son; estas cualidades son tu interpretación.

¿Qué quieres decir cuando afirmas que algo es bello? ¿Hay algún criterio para la belleza? ¿Puedes probar que es bello? Al lado tuyo puede ser que alguien diga que es feo. Así pues no es nada objetivo; nadie puede probar nada. Miles de libros se han escrito sobre estética y ha sido tema arduo para eruditos y filósofos la definición de la belleza, y nada han podido probar. Ellos han escrito mucho acerca de esto, pero hablan siempre acerca y acerca, nunca llegan al punto. No, es imposible definir la belleza, pues no existe nada que sea tal; belleza y fealdad son interpretaciones.

Primero uno hace que algo sea bello. Por eso digo que uno hace la trampa y luego cae en ella. Primero piensas que una cosa es hermosa, es tu imaginación, tu mente interpretando; esto no es existencial, sólo es psicológico. Y entonces caes en la trampa. Tú mismo cavas un hoyo y te dejas caer en él, y entonces clamas pidiendo ayuda, quieres recibir de otros tu salvación.

Corta La Raíz

Nada es necesario según el Tantra, simplemente tienes que descubrir el truco. Todo es tu propia creación.

¿Qué significa que algo es feo? Si el hombre no estuviese en la tierra, ¿existiría la belleza y la fealdad? Por supuesto que los árboles existirían y florecerían; las lluvias llegarían, y una estación seguiría a la otra. Pero la belleza y la fealdad no existirían, desaparecerían con la mente del hombre. El sol saldría y en la noche las estrellas llenarían el firmamento, pero nada sería hermoso ni feo. Esto es sólo ruido de manufactura humana. Con el hombre, las interpretaciones desaparecen y no queda nada que sea bueno o malo.

En la naturaleza nada hay bueno ni malo. Y recuerda, Tantra es el camino simple y natural. Trata de conducirte al más profundo fenómeno de la vida. Trata de ayudarte a salir de la mente, y es la mente la que crea las distinciones, la cual dice qué es lo que debe ser escogido y qué evitado. Observa el fenómeno. Sólo la observación es necesaria, ninguna práctica.

La luna es hermosa, ¿por qué? Porque a través de los siglos uno ha sido enseñado que es así; los poetas lo han dicho y la gente lo ha repetido, y ahora esto es parte de la creencia. Por supuesto que hay algunas cosas que en realidad suceden con la luna: es muy sedante, y su luz produce un aroma especial de misterio; produce una especie de hipnosis y las cosas parecen más hermosas, con cierta calidad onírica. Por eso llamamos a los locos lunáticos; ellos han sido afectados por la luna.

La luna crea una cierta locura, una neurosis. Esto puede estar relacionado con el agua de tu cuerpo, tal como el mar se ve afectado por la luna. Tu cuerpo es noventa por ciento agua marina. Si preguntas a los fisiólogos te dirán

217

que tu cuerpo es afectado por la luna porque éste es parte del mar; el hombre proviene del mar. Muy largo ha sido el trayecto, pero da lo mismo, básicamente la vida se originó en el mar. Cuando el mar denota la influencia de la luna, todos los animales marinos son afectados; y el hombre también proviene del mar, su cuerpo aún reacciona de la misma manera, pues el agua de su cuerpo es agua de mar, con los mismos elementos químicos.

En el útero el niño flota durante nueve meses en agua marina. Por eso cuando las mujeres están encinta toman más sal. Se necesita más sal para que la matriz mantenga el equilibrio de agua salada. Y el niño pasa a través de todas las fases por las que la humanidad ha pasado. En un principio como pez, flota en el océano del útero materno. Poco a poco, en nueve meses, atraviesa millones de años —los fisiólogos lo han descubierto ya—, pasa por todas las etapas de la vida.

Puede que sea sí, que la luna te afecte, pero no hay belleza, es un fenómeno químico.

Ciertos ojos parecen muy hermosos. ¿Qué sucede? Esos ojos deben tener alguna cualidad química o eléctrica; cierta energía que al irradiarla te afectan. Uno dice que esos ojos son hipnóticos, como los de Adolfo Hitler. En cuanto esos ojos te miran algo te sucede, y tú dices que son hermosos. Significa que te han afectado.

En realidad, cuando uno dice que algo es hermoso no se está refiriendo al objeto, sino solamente al hecho de haber sido afectado en forma agradable, es todo. Cuando uno dice que algo es feo, significa que ha sido afectado en forma contraria. Uno es atraído o repelido. En un caso dice que es hermoso y en el otro que es feo, pero esto se refiere al sujeto, no al objeto, pues lo mismo puede producir efecto contrario en otra persona.

Siempre sucede que la gente se sorprende de lo que otra gente hace. Dicen: "¿Cómo es que este hombre se haya enamorado de esa mujer? ¡Parece imposible, esa mujer es tan fea!" Pero para ese hombre esta mujer es la personificación de la belleza. No existe un criterio objetivo.

El Tantra dice que en cuanto tú escoges algo o decides algo en favor o en contra, es tu mente que te juega bromas. No digas que algo es hermoso, simplemente dí: "He sido afectado en forma agradable", así lo fundamental será "yo". Si tú transfieres el problema al objeto, éste nunca podrá ser resuelto, pues desde el principio diste un paso en falso, equivocaste la raíz. La raíz eres tú, y si tú eres el afectado quiere decir que es tu mente la afectada en alguna forma, y ésta crea una trampa en la cual caes.

Primero tú inventas al hombre hermoso y después empiezas a perseguirlo. Y después de algunos días de vivir con un hombre o una mujer hermosos, todas las fantasías caen por tierra. De pronto te das cuenta, como si hubieses sido engañado, de que esta persona es ordinaria, y tú habías imaginado que era una Julieta o un Romeo; o una Laila y una Manju. Después de unos días los sueños se desvanecen y te sientes disgustado, como si hubieras sido engañado.

Nadie te ha engañado y nada ha perdido esa mujer o ese hombre, es tu propia fantasía la que se ha desvanecido pues las ilusiones no pueden mantenerse. Puedes tener sueños, pero no los puedes mantener por mucho tiempo. ¡Las fantasías son fantasías! Así es que si realmente quieres mantener tus ilusiones, cuando veas a una mujer hermosa escapa inmediatamente tan lejos como puedas; entonces la recordarás como a la mujer más hermosa del mundo, pues tu fantasía nunca entrará en contacto con la realidad. Entonces no habrá desilusionamiento. Puedes suspirar, llorar, clamar por una mujer hermosa, ¡pero nunca te le acerques!

Cuanto más cerca, más la realidad objetiva se revela. Y cuando hay un choque entre la realidad objetiva y la fantasía, por supuesto que la fantasía va a salir vencida. La realidad objetiva no puede ser vencida.

Esta es la situación. Y el Tantra dice que estés alerta, nadie te engaña sino tú mismo. Esa mujer no trataba de hacerte creer que era hermosa, ella no creó tu fantasía, tú la creaste acerca de ella; creíste esto y ahora te sientes perdido por no poder mantener tu fantasía en contra de la realidad. El sueño tiene que romperse.

Los hindúes han establecido un criterio para conocer la verdad: la verdad es eso que dura eternamente; falsedad es lo que dura sólo un momento. No hay otra distinción. Y la vida es eterna, la existencia es eterna. La mente es momentánea. Así que todo lo que la mente da a la vida, es transitorio; es sólo un tinte, una interpretación. En cuanto la interpretación se completa, la mente ya ha cambiado. No es posible mantener la interpretación, puesto que la mente no puede mantenerse en el mismo estado durante dos momentos consecutivos. La mente es un flujo, cambia siempre. Ya ha cambiado en el momento que has decidido que esa persona es hermosa, ahora estarás enamorado de alguien que no existe ni siquiera en tu mente.

El Tantra dice: Entiende el mecanismo de la mente y corta la raíz. No escojas, pues al escoger te identificas. En cierto modo te haces uno con aquello que has escogido.

Si amas tu automóvil, en cierto modo te haces uno con él. Si es robado, algo de tu ser se pierde también. Si algo marcha mal en el automóvil, algo va mal en ti. Lo mismo acontece si te enamoras de tu casa. Amor significa identificación, acercamiento, como cuando se ponen dos velas de cera juntas se vuelven una al calor de la flama. Esto es identificación.

Y en cuanto te identificas con algo pierdes el alma. Esto es lo que significa perder el alma en el mundo, que te has identificado con millones de cosas y con cada cosa una parte de ti se ha vuelto una cosa.

Escoger provoca la identificación.

La identificación provoca un estado de sueño hipnótico.

Gurdjieff tiene una sola enseñanza para sus discípulos, y es la no identificación. Su escuela, sus métodos y técnicas, están basados en lo mismo: no caer en la identificación.

Cuando lloras, te vuelves uno con el llanto; no queda nadie que observe -pon atención- te has dejado poseer por el llanto. Te has convertido en las lágrimas y en los ojos hinchados y tu corazón se pone en crisis. Los maestros como Gurdjieff, al decir que no te identifiques quieren decir: "Llora, no hay nada malo en eso, pero quédate al margen y observa, no te identifiques". Y es una experiencia maravillosa el poder permanecer al margen. Llora, deja al cuerpo llorar, deja que las lágrimas fluyan, no las reprimas puesto que la represión a nadie ayuda; pero quédate al margen y observa.

Esto puede hacerse, pues tu ser interior es el testigo, nunca el actor. Puedes caminar por toda la tierra, tu ser interior nunca da un sólo paso. Puedes soñar millones de sueños, tu ser interior nunca sueña nada. Todos los movimientos están en la superficie, en las profundidades de tu ser no hay movimiento. Todos los movimientos son de la periferia, tal como la rueda se mueve y sin embargo el centro permanece inmóvil, siempre igual, y desde ahí la rueda se mueve.

Recuerda el centro. Observa tu comportamiento, tus acciones, tus identificaciones, y así se crea una distancia. Poco a poco la distancia permite ver que el actor y el observador son dos. Puedes verte a ti mismo, reír, llorar, caminar, comer, hacer el amor, tantas otras cosas, y tú permaneces el espectador. Tú no te dejas arrebatar por aquello que observas.

Esta es la dificultad, que todo lo que sucede te hace sentir identificación. Dices que tienes hambre, pero fíjate, ¿eres tú quien tiene hambre o el hambre es algo que te sucede? Si estás alerta te darás cuenta que el hambre es algo que sucede a tu cuerpo, pues cuando el hambre desaparece tú permaneces. Pero en cuanto el hambre se desvanece una nueva identificación se crea, te vuelves uno con la satisfacción.

Cuando eras niño pensabas que eras un niño, ¿qué es lo que eres hoy cuando el niño no existe ya? Te has convertido en un joven o en un viejo, ¿quién eres tú ahora? Otra vez te has identificado con tu edad.

El ser interior es como un espejo. Lo que está enfrente lo refleja, es un testigo simplemente. Las enfermedades vienen, o la salud; el hambre o la saciedad; el invierno o el verano; infancia o vejez; nacimiento o muerte; todo lo que sucede pasa ante el espejo, nunca sucede al espejo.

Esto es no identificarse, cortar la raíz misma, volverse un espejo. Y para mí, esto es *sannyas*: volverse un espejo. No seas como una placa fotográfica muy sensitiva, esto es la identificación. Todo lo que pasa ante el lente de la cámara inmediatamente se graba en la placa, se vuelve una con eso. Sé como un espejo. las cosas vienen y van y el espejo permanece limpio, vacío.

Esto es lo que Tilopa quiere decir con no-ser. El espejo no tiene ser que pueda identificarse con nada, simplemente refleja. No reacciona, simplemente responde. No dice: "esto es hermoso, esto feo". Una mujer fea se para ante el espejo y éste es igualmente feliz como cuando una bonita se refleja. No hace distinción. Refleja lo que sea y no interpreta. No dice: "Vete, me molestas mucho", o "Acércate, eres tan bella". El espejo nada dice. El espejo simplemente observa sin hacer distinción entre amigo o enemigo.

Y cuando alguien pasa y se aleja, el espejo no se encariña. El espejo no tiene pasado. Si pasas ante él, no querrá conservar un poco de ti por un rato. El espejo nunca trata de retener el reflejo de lo que sucede ante él, ni por un momento. Esta es la mente del Buda. Cuando pasas ante él, se llena de ti; cuando te alejas, te pierdes. Ni una memoria queda. El espejo no tiene pasado ni un Buda tampoco. El espejo no tiene futuro ni el Buda tampoco. El espejo no tiene esperanzas: "¿a quién voy a reflejar ahora?" El espejo no escoge.

Trata de entender la metáfora del espejo porque ésta es la situación real de la conciencia interior. No te identifiques con lo que pasa alrededor tuyo. Permanece centrado y arraigado en tu ser. Las cosas suceden y continuarán sucediendo, pero si puedes estar centrado en el espejo de tu conciencia nada quedará igual, todo cambiará. Tú permanecerás virgen, inocente, puro. Nada te manchará absolutamente, porque nada permanece. Reflejas lo que pasa y tu vacío no se toca.

Aún cuando el espejo refleja a alguien
nada sucede al espejo.
El espejo no cambia en ningún sentido,
permanece igual.
Esto es cortar la propia raíz.

Hay dos tipos de personas. Una es la que lucha contra los síntomas, no contra la causa de la enfermedad. Por ejemplo, tienes fiebre muy alta; puedes tomar una ducha fría lo cual bajará la temperatura del cuerpo, y estarás combatiendo los síntomas pues la temperatura no es la enfermedad, es sólo la indicación de que algo anda mal en el cuerpo. El cuerpo está en crisis, algo así como una guerra tiene lugar, algunos gérmenes luchan contra otros; por eso la temperatura se eleva. Sufres el calor, pero el calor no es el problema, éste es sólo el síntoma, al cual debes ver como amigo pues te indica que algo debes hacer. Poner hielo en la cabeza no sirve, es destructivo, pues esto te proporcionará una falsa frescura en la superficie. Pero la crisis y la lucha interna continuará y te matará.

El necio combate siempre los síntomas; el sabio va a la causa, a la raíz. Él no trata de bajar la temperatura sino cambiar la causa por la cual el cuerpo sufre, y cuando la causa es tratada, la temperatura se normaliza por sí misma. Pero en la vida existen más los necios que los sabios. En medicina hemos progresado algo, pero en la vida todavía no.

En la vida continuamos haciendo tonterías. Si alguien se enoja empieza a luchar contra el enojo. El enojo es como la temperatura, es precisamente la fiebre. Si estás verdaderamente enojado, tu cuerpo se calienta, pues en la corriente sanguínea algunas sustancias químicas se generan. Pero esa no es la raíz tampoco. Esas sustancias químicas se generan por cierta razón, ya que se ha creado una situación en la cual la lucha o la huída se hacen necesarias.

Cuando un animal se encuentra en situación peligrosa tiene dos alternativas: una es luchar y la otra es escapar. En ambos casos ciertos venenos son necesarios en la sangre pues mayor cantidad de energía es necesaria que en situación normal. En la lucha los recursos de emergencia entran en unción, las glándulas secretan venenos en la corriente sanguínea.

Por eso en la ira uno se vuelve casi tres veces más poderoso que de ordinario, y uno puede hacer cosas que comunmente no puede hacer, como arrojar una roca que normalmente no puede ni mover. O uno puede escapar y correr; entonces también es necesaria la energía puesto que el enemigo podría perseguirte.

Todo ha cambiado ahora, el hombre ha creado una civilización, una sociedad, una cultura, donde las situaciones animales no existen ya; pero en el fondo el mecanismo permanece igual. Siempre que estás en alguna situación en la que puedes recibir agresión de alguien quien quiere golpearte, insultarte o hacerte algún daño, inmediatamente el cuerpo se prepara: la corriente sanguínea recibe una carga de veneno, la temperatura se eleva, los ojos se ponen rojos... estás listo para luchar o escapar.

Esto no es lo más profundo ya que es sólo una ayuda del cuerpo. La cólera en el rostro y en el cuerpo no es la causa original, ellos obedecen a la mente, acatan sus interpretaciones. Podría suceder que nada hubiese. Quizá transitas por una calle solitaria en una noche oscura, ves un poste y piensas que es un fantasma. Inmediatamente el cuerpo se prepara. El cuerpo acata la interpretación de la mente. Lo mismo acontece cuando piensas que alguien es tu enemigo o tu amigo.

Así pues la causa original está en la mente, es su interpretación. Buda decía: "Piensa que toda la tierra es amiga". Jesús decía: "Perdona a tus enemigos y ámalos". ¿Por qué? Buda y Jesús están tratando de cambiar tus interpretaciones. Pero Tilopa va más allá. Él dice que incluso si piensas que todos son tus amigos, continúas pensando en términos de amistad y enemistad. Incluso si amas a tu enemigo, sigues pensando que es tu enemigo, lo amas porque Jesús te dijo que lo hicieras. Por supuesto que estarás en mejor situación que el hombre común que odia a su enemigo pues estarás menos enojado. Pero Tilopa dice que pensar que alguien es tu enemigo o tu amigo, es dividir, es caer en la trampa. Nadie es tu amigo o tu enemigo, ésta es la enseñanza más alta.

Algunas veces Tilopa sobrepasa a Buda y a Jesús. Quizá sea porque ellos hablaban a las masas y Tilopa hablaba a Naropa. Cuando uno se dirige a un discípulo muy desarrollado es posible atraer lo más elevado. Al dirigirse a las masas uno tiene que hacer compromisos. Yo hablé ante las masas durante quince años continuamente, y luego poco a poco sentí la necesidad de no hacerlo. Hablaba ante miles de gentes. Cuando uno habla ante veinte mil personas, hay que descender mucho, de otra manera se hace imposible la comprensión. Al ver esto lo abandoné. Ahora me gustaría hablar sólo a Naropa. Y vosotros probablemente no sois conscientes de que cuando una persona nueva entra, incluso si no lo noto, la entera atmósfera cambia. Hace descender el nivel y siento que empiezo a hacer concesiones.

Cuanto más os elevéis y más se eleva vuestra energía, más elevadas enseñanzas pueden ser puestas a vuestro alcance. Y llega el momento en que Naropa se hace perfecto y Tilopa se hace silencioso. Entonces no hay necesidad de decir nada pues incluso el hablar es un compromiso. Entonces el silencio es suficiente y el sentarse juntos basta. Entonces el Maestro se sienta con el discípulo sin hacer nada, sólo con estar juntos lo más elevado se hace comprensible.

Así que depende del discípulo. Depende de ti, qué tanto me permites hacerte llegar. Por supuesto que no es sólo para tu entendimiento, pero depende de ti lo que pueda yo hacer descender a la tierra porque eso llegará a través de ti.

Jesús tenía discípulos muy ordinarios en ese sentido porque tenía que hacer compromisos con cosas tontas. Jesús debería ser capturado esa misma noche y sus discípulos le preguntaban: "Maestro, en el Reino de Dios tú estarás sentado a la diestra del trono de Dios, pero nosotros doce, ¿qué situación jerárquica ocuparemos? ¿Quién estará sentado a lado tuyo y así sucesivamente?" Jesús iba a morir y sus discípulos le preguntaban estas cosas absurdas.

Necios egos. Y Jesús tenía que hacer compromisos con esta gente. Por eso las enseñanzas de Jesús no pudieron alcanzar la altura a la que Buda llega fácilmente, pues él no hablaba con gente tan tonta; nunca en su vida persona alguna hizo tales preguntas. Pero nada comparable a Tilopa.

Tilopa nunca habló a las masas. Él buscó a un solo hombre, un alma elevada, Naropa, y dijo: "Por ti, Naropa, yo diré las cosas que no pueden ser dichas". Es por eso que la enseñanza ha llegado en su vuelo, a todos los rincones del cielo.

Ahora trata de entender el *sutra*:

227

> *"Corta la raíz del árbol y las hojas se secarán,*
> *corta la raíz de tu mente*
> *y el samsara se desvanecerá.*
> *La luz de una lámpara dispersa en un momento*
> *la oscuridad de largos kalpas;*
> *la intensa luz de la Mente en un solo parpadeo*
> *quemará el velo de la ignorancia.*

Al cortar las raíces de un árbol las hojas se secan, pero la gente comúnmente trata de cortar las hojas. Ese no es el modo. Por el contrario, si se cortan las hojas más hojas brotarán. Por una hoja que se corta, tres nacen, puesto que al cortar las hojas la raíz se activa para proteger al árbol. Cada jardinero conoce la forma de hacer a un árbol crecer frondoso, poda las hojas. Porque las hojas son el cuerpo superficial del árbol.

Las hojas no existen sólo para nuestro deleite, para sentarnos a su sombra. No, a través de las hojas el árbol absorbe los rayos del sol y deja salir el vapor. A través de las hojas el árbol se pone en contacto con el cosmos. Las hojas son la piel del árbol. Al cortarse una hoja la raíz se alerta, alguien trata de destruirlo y hay que protegerlo. Y lo mismo acontece en la vida, porque la vida es también un árbol.

Raíces y hojas existen. Si tratas de cortar el enojo, tres hojas brotarán a cambio: te pondrás tres veces más enojado. Si cortas el sexo, tú te volverás anormalmente obsesionado con el sexo. Corta cualquier cosa y observa cómo se multiplica por tres. Y entonces tu mente dirá: "¡Corta más, esto no es bastante!" Entonces cortas más y más crece, entras en un círculo vicioso. Por eso tantas hojas brotan, el árbol existe en la raíz, no en las hojas.

El Tantra dice: no trates de cortar las hojas: enojo, codicia, sexo... no te preocupes de eso; tú sólo encuentra la raíz y córtala, que el árbol se marchitará por sí mismo. Las ramas se secarán, las hojas también, simplemente destruye la raíz.

La identificación es la raíz original y todo lo demás no es sino el follaje. Identificarse con la cólera y la codicia es la raíz. Y recuerda, es igual si te identificas con la meditación, el amor, *moksha*, Dios. No hay diferencia, es la misma identificación. Deja las hojas en paz, no hay nada malo en ellas.

Por eso el Tantra no cree en el mejoramiento de tu carácter. Esto podría darte una mejor forma -como cuando podas el árbol- pero el árbol permanece igual. El carácter no es más que la forma exterior, no hay ahí una verdadera transformación. Por eso el Tantra fue tan mal comprendido, pues afirma que si eres codicioso, sé condicioso, no te preocupes de la codicia. La sociedad no puede tolerar tal enseñanza. ¡Esto crearía el caos! Esto destruiría el orden establecido. Pero no han entendido que sólo el Tantra puede cambiar la sociedad, el hombre, la mente... Sólo el Tantra puede traer el orden real, natural; el florecimiento de la disciplina interior. Este es un proceso muy profundo, hay que cortar de raíz.

Observa la codicia, el sexo, la ira, la avaricia, los celos. Sólo una cosa hay que recordar: no identificarse. Hay que permanecer como espectador, simplemente mirar. Poco a poco la cualidad de la observación se desarrolla, uno se vuelve capaz de percibir todas las tonalidades de la codicia. Es algo muy sutil. Uno puede observar la forma sutil en que el ego funciona.

Cuanto más uno observa, más los ojos se hacen capaces de ver, se vuelven más perceptibles y es posible penetrar más y crear una distancia mayor entre el sujeto y aquello que ejecuta. La distancia ayuda, pues sin ella la percepción no es posible. ¿Cómo se puede ver algo que está demasiado cercano? ¿Si los ojos están tocando el espejo, cómo pueden ver su imagen? La distancia es necesaria, y nada puede crear la distancia excepto la observación. Pruébalo y verás.

Acepta el sexo, pero permanece como un observador. Observa los movimientos del cuerpo, la energía fluyendo, el orgasmo que se realiza; cómo los dos cuerpos se mueven a un ritmo; el corazón palpita más y más aprisa hasta llegar un momento en que casi se vuelve loco. Observa el calor del cuerpo, la sangre que circula más. Observa la respiración que se vuelve caótica. Observa el momento en que tu voluntad llega al límite y todo se vuelve involuntario. Observa el momento en que todavía puedes regresar, pero después del cual ya no es posible el regreso, el cuerpo se vuelve automático y todo el control se pierde. Precisamente antes del momento de la eyaculación el control se pierde y el cuerpo se posesiona.

Observa el proceso voluntario y el involuntario. El momento cuando aún estás en control y puedes regresar, y el momento en que el regreso se hace imposible. Obsérvalo todo, y hay millones de cosas que observar. Nada hay tan complicado como el sexo, pues el entero cuerpo y la mente están involucrados, sólo la conciencia no lo está, ésta permanece al margen.

El testigo es ajeno. Por su misma naturaleza el testigo no puede ser un participante. Encuentra el testigo y entonces puedes quedarte en la cima, lo que suceda en el valle no te concierne. Simplemente ves. ¿Qué puede importarte? Es como si todo sucediera a otro. Y lo mismo sucede con la codicia y la cólera. Todo es muy complejo. Y tú lo puedes disfrutar si lo observas, todas las emociones, ya sean positivas o negativas. Simplemente recuerda una cosa: que debes ser el testigo, entonces la identificación se rompe, la raíz se corta. Y en cuanto la raíz es cortada, cuando ves que tú no eres el ejecutante, todo inmediatamente cambia. Y el cambio es repentino, sin graduaciones.

"Corta la raíz del árbol y las hojas se secarán,
corta la raíz de tu mente y el samsara se
desvanecerá".

Al momento de cortar la raíz de la mente, la identificación con ella cae, el mundo entero cae como un castillo de naipes. Sólo un ligero aire de conciencia y de improviso estás aquí, pero no más en el mundo, lo has trascendido. Puedes vivir como antes, en la misma forma, pero ya nada es como antes puesto que no eres ya el mismo. Ahora eres un ser perfectamente nuevo. Este es el renacimiento, lo que los hindúes llaman *dwij*, dos veces nacido. El hombre que obtiene esto, nace por segunda vez. Y éste es el nacimiento del alma. Esto es lo que Jesús llama resurrección. La resurrección no es el renacimiento del cuerpo, es el nuevo nacimiento de la conciencia.

"La luz de una lámpara dispersa en un momento
la oscuridad de largos kalpas".

Kalpas, larguísimas eras. Así que no te preocupes de cómo la luz desvanecerá la oscuridad de muchos millones de vidas. La destruye pues la oscuridad no tiene densidad, no tiene sustancia. Ya sea de este momento o tenga mil años, es igual.

La ausencia no puede crecer más o menos. La luz en cambio es sustancial, en cuanto entra, la oscuridad deja de existir.

No es que la oscuridad realmente se desvanezca, pues nunca existió de verdad. No es que la luz entre y la oscuridad tenga que salir. Cuando hay luz no hay oscuridad, es todo.

"La intensa luz de la Mente es sólo parpadeo,
quemará el velo de la ignorancia".

Los budistas usan "mente" en dos sentidos, con minúscula y con mayúscula. Cuando dicen Mente con mayúscula significa la conciencia, el testigo. Cuando dicen mente con minúscula significa lo que se observa. Y ambas son mente, por eso usan la misma palabra. Hay sólo una pequeña diferencia, con mayúscula tú eres el testigo, y con minúscula tú eres lo observado: pensamientos, emociones, codicia, enojo, todo...

¿Por qué usan la misma palabra? Hay una razón para ello. Cuando Mente -con mayúscula- surge, la mente -con minúscula- simplemente se absorbe en aquella. Como el río se pierde en el océano, los millones de mentes alrededor de la gran Mente se pierden en ésta; la energía es reabsorbida.

La codicia, la cólera, los celos... son energías centrífugas, se mueven hacia el exterior. De improviso, en cuanto la Mente -con mayúscula- surge, el testigo se queda quieto observando y todos los ríos cambian su curso. Ellos se movían centrífugamente hacia la periferia, de pronto retornan, el movimiento se vuelve centrípeta; empiezan a caer dentro de la gran Mente, ésta absorbe todo. Por eso es que usan la misma palabra.

"La intensa luz de la Mente en un solo parpadeo
quemará el velo de la ignorancia".

En un solo momento toda la ignorancia se quema, esto
es la Iluminación repentina.

"Quien se aferra a la mente
no ve la verdad de lo que está más allá de la
mente".

Si te aferras a la mente: pensamientos, emociones...
entonces no serás capaz de ver aquello que está más allá de
la mente: la gran Mente, porque si te aferras, ¿cómo puedes
observar? Tus ojos se cerrarían por el apego. Y si te
apegas al objeto, ¿cómo puedes ver al sujeto? Este apego
tiene que suprimirse. Aquél que se apega a la mente, se
identifica y no ve la verdad que está más allá.

"Quien se esfuerza en practicar el Dharma
no encuentra la verdad que está más allá de la
práctica".

Toda práctica es de la mente. Todo lo que se hace
pertenece a la mente. Sólo la observación no es de la
mente, recuérdalo.

Así pues, incluso en la meditación, permanece como un
testigo, continuamente observa lo que sucede. Al girar en la
meditación de los derviches, gira tan rápido como puedas,
pero sé el testigo que desde el interior observa al cuerpo girar.
El cuerpo continúa más y más aprisa, y cuanto más rápido se
mueve, más profundo sentirás que tu centro no se mueve. Tú
permaneces quieto mientras el cuerpo se mueve como una
rueda. Tú te encuentras en medio, inmóvil. Cuanto más
rápido el cuerpo gira, más te darás cuenta que no eres tú quien
se mueve; así se crea una distancia.

Cualquier cosa que hagas, incluso la meditación -yo no hago excepciones- no te aferres, porque el día tendrá que llegar en que aún ella se deba abandonar. La meditación es perfecta cuando se abandona, ya no se necesita meditar.

Así que ten siempre presente que la meditación es sólo un puente que sirve para pasar. Un puente no sirve para hacer ahí tu habitación, es para atravesarlo e ir más allá. Tenlo presente, pues es posible que dejes de identificarte con la codicia, la ira, y empieces a identificarte con meditación, la compasión. Entonces estarás otra vez en la misma trampa. Es entrar en la misma casa por otra puerta.

Sucedió una vez que Mulla Nasrudin llegó a la taberna ya con muchas copas, así que el tabernero lo despidió sin servirle más. Él caminó cierta distancia en busca de otra taberna, y encontró la misma pero por la puerta trasera. Entró con cierta sospecha pues el tabernero le pareció conocido y pidió una copa. El tabernero le respondió: "Te he dicho ya que esta noche de ninguna manera voy a servirte nada. ¡Largo de aquí!" .

Caminó otro poco en busca de otro sitio, pero en aquel pueblo no había más que esta taberna. volvió a entrar ahí por la tercera puerta, y al ver al tabernero dijo: "¿Qué es lo que pasa? ¿Eres tú el dueño de todas las tabernas?"

Esto es lo que sucede, te arrojan por una puerta y entras por otra. Antes te identificabas con tu lujuria, tu placer sexual; ahora te identificas con el éxtasis que la meditación te da. Nada cambia, el pueblo tiene una sola taberna. No entres por la puerta de atrás, encontrarás siempre el mismo dueño; éste es el testigo. Está atento ya que mucha energía podría ser desperdiciada sin necesidad.

"Quien se aferra a la mente
no ve la verdad de lo que está más allá de la
mente".

¿Qué es lo que está más allá de la mente? Tú, la Consciencia, la Verdad, *Satchidananda*, la beatitud.

"Quien se esfuerza en practicar el Dharma
no encuentra la verdad que está más allá de la
práctica".

Y cualquier cosa que practiques -recuérdalo- no te conducirá hacia la naturalidad, pues práctica significa hacer algo que no existía. Práctica es realizar algo artificial. Lo natural no tiene que ser practicado, no es necesario. Uno aprende algo que antes no sabía. ¿Cómo puede uno aprender lo natural, el Tao? ¡Ya está ahí! Has nacido en él. No necesitas encontrar un maestro para que te enseñe, y ésa es la diferencia entre el maestro y el Maestro.

Un maestro te enseña algo. Un Maestro es quien te ayuda a "desaprender" lo que has aprendido. Un Maestro es quien te da el sabor de lo no practicado. Estaba ya ahí, pero debido a lo aprendido lo perdiste. Lo volverás a ganar al "desaprenderlo".

La verdad no es un descubrimiento,
es un redescubrimiento.
En primer lugar, ya existía.
Cuando llegaste al mundo vino contigo,
desde que entraste a esta vida,
porque tú eres eso.

No puede ser de otro modo. Eso no es algo externo, es intrínseco en ti, es tu propio ser. Así que, si lo practicas, no conocerás lo que está más allá de toda práctica, dice Tilopa.

Recuerda una y otra vez que practicar se hará parte de tu mente -de tu pequeña mente- la extrema periferia; y tú tienes que trascenderla. ¿Cómo trascenderla? Practica, en ello no hay nada malo, pero está alerta, pues el significado último de la meditación es el ser testigo.

Todas las técnicas pueden ser útiles pero no son exactamente meditación, son sólo un tanteo en la oscuridad. De improviso, algún día al hacer algo, te volverás un testigo. Al hacer meditación –como la *Dynamic* o *Kundalini*- súbitamente verás que la meditación continúa, pero no te sientes identificado con ella. Tú estás quieto observando; ese día la meditación habrá sucedido y la técnica no es más un obstáculo ni una ayuda. Puedes disfrutar de ella si gustas, como un ejercicio que te produce cierta vitalidad, pero ya no es necesaria, ahora la real meditación ha sucedido.

La meditación es observar. Meditar significa ser testigo. ¡Meditación no es en absoluto una técnica! Esto es muy confuso, pues yo te doy técnicas. En el sentido propio del término meditación no es una técnica, es una comprensión, una toma de conciencia. Pero son necesarias las técnicas porque tal comprensión última está muy lejana. En este momento podrías tenerla pero no la tienes, pues tu mente prosigue en su carrera. En este momento sería posible y sin embargo, imposible. Las técnicas son el puente que hace posible salvar esta dificultad.

Así que al principio, las técnicas son llamadas meditación. Al final te reirás de esto pues las técnicas no son la meditación. La meditación es una calidad de ser totalmente diversa, no se parece a nada. Pero ésta sucederá sólo al final, no pienses que ya te ha sucedido porque entonces la distancia no podría ser salvada.

Este es el problema con Krishnamurti y también con Maharishi Mahesh Yogui, quienes constituyen dos polos opuestos. Mahesh sostiene que la técnica es la meditación y que, en cuanto realizas la meditación Trascendental, has conocido ya la meditación. Esto es falso y también cierto. Cierto porque en un principio el aspirante tiene que adaptarse a alguna técnica, puesto que su comprensión no ha madurado para entender lo Absoluto. Así que, en sentido figurado la técnica es la meditación.

Es como un niño aprendiendo el alfabeto. Se le dice que "m" está en "mamá". Con esta ayuda el niño empieza a aprender. Pero no hay relación verdadera entre "m" y "madre", este sonido puede ser representado por miles de objetos y siempre será diferente a ellos. Pero el niño tiene que aprender y la madre es más cercana a él que la letra "m". Este es el principio, no el final.

Mahesh Yogui tiene razón al principio para hacerte entrar en el camino, pero si te detienes ahí estás perdido. Él te proporciona sólo la escuela primaria y ésta no es la universidad ni mucho menos el universo. Uno tiene que pasar de la meditación como técnica.

Entonces viene Krishnamurti que es el polo opuesto. Él dice que no existen técnicas ni meditaciones. La única meditación es ser consciente, consciente sin preferencias. ¡Absolutamente cierto! Pero él te está haciendo entrar a la universidad sin la escuela primaria. Es peligroso, pues habla de lo Absoluto y tú no puedes entenderlo. Ahora, en el estado actual de tu comprensión, no es posible el entendimiento, esto te vuelve loco Krishnamurti puede desconcertarte pues intelectualmente es posible que lo entiendas, pero en tu ser nada sucede.

Muchos seguidores de Krishnamurti han venido conmigo y me dicen que entienden que él está en lo cierto, que la meditación es el estar consciente y no una práctica, pero ¿qué hacer? Yo les digo que en el momento que preguntan "¿qué hacer?" se hace necesaria una técnica. Krishnamurti no te ayudará. Sería mejor que fueras con Mahesh Yogui. Pero hay gente estancada con Krishnamurti y hay gente estancada con Mahesh Yogui.

Yo no estoy en ninguno de los dos extremos. O yo estoy con los dos. Y entonces me vuelvo más confuso. Ellos son al menos, claros, defienden un punto de vista. Si uno puede entender el lenguaje, puede entender a Krishnamurti y a Mahesh Yogui sin problema. El problema surge conmigo pues yo te hablo del principio y no te dejo olvidar el final. Y siempre te hablaré del final mientras te hago empezar por el principio. Y tú te sentirás confundido y preguntarás: ¿Qué es esto? Si meditación es simplemente un estado de alerta ¿por qué tantos ejercicios?

Tienes que realizarlos para que la verdadera meditación, que es simplemente una comprensión, te suceda.

O tal vez pensarás que si las técnicas son todo ¿por qué se habla de que hay que abandonarlas? Pues algo que se aprende tan profundamente con tanto esfuerzo y ardua labor ¿cómo puede descartarse? Te gustaría quedarte con el comienzo, pero yo no lo permitiré. Si entras al camino yo te iré empujando hasta el final.

Conmigo éste es el problema que hay que encarar, afrontar y entender. Yo te pareceré contradictorio y lo soy. Soy una paradoja. Porque estoy tratando de darte ambos: el principio y el final; el primer paso y el último.

Tilopa habla de lo absoluto. Dice:

"Quien se esfuerza en practicar el Dharma
no encuentra la verdad que está más allá de la
práctica.
Para conocer lo que está más allá de ambos,
mente y práctica, uno debe cortar de raíz la
mente y quedarse desnudo en la contemplación".

Es lo que yo llamo ser un testigo: quedarse desnudo en la contemplación. Con sólo mirar, sin otra cosa, la raíz es cortada. Esta mirada al desnudo se vuelve una espada filosa.

"Uno entonces se separa de toda distinción
y permanece tranquilo".

Simple y natural, mirando dentro de ti mismo, desnudo; ésta es la palabra final.

Pero ve despacio, pues la mente es un mecanismo muy delicado. Si tienes demasiada prisa y tomas una dosis muy grande de Tilopa, no podrás absorberla ni digerirla. Ve lentamente, toma sólo la proporción que puedas digerir.

Yo también estoy aquí diciendo muchas cosas diversas pues vosotros sois muchos, pero sólo absorbed eso que os aprovecha.

Hace unos días un *sannyasin* vino —un sincero discípulo— confundido porque hablé del Yoga y del Tantra refiriéndome a ellos como a la Enseñanza inferior -el Yoga- y a la Enseñanza superior -el Tantra-. Él ha practicado *Hatha Yoga* durante dos años y se siente muy bien. Ahora no sabe qué hacer. ¡No os dejéis tan fácilmente sorprender! Si alguno se siente bien con la Yoga, siga su natural inclinación. No permita que yo lo confunda. Sed simples y naturales. Si es bueno para ti, ¿qué te importa si es inferior o superior? Deja que sea inferior. El ego interfiere y se rehusa a seguir una enseñanza inferior.Eso no servirá. Si es bueno para ti, incluso si es inferior, no hay nada de malo en ello. Llegará el tiempo en que a través de lo inferior llegarás a lo superior.

La escalera tiene dos extremos: uno es inferior y el otro superior. Así el Tantra y el Yoga no son opuestos, son complementarios. Yoga es primario, básico, por donde se debe empezar. Pero entonces uno no se debe estancar. Llega el momento en que hay que trascender el Yoga y ascender al Tantra, y finalmente hay que dejar toda la escalera, Yoga y Tantra. Aislado en uno mismo, en profundo reposo, se olvida todo.

Miradme: no soy ni yogui ni tántrico.
No hago nada: ni práctica ni no-práctica.
Ni me adhiero a los métodos ni a los no-métodos.
Simplemente estoy aquí, descansando sin hacer nada.
La escalera no existe más para mí,
el camino ha desaparecido,
no hay movimiento, es un descanso absoluto.
Cuando uno vuelve a casa no hay nada que hacer,
uno se olvida de todo y reposa.
Dios es el último reposo.

Recuerda esto, pues algunas veces hablaré del Tantra para ayudar a muchos. Algunas otras hablaré de Yoga porque hay muchos que pueden ser ayudados con él. Cada quien piense en su propia inclinación, siga su propio sentimiento. Yo estoy aquí para ayudarte a ser tú mismo, no para distraerte. Pero tengo que decir muchas cosas para poder ayudar a muchos. Así que continúa escuchando y si algo encuentras nutritivo, digiérelo. Déjalo que se vuelva tu sangre y tus huesos, tu médula. Pero sigue siempre tus inclinaciones.

Y cuando hablo acerca del Tantra, tanto me dejo absorber, que estoy totalmente en él. Es que no puedo ser parcial, yo soy total en todo lo que hago. Cuando hablo del Tantra sólo el Tantra importa, y esto puede darte una falsa impresión. No estoy hablando comparativamente, ninguna otra cosa me importa. Si digo que Tantra es la floración última, suprema, es porque si miro totalmente es así. Cuando hable acerca del Yoga pasará lo mismo. Esto no tiene nada que ver con Tantra o con Yoga, es mi totalidad lo que me hace integrarme con todo. Con el Yoga de Patanjali también estaré diciendo que es lo último.

Así que no te dejes distraer. Recuerda siempre que es mi totalidad y mi calidad lo que yo traigo a cuento. Si lo tomas en cuenta, podrás ser ayudado. A pesar de mi ser paradójico no serás confundido.

IX

Hacia El Más Allá

19 de febrero de 1975

La canción continúa:

*"Uno no debe dar o tomar
sino permanecer natural, que Mahamudra
está más allá de toda aceptación o rechazo.*

*Puesto que alaya no ha nacido,
nadie puede obstruirlo o mancillarlo;
existente en el reino de lo no-nacido
toda apariencia se disolverá en el Dharmata,
y la voluntad y el orgullo se desvanecerán en
la nada".*

*L*a mente común quiere tomar más y más del mundo, en todas direcciones y dimensiones. La mente común es un gran parásito, un mendigo, y su demanda es tal que no puede ser satisfecha, es infinita. Cuanto más toma más anhela; cuanto más tiene más desea. Se vuelve un hambre obsesiva. No existe la necesidad en el ser, pero sí la obsesión, y uno se vuelve más y más angustiado porque nada le satisface. Nada puede satisfacer la mente que continuamente pide más. Esta situación febril no tiene término.

La mente común sigue comiendo, en sentido metafórico, no sólo cosas sino personas también. El marido quisiera poseer a la esposa tan absoluta y profundamente que es una forma de devorarla; quisiera comerla y digerirla para hacerla parte de él. La mente ordinaria es caníbal. La esposa quisiera lo mismo: absorber al marido tan totalmente que nada quedase de él. Ellos se devoran uno a otro. Los amigos hacen lo mismo, los padres también con respecto a sus hijos; los hijos con respecto a los padres. Todas las relaciones de la mente común consisten en absorber al otro completamente.

Y existe también la mente extraordinaria que es justamente lo opuesto de la mente ordinaria. Debido a la mente común, surge la extraordinaria. La religión predica acerca de ésta. Dice: "Da, participa, dona". Todas las religiones enseñan que uno no debe tomar sino dar. La

245

caridad es predicada y con ello se crea la mente extraordinaria.

La mente ordinaria siempre vivirá en sufrimiento, porque el anhelo continuo nunca pude ser satisfecho y siempre estará deprimida, triste. La mente extraordinaria cultivada por las religiones siempre estará feliz; cierta dosis de contentamiento la acompaña porque no pide más, por el contrario, da. Pero en el fondo es igual a la mente ordinaria.

El contentamiento no puede ser muy profundo, es sólo superficial. Ha totalmente virado y se ha convertido en el reverso de la mente ordinaria. Está haciendo *shirshasan*, parándose de cabeza; pero es la misma. Ahora tiene el deseo de dar más y más, sin fin. Estará contenta, pero en el fondo se puede detectar cierta calidad de tristeza.

Siempre se encuentra esa calidad de tristeza en los religiosos. Contentos, puesto que dan, pero tristes porque no pueden dar más. Nada será bastante.

Así que hay dos tipos de sufrimiento: el ordinario, de la gente común y corriente que hay por dondequiera, toda la Tierra está llena de los que piden más y nunca están satisfechos. Entonces surge el otro sufrimiento que tiene cara de contentamiento, en los sacerdotes, monjes, gente que vive en monasterios y *ashrams*, gente que siempre está sonriente, pero cuya sonrisa esconde cierta tristeza. Uno no puede dar infinitamente, ¡nadie tiene bastante!

Estos dos tipos fácilmente se encuentran. Los religiosos son cultivados por el cristianismo, judaísmo, islamismo, hinduísmo. Esto es mejor que la mente ordinaria, pero no puede ser la última palabra en el terreno de la conciencia; aunque sea mejor sufrir como emperador que como mendigo.

Un hombre rico estaba a punto de morir cuando fui llamado para asistirle. En su último momento abrió los ojos y habló a su hijo: "Escucha, el dinero no lo es todo y uno no puede comprarlo todo con dinero. Hay cosas que están fueran del alcance del dinero y el dinero solo no puede hacer a nadie feliz".

Siempre se había sentido muy preocupado por su hijo porque éste era un despilfarrador que adoraba las cosas materiales y el padre era un hombre religioso. El hijo escuchó y dijo: "Puede que tengas razón, pero con dinero uno puede escoger la tristeza que más le guste".

El hombre pobre tiene que sufrir sin poder escoger; el rico puede escoger su forma de sufrir. Esta es toda la diferencia. Quien escoge tiene cierta libertad. El sufrimiento del pobre simplemente le sucede como una fatalidad. Ambos viven en el mismo mundo de los que quieren más.

El budismo, jainismo y taoísmo, han creado un tercer tipo de mente, la cual no es ni ordinaria ni extraordinaria; de hecho no es en absoluto una mente. Para nombrarla propiamente tendríamos que llamarla "no-mente". Así que trata de entender la clasificación. La mente ordinaria y la extraordinaria que pertenecen a la misma dimensión del "más", y la "no-mente" que es la tercera aproximación hacia la realidad.

El budismo y el jainismo no predican la caridad sino la indiferencia. No dicen: "¡Da!" puesto que el dar es parte del tomar, forman el mismo círculo. Uno toma de alguien quien da. La dimensión no cambia, sólo la dirección. El budismo predica la indiferencia y la no posesión. Se enfatiza la no posesión, no el dar. Todo consiste en no poseer, cosas o personas. Simplemente se renuncia al mundo de las posesiones. Uno puede dar sólo lo que posee. ¿Cómo se puededaraquello que no se posee, aquello que no se ha adquirido antes? Uno viene al mundo sin poseer nada, y sale de él sin llevarse nada.

En el mundo tú puedes pertenecer a cualquiera de estos dos extremos: o al extremo de los que anhelan más y más y siempre siguen engordando, o al de aquellos que dan más y más y se quedan flacos. Buda dice que no se debe poseer ni se debe escoger ninguno de los extremos. Simplemente hay que permanecer en el estado de no-posesión.

Este último tipo de hombre, al cual llamo el hombre de no-mente, no será tan feliz ni contento como el hombre extraodinario. Este será más silencioso, más quieto, callado; su contentamiento será profundo, pero no se verá feliz. Ni siquiera encontrarás la sonrisa en sus labios. Nunca verás una estatua de Buda o Mahavir sonriendo. No sufren, pero no están alegres. Ellos han escapado del mundo del sufrimiento y la felicidad. Están sencillamente, en reposo, indiferentes al mundo de las cosas, alejados, desapegados. Esto es lo que significa *anashakti*: desapego, indiferencia. Este hombre tendrá una cualidad de silencio en derredor suyo, uno puede oír tal silencio.

Pero Tilopa va más allá de estos tres y es˙ difícil continuar la clasificación. Primero la mente ordinaria, que pide más; luego la extraordinaria, que da más; la no-mente, indiferente y desapegada, sin pedir ni tomar; entonces viene el cuarto tipo de mente que Tilopa menciona, ¿cómo llamarlo? Este tipo de mente es el supremo pues no hay nada más allá. Esta no es siquiera una no-mente, no es una mente en absoluto. En la no-mente, aunque sea en forma negativa la mente está presente; el énfasis está todavía en el mundo de las cosas al cual se debe ser indiferente. Hay que estar atento a la no posesión, a permanecer indiferente, pero se hace hincapié en las cosas: ser indiferente a ellas.

Tilopa dice que el énfasis debe estar en tu propio ser, porque la indiferencia sigue siendo todavía un sutil puente hacia el mundo. El enfoque no debe hacerse hacia el otro. Hay que verter la vida completamente hacia uno mismo. No hay que ocuparse de las cosas, del mundo, ni hay que dar más ni hay que tratar de ser indiferente. Como si el mundo simplemente desapareciese. Uno permanece centrado en sí mismo, aislado en su interior sin hacer nada. El enfoque ha virado totalmente.

> *Como si el mundo se hubiese desvanecido,*
> *nada hay qué dar ni qué tomar,*
> *nada de qué ser indiferente.*
> *Sólo tú quedas.*
> *Tú vives en tu propia conciencia*
> *y ése es tu solo mundo.*
> *Nada más existe.*

Este es el estado más allá de la mente y más allá de la no-mente. Este es el supremo estado de comprensión. Nada hay más allá de él. Y quisiera decirte: jamás quedes satisfecho a menos que obtengas éste. ¿Por qué? Porque de otra forma el hombre sufre; el hombre ordinario nunca puede estar satisfecho y su sufrimiento crece.

El hombre extraordinario, predicado por las religiones es alegre, pero en el fondo, triste. Parece que su sonrisa ha sido impuesta, como si estuviese posando ante el fotógrafo y sus gestos que muestra no fuesen ciertos. Esto no puede durar mucho. Le gustaría dar más y pronto estará en la misma situación que el hombre ordinario.

Tomará más tiempo para el segundo darse cuenta del sufrimiento, pero el sufrimiento llegará. Esta es la gentileza que se practica en las mezquitas, templos, monasterios, iglesias, que no puede dar alegría profunda ni verdadera. La mente ordinaria y la extraordinaria tienen la misma calidad, ambas buscan un compromiso.

Incluso la mente ordinaria piensa que en cuanto tenga bastante ayudará a otros. Por supuesto que lo hace, cuando ya tiene mucho dona algo al hospital, a la investigación sobre el cáncer, a la biblioteca o al colegio. Primero explota y luego dona; primero roba y luego ayuda a otros. Los ladrones y los donantes no son diferentes, de hecho son la misma persona, con la mano derecha quitan y con la izquierda dan. Pertenecen a la misma dimensión ambas.

El tercer tipo de mente, la no-mente, está en mejor situación. Su silencio puede ser mayor, pero no tiene gozo. Él no es infeliz ni sufre pero este estado es de la naturaleza de la negatividad. Es como un hombre que no está enfermo pero que no siente ningún bienestar. La indiferencia puede darte silencio, pero esto no es todo. A la larga puede aburrirte.

Eso es lo que sucede cuanto te vas a las montañas. Te aburres de la vida de ciudad –Bombay, Londres, Nueva York– el ruido te aburría y el tráfico y toda la locura, así que escapas a los Himalayas. Pero después de unos días –tres, cuatro, siete cuanto más– te empiezas a sentir aburrido del silencio. Empiezas a sentir nostalgia de la vida de la ciudad: el club, el cine, los amigos.

Silencio no es bastante porque el silencio tiene la naturaleza de la muerte, no la naturaleza de la vida. Es bueno como una vacación pero no para siempre. Pronto te cansa y te hace sentir que no es suficiente. No te nutre. Es un estado negativo.

El cuarto estado indicado por Tilopa —ése que no puede ser dicho y está tratando de decir para Naropa, por su fe, su confianza y su amor— éste es un estado lleno de gozo, silencioso y feliz. Es positivo, no es simplemente silencio. Ha llegado a la vida no a través de la indiferencia, sino por el contrario, a través de la más profunda experiencia de su propio ser. No se ha obtenido por el renunciamiento, ha florecido por ser simple y natural. Las diferencias son sutiles, pero si tratas de entender estas distinciones y meditar sobre ellas, el camino de tu vida estará claro y podrás peregrinar con facilidad.

Nunca te sientas satisfecho antes del cuarto estado, pues incluso si lo aceptas, más tarde o más temprano la insatisfacción surgirá. A menos que obtengas *Satchitananda* —verdad absoluta, conciencia absoluta y felicidad absoluta— no has llegado a tu hogar, eres aún peregrino. Bien, algunas veces puedes descansar a la orilla del camino, pero no hagas ahí tu casa. La jornada ha de continuar, tienes que levantarte y seguir caminando.

Del primer estado pasa al segundo, del segundo al tercero, del tercero ve más allá.

Si estás en el primer estado de mente, como el noventa y nueve por ciento de la gente está, el pensamiento cristiano, judío o musulmán pueden ayudarte. Así puedes salir de la trampa del sufrimiento común, pero no te engañes creyendo que has llegado a la meta. ¿Quién eres tú para dar? ¿Qué es lo que tienes que dar? ¿A quién puedes ayudar si ni siquiera has podido ayudarte tú mismo? Tu propia luz no está encendida, puedes apagar otras luces, no encenderlas, tú nada tienes para dar.

Budismo, Jainismo, Taoísmo, Mahavir, Siddhartha Gautama pueden ayudarte a salir de esto, pero Tilopa dice que ni aún con tal indiferencia, silencio, desapego, se debe estar satisfecho pues todavía indica una relación con el mundo. Él puede traerte al centro mismo de tu ser.

> *Ahí todo se desvanece,*
> *sólo tú permaneces en absoluta inocencia,*
> *en tu pureza cristalizada.*
>
> *Como si el mundo no hubiera surgido,*
> *.ahí nunca jamás ha entrado.*

En este cuarto estado de conciencia llegas al punto donde no has aún nacido, a la corriente original de tu ser; donde incluso el primer paso hacia el mundo no ha sido dado. O has llegado al último paso que es posible tomar.

A esto la gente Zen llama obtener el rostro original. Los maestros Zen ordenan a sus discípulos: "Id y encontrad el rostro que habéis tenido antes de nacer". O, "Encontrad el rostro que tendréis cuando estéis muertos". Hay que obtener la pureza original. Esto es lo que la naturaleza es.

Ahora trata de entender a Tilopa:

> *"Uno no debe dar o tomar*
> *sino permanecer natural, que Mahamudra*
> *está más allá de toda aceptación o rechazo".*

Uno no debe dar o tomar porque al hacerlo uno se sale de sí mismo. Ambas son distracciones que conducen una hacia la otra. Uno se confunde, la energía fluye hacia el exterior. No tiene importancia el dar o el tomar, es el otro quien capta la atención y uno se olvida de sí mismo. Esto es lo que ha pasado con todos vosotros, no os recordáis de vosotros mismos porque vuestros ojos han quedado paralizados en función del otro. Todo lo que hacéis lo hacéis por los otros. Lo que sois, lo sois por los otros.

Incluso si escapas del mundo, tu mente continúa: "¿Qué es lo que pensará la gente de mí?" En los Himalayas seguirás pensando: "La gente dirá que soy un gran sabio que ha renunciado al mundo; lo anunciarán los diarios". Y esperarás que algún viajero solitario que vague por ahí te lleve noticias de lo que se dice en el mundo acerca de ti.

No tienes tu propio rostro, sólo tienes la opinión de los otros acerca de ti. Si alguno dice que eres hermoso empiezas a pensar que lo eres. Si alguno dice que eres feo, te sientes lastimado y te crees feo. Eres sólo la acumulación de opiniones de los otros, tú no sabes quién eres. Esto es extraño, pues los otros que son los que saben quién eres tú, no saben quiénes son ellos. Ellos mismos se conocen a través de ti. Es un juego divertido: me conozco a través de ti, te conoces a través de mí, y ambos ignoramos quiénes somos.

El otro se ha vuelto demasiado importante y la entera energía está obsesionada con el otro. Siempre pensando en otros, ya tomando, ya dando algo.

Tilopa dice que uno no debe dar ni tomar. ¿Dice que uno no debe participar? No. Si lo tomas en ese sentido lo estarás malinterpretando. Dice que uno no debe prestar atención al dar o al tomar. Si puedes dar en forma natural, bien; pero entonces esto no proviene de la mente, esto no se acumula ahí. Esa es la diferencia entre dar y participar.

Un donador sabe lo que ha dado y quisiera ser reconocido. Quiere recibir las gracias y el otro debe mostrarse agradecido. Esto es un negocio: dar para recibir. Tilopa no dice que no participes, dice que no des importancia a lo que des ni recibes. Si en forma natural sucede que sientes el impulso de dar, da; esto es participar, regalar.

Un regalo no es un negocio; nada, ni siquiera el reconocimiento ni la apreciación. Nada. Si nada se menciona, la persona que da no se siente lastimada. Por el contrario, si se menciona, se sentirá un poco avergonzada puesto que no esperaba nada, más bien se siente agradecida porque se ha aceptado el regalo. Pudo haberse rechazado. Eso es bastante.

Tilopa no dice que no des ni dice que no tomes, puesto que la vida no puede existir sin dar ni tomar. Incluso Tilopa tiene que respirar –Tilopa mendigaba su alimento–, incluso él tiene que ir al río para beber el agua. Cuando Tilopa tiene hambre, come; cuando tiene sed, bebe. Él toma la vida cada momento. No se puede existir sin tomar. Hay gente que lo ha intentado, pero esos no son seres naturales, son los más grandes egoístas.

Los egoístas tratan de ser independientes de todo, quieren existir como si no tuviesen necesidad de nadie. ¡Esto es necio, absurdo! Tilopa no puede hacer tal cosa, es un hombre mucho más natural, no podrías encontrar otro más natural que él. Y si entiendes la naturaleza te sorprenderás de encontrar un hecho básico: ninguno es dependiente, ninguno es independiente, cada uno es interdependiente. Nadie puede proclamar su absoluta independencia ni nadie existe en dependencia absoluta.

Esas dos polaridades no existen. El que parece dependiente es también independiente, y el que parece independiente es también dependiente. La vida es una interdependencia, es un mutuo compartir. Incluso el emperador depende de sus esclavos y los esclavos no son completamente dependientes del emperador.

Los absolutos no existen aquí. La vida existe en relatividad. Por supuesto Tilopa lo sabe y prescribe la forma natural. Participa, pero no pienses acerca de eso; déjalo que suceda. Permitir que suceda es totalmente otra cosa; entonces ni se pide más de lo que se puede tomar ni se da más de lo que se puede dar. Simplemente se da y se toma lo que es natural. No se siente uno agradecido a nadie, ni nadie se siente agradecido a uno; es porque la vida es interdependiente.

Existimos mutuamente, somos miembros unos de otros.

La Consciencia es un vasto océano y nadie es una isla.

Nos encontramos unos con otros y nos fundimos.

No existen los límites.

Toda frontera es falsa.

Eso lo sabe Tilopa y dice.

> *"Uno no debe dar o tomar*
> *sino permanecer natural..."*

Al momento de pensar que has tomado algo pierdes la naturalidad. Está bien que tomes, pero pensar en eso te afecta la naturalidad. Dar es hermoso, pero al momento de pensar en lo que se da se vuelve feo. Simplemente da porque no puedes evitarlo; si tienes debes darlo. Simplemente toma porque no puedes evitarlo, eres parte del todo. Pero ningún ego artificial se crea debido a este dar y tomar, esto es lo que debe quedar entendido. Ni acumulas, ni renuncias, permaneces simplemente, natural.

Si las cosas te llegan, las disfrutas. Si tienes demasiado –y lo que está de más se convierte en una carga– participas. Es sólo como guardar el equilibrio, permaneces siempre natural. Sin retener ni renunciar. Sin posesión y sin no-posesión. Mira los animales: ni dan ni toman, todos disfrutan de la Totalidad. Todos participan. Los pájaros, los árboles, existen en forma natural. El hombre es el único animal desnaturalizado; por eso es necesaria la religión.

Los animales no necesitan religión porque no están desnaturalizados. Y cuanto más el hombre se desnaturaliza, más le es necesaria la religión. La sociedad más tecnológica se aparta más de la naturalidad y la religión le es más necesaria.

La gente me pregunta por qué en los Estados Unidos de América existe tal búsqueda religiosa. Este es el país que ha hecho surgir una tecnocracia la cual ha apartado todas las cosas de lo natural. El ser interior está sediento de lo natural. La religión surge como una forma de equilibrio sutil. Una sociedad natural no la necesita.

Y recuerda que lo natural va siempre con lo simple, pues si tratas mucho de ser natural, esto será una falta de naturalidad. Por eso se crean fanatismos. Por ejemplo, es bueno tomar alimentos orgánicos; pero se puede volver una manía. De una enseñanza natural puede sacarse algo absolutamente falto de naturalidad.

Conozco a gente que cree en las terapias naturales —naturopatía— y se han vuelto tan artificiales siguiendo estos principios que apenas puede creerse. Si existe tensión en la mente, esto no es natural. Hay que ser simple y relajado, de otra forma, lo más natural puede desnaturalizarse.

"Uno no debe dar o tomar sino permanecer natural..."

El sentido oculto consiste en permanecer natural. Y si permaneciendo natural sucede que das, ¡qué bueno! Si permaneciendo natural recibes algo que te dan, bien. Pero no hagas una profesión de esto.

"...que Mahamudra está más allá de toda aceptación o rechazo".

Lao-tse enseña la aceptación. Y Tilopa enseña algo que está más allá de toda aceptación o rechazo, ambos. Tilopa es realmente uno de los más grandes Maestros.

El rechazar algo no es natural, eso lo podemos entender. Uno rechaza la cólera debido a las enseñanzas morales y a las dificultades que la violencia trae consigo. Y vivir enojado no es fácil pues nadie está dispuesto a soportarlo. Entonces uno empieza a rechazar el enojo.

En el momento que uno lo rechaza, se desnaturaliza, puesto que aquello que uno tiene se lo ha dado la naturaleza, ¿quién eres tú para suprimirlo? Es una parte de la mente que desempeña el papel de maestro con respecto a la otra. No es posible, ambas son partes de la misma mente. Uno puede continuar el juego, pues la parte que es suprimida, llegado el momento, irrumpirá con mayor fuerza. No hay problema para la parte rechazada. La lucha se puede continuar, pero así uno permanece siempre dividido, en conflicto, fragmentado.

No rechaces. Por supuesto ahora la aceptación entra. Esto es muy delicado, Tilopa dice que incluso en la aceptación está el rechazo. Cuando se dice: "Sí, acepto", en el fondo ha funcionado el rechazo; porque ¿qué necesidad hay de aceptar? La aceptación tiene sentido sólo si hay rechazo, en otra forma no.

Hay gente que viene a decirme: "Sí, te aceptamos". Yo veo que sin saber lo que están haciendo, me están rechazando. Están forzando a sus mentes para aceptarme, pero parte está diciendo que no. Incluso en su "sí" hay un "no". Esa afirmación es la vestimenta superficial. Por dentro su negación está viva, yo puedo verla saltándome a la vista.

Si no hay rechazo, ¿cómo puede uno aceptar? Si no hay lucha no puede uno decir: "me rindo". Si puedes ver este punto, entonces verás una aceptación que está más allá de ambos: la aceptación y el rechazo. Entonces sucede una aceptación que está más allá de la lucha y la rendición. Es total, "...que Mahamudra está más allá de toda aceptación o rechazo".

Y cuando se permanece simple y natural, sin rechazar o aceptar; sin luchar o rendirse; sin decir no o sí; sino dejando que las cosas sucedan; entonces, lo que pasa, pasa sin que uno tenga que escoger. Cualquier cosa que sucede uno simplemente la nota, no trata de cambiar ni modificar nada. No está uno preocupado por mejorarse, se permanece tal como se es. Esto es muy arduo para la mente la cual es una señalada perfeccionista.

La mente siempre dice que se puede mejorar más; uno puede elevarse, volverse grande. Uno puede pulirse en una forma o en otra, transformarse, transfigurarse. La mente siempre dice que más es posible. Entonces entra el rechazo. Y si uno rechaza parte de su ser, se ha metido en un lío. Porque esa parte· es orgánicamente nuestra y uno no puede descartarla. Uno puede cortar el cuerpo pero no puede cortar el ser, pues este es un todo. No existe espada capaz de cortar el ser.

Si tus ojos van en contra tuya, puedes arrojarlos. Si tu mano comete un crimen, puedes cortarla. Porque tú no eres tu cuerpo, tú existes separado de él; pero no puedes cortar tu conciencia. Tu ser interior no es sustancial, no puedes cortarlo. Es como un vacío y el vacío no se puede dividir.

Tu ser íntimo es de la naturaleza del vacío.
Este es un no-ser, es insustancial.
Existe, pero no es materia.
No hay posibilidad de seccionarlo.

No rechaces. Pero inmediatamente la mente intervendrá. La mente nunca te deja solo, te sigue como una sombra. Te repite que está contigo para ayudarte. Por supuesto que está de acuerdo con Tilopa: "¡No rechaces!" Y tú escuchas a tu mente y entras otra vez en la trampa. El rechazo y la aceptación son dos caras de la misma moneda.

Tilopa dice: *"...que Mahamudra está más allá de toda aceptación o rechazo".*

No aceptes, no rechaces. No hay nada que hacer en realidad. No se te pide que hagas nada. Simplemente tienes que ser simple y natural. Sé tú mismo y deja que las cosas sucedan. El mundo entero marcha sin ti: los ríos van al mar, las estrellas se mueven, el sol aparece en la mañana, las estaciones se siguen una a la otra, los árboles crecen y florecen y desaparecen, y el Todo camina sin ti, ¿puedes abandonarte al Todo y marchar con él, simple y natural? Esto es lo que significa para mí sannyas.

La gente viene a pedirme una disciplina definida. Se quejan de que yo simplemente les doy sannyas y nunca les hablo de lo que tienen que hacer, de lo que yo espero que ellos sean. Yo no espero nada, quiero que sean sencillos y naturales. Sé tú mismo y deja que las cosas sucedan. Sin condiciones, lo que suceda, bueno o malo, sufrimiento o felicidad, vida o muerte... lo que pase, déjalo que pase. Solamente deja de estorbar. Relájate. La existencia entera marcha perfectamente, ¿por qué te preocupas de ti mismo?

No hay necesidad de mejorar,
no hay necesidad de cambiar.
Simplemente aflójate y sé natural
y el mejoramiento acontece por sí mismo;
y los cambios se suceden
y serás transfigurado completamente;
pero no por ti mismo.

Si tú lo intentas, estarás tratando de levantarte tirando de la cinta de tus zapatos. ¡Esto es una tontería, no lo intentes! Es como el perro intentando morderse su propio rabo. En las mañanas de invierno, al amanecer, encontrarás muchos perros que lo hacen. Se sientan silenciosamente a disfrutar y de repente descubren su rabo incitándolos. ¿Cómo pueden saber, pobres perros, que ese rabo les pertenece? ¡Ese es el mismo caso en que os encontráis! La tentación de morderse el rabo es demasiada, se ve apetecible. El perro lo intenta en un principio con cautela, tratando de no llamar la atención del rabo, pero haga lo que haga, el rabo saltará más allá de su alcance. Entonces el perro se pone nervioso y empieza a perseguirlo. Salta, y cuanto más salta el rabo se aleja más. Un perro puede enloquecer así.

Y esto es lo que los buscadores espirituales hacen consigo mismos: perseguir sus propios rabos en una mañana de invierno cuando todo es hermoso. Sin necesidad persiguen sus propios rabos. ¡Dejadlos en paz, ésta es la forma de sentirse frustrados! Y entonces vienen conmigo y me dicen: "*Kundalini* no se eleva, ¿qué podemos hacer?" Están cazando su propio rabo y entretanto perdiéndose de la hermosa mañana. Podrían haberse quedado quietos mientras las moscas se hubiesen acercado y hubiesen servido de almuerzo, pero al perseguir el rabo las moscas también se perdieron. ¡Simplemente espera! Reconoce que las cosas no pueden ser mejoradas, son tal como deben ser.

Tú simplemente disfruta.
Todo está listo para la celebración, nada falta.

No te dejes capturar por actividades absurdas, y el mejoramiento espiritual es una de las actividades más absurdas.

"...permanecer natural, que Mahamudra está más
allá de toda aceptación o rechazo.
Puesto que alaya no ha nacido..."

Alaya es un término budista, significa la morada interior, el vacío interno, el cielo interno.

"Puesto que alaya no ha nacido,
nadie puede obstruirlo o mancillarlo".

No te preocupes, puesto que tu ser interior nunca ha nacido, no puede morir, y nadie puede obstruirlo o mancharlo. ¡Es inmortal! Y puesto que el Todo te ha dado la vida —toda vida proviene del Todo— ¿cómo la parte puede mejorar el Todo? De la fuente que origina todo deja que venga lo necesario. Y la fuente es eterna. Sin necesidad te desvías del camino y empiezas a tratar de impulsar el río el cual avanza ya hacia el mar... nadie puede obstruirlo o mancharlo. Tu pureza interior es absoluta, no puedes mancillarla. Esta es la esencia del Tantra.

Todas las religiones dicen que uno debe obtenerlo; el Tantra dice que ya lo has obtenido.

Todas las religiones dicen que uno debe luchar duramente por eso; el Tantra dice que uno lo pierde a causa de la febril actividad.

Por favor, aflójate un poco. Sólo por la relajación podrás alcanzar lo inalcanzable.

"...nadie puede obstruirlo o mancillarlo". Puedes haber hecho un millón de cosas —no te preocupes de los *karmas*— que ningún acto tuyo puede hacer impuro tu ser interior.

Esta es la base del mito de la virginidad de la madre de Jesús. No quiere decir que María fuese virgen, ésta es una actitud tántrica. En sus viajes a través de la India, Jesús se topó con mucho tántricos, y él comprendió el hecho de que la virginidad no puede ser destruida, que cada niño nace de una madre virgen. Los teólogos cristianos se han preocupado mucho por probar que Jesús nació de una virgen. No hay necesidad, cada niño nace de una virgen puesto que la virginidad no puede ser mancillada.

¿Cómo es posible manchar la virginidad? Dos seres —marido y mujer, o dos amantes— al entrar en profundo orgasmo sexual no pueden por esto manchar la virginidad. El ser interior permanece como un testigo, no toma parte en esto. Los cuerpos se encuentran, las mentes se encuentran, y debido a eso hay un momento de gozo, pero el ser interior queda fuera. Esa virginidad no puede ser tocada. Así que pueden seguir tratando de probar en Occidente que Jesús nació de una virgen.

Y yo te digo que ningún niño ha nacido jamás de una madre que no sea virgen. Todos se originan en la virginidad.

Cada momento, hagas lo que hagas, tú permaneces fuera. Ninguna acción deja huella en ti, imposible. Y en cuanto te relajas y te das cuenta de esto, entonces no te preocupas más de lo que hay que hacer o no hacer. Entonces dejas que las cosas tomen su propio curso. Entonces simplemente flotas como una nube blanca, que no va hacia ninguna parte y disfruta sólo del movimiento. Este ambular es hermoso.

> "*...nadie puede obstruirlo o mancillarlo;*
> *existente en el reino de lo no-nacido*
> *toda apariencia se disolverá en el Dharmata.*

Dharmata significa que cada cosa tiene su propia naturaleza elemental. Si permaneces en tu morada interna, poco a poco todo se disolverá en su propio elemento natural. Tú eres quien perturba. Si permaneces dentro de ti, en el *alaya*, en el cielo interior, en esa absoluta pureza, entonces tal como en el firmamento las nubes vienen y van, ninguna huella queda. Las acciones vienen y van; los pensamientos vienen y van; muchas cosas suceden; pero dentro, muy profundamente, nada acontece.

> *Ahi tú simplemente existes.*
> *Sólo la existencia transcurre.*
> *Ninguna acción, ningún pensamiento llega.*

Si permaneces simple y natural en esa morada interna, poco a poco verás que todos los elementos siguen su propia naturaleza. El cuerpo está constituido de cinco elementos. La tierra, poco a poco, se integrará a la tierra; el aire al aire; el fuego al fuego. Eso es lo que sucede cuando uno muere: cada elemento entra en descanso –*Dharmata* significa la naturaleza elemental de cada cosa– cada cosa entra en su morada propia. Tú entras en tu propia morada y todo entra en la suya. Entonces no hay nada que perturbe.

Hay dos formas de vivir y dos formas de morir. Una forma de vivir es como todos lo hacen: confundiéndose con todo y olvidando el cielo interior. La otra forma de vivir es permaneciendo dentro y permitiendo a las fuerzas elementales tomar su propio camino. Cuando el cuerpo sienta hambre, buscará su alimento.

Un hombre Iluminado permanece dentro de su morada. Si el cuerpo siente hambre, él observa. El cuerpo se mueve para encontrar alimento y él observa. El cuerpo empieza a comer, él observa. El cuerpo absorbe y se sacia, él observa. Y sigue observando. Él ya no es más el actor. Ya no hace nada, son las fuerzas elementales quienes trabajan por sí mismas. Sin necesidad tú dices: "Tengo sed", no eres tú quien la tiene. Estás confundido. El cuerpo tiene sed y él seguirá su curso; encontrará el agua dondequiera que esté.

Si tú permaneces dentro, verás que todo sucede por sí. Incluso los árboles encuentran el agua, cientos de metros pueden viajar hasta encontrar la fuente. Esto ha sido una de las cosas que más han sorprendido a los botánicos porque no pueden entender lo que sucede. Si el recurso de agua se encuentra a gran distancia y en cierta dirección, ¿cómo es que el árbol sabe que sus raíces deben encaminarse hacia el norte y no hacia el sur? Y el árbol no tiene una mente, un ego. Pero a través de las fuerzas elementales el árbol hace crecer sus raíces hacia el norte, si es que la fuente se encuentra ahí, y un día alcanza el agua.

El árbol tiende hacia el cielo. En las junglas africanas los árboles crecen muy alto, tienen que hacerlo porque la selva es tan densa que si el árbol no crece alto, no alcanzará la luz del sol y el aire. Así que ellos buscan su camino. Incluso los árboles encuentran sus fuentes, ¿de qué te preocupas?

Por eso Jesús dice: *"Mira los lirios del campo que no aran ni hacen nada, pero tienen todo..."*

En cuanto uno se sienta en su morada interior, las fuerzas elementales empiezan a funcionar en su cristalina pureza. Ya uno no interviene. El cuerpo siente hambre y empieza a moverse. Y es tan hermoso mirar el cuerpo desplazarse por sí mismo. Si hay hambre de amor, el cuerpo lo encuentra. Sentado dentro de su morada, súbitamente uno ve que las acciones no le pertenecen. Uno no es quien las ejecuta, sino quien observa.

Al darse cuenta de esto uno ha alcanzado lo inalcanzable. Al comprender esto, todo puede ser comprendido.

> *"...existente en el reino de lo no-nacido*
> *toda apariencia se disolverá en el Dharmata,*
> *y la voluntad y el orgullo se desvanecerán en la*
> *nada".*

Y en cuanto ves que las cosas suceden por sí mismas, ¿cómo puedes mantener un ego, el orgullo de realizarlas?

¿Cómo puedes decir "Yo" cuando las cosas toman su propio camino?

> *La sed se satisface a sí misma, se sacia;*
> *la vida toma su propio curso,*
> *se satisface y alcanza el descanso de la muerte.*
> *¿Quién eres tú para decir "yo soy"?*
> *El orgullo, el ser, la voluntad, todo se disuelve.*
> *Entonces ya no haces nada,*
> *no deseas nada,*
> *simplemente en tu morada interior te sientas*
> *y la yerba crece por sí misma...*
> *Todo sucede por sí.*

Difícil es comprender esto puesto que has sido educado –condicionado– a que tú tienes que hacerlo todo, a ser el ejecutante, en constante estado de alerta, luchando. Has sido criado en un medio en el cual hay que luchar para sobrevivir, y si no lo haces estás perdido y te quedas sin nada. Has sido criado en el veneno de la ambición. Y particularmente en Occidente, una palabra necia existe: "fuerza de voluntad". Esto es absurdo, no existe la fuerza de voluntad; es una fantasía, un sueño. No hay necesidad de la voluntad, las cosas suceden por sí mismas. Esta es su naturaleza.

Sucedió una vez: El maestro de Lin Chi murió. El Maestro era muy bien conocido, pero Lin Chi lo era todavía más, pues el Maestro era un hombre silencioso que se había hecho famoso precisamente a través de Lin Chi. Debido a Lin Chi se supo que era un Iluminado. Cuando murió, una enorme multitud se reunió a rendir homenaje y despedir al Maestro; entonces vieron que Lin Chi lloraba y sollozaba tal como lo haría un niño pequeño cuya madre hubiese muerto. La gente no lo podía creer puesto que todos pensaban que estaba Iluminado, y he aquí que lloraba como un bebé. Esto se admite cuando la persona es ignorante, pero cuando es un Despertado, y él mismo ha estado enseñando que la esencia íntima del ser es inmortal, eterna, jamás muere, entonces ¿por qué?

Los más cercanos a Lin Chi vinieron a decirle: "No es bueno esto, ¿qué pensará la gente de ti? Hay el rumor de que no es cierto que estás Iluminado. Tu prestigio está en riesgo. ¡No llores más! Un hombre como tú no necesita hacerlo".

Lin Chi dijo: "¿Pero qué puedo hacer? Las lágrimas brotan, es su *Dharmata*. ¿Quién soy yo para detenerlas? Yo ni las rechazo ni las acepto; yo permanezco dentro de mí mismo. Ahora las lágrimas brotan y nada puede hacerse. Si mi prestigio corre riesgo, qué importa. Si la gente piensa que no soy Iluminado, ése es su propio asunto. Pero yo nada puedo hacer, abandoné al ejecutante desde hace mucho tiempo. El que hace, ya no existe. Esto simplemente es un suceso. Estos ojos lloran por sí solos, pues ya nunca más podrán contemplar a su Maestro, y él era su alimento, ellos se nutrían de él. Yo sé muy bien que el alma es eterna, que nadie muere jamás, pero ¿cómo decírselo a estos ojos? Ellos no tienen oídos. ¿Y quién soy yo? Ese es asunto suyo, si quieren llorar, déjalos que lloren".

Un hombre natural simplemente se sienta dentro de sí y deja que las cosas sucedan.

Él no las hace.
Y Tilopa dice que sólo entonces Mahamudra aparece,
el orgasmo final con la Existencia.
Entonces uno ya no está separado.
Entonces el cielo interior se ha vuelto uno con el cielo exterior.
No son ya más dos cielos, un solo cielo permanece.

X

La Comprensión Suprema

20 de febrero de 1975

La canción finaliza:

*La comprensión suprema
trasciende todo esto y lo otro.
La acción suprema
abraza grandes recursos sin apegos.
La realización suprema
es tomar conciencia de lo inmanente sin
esperanza.*

*Al principio, el yogui siente que su mente
da tumbos como una catarata;
a mitad de su curso, como el Ganges,
fluye lento y plácido;
al final es como un grandioso y vasto océano
donde las luces del hijo y la madre se funden en
una.*

*T*odos nacen en libertad, pero mueren encadenados.

El principio de la vida es totalmente simple y natural, pero luego interviene la sociedad, las reglas y reglamentos, la moralidad, la disciplina y toda clase de entrenamientos; y la simplicidad y la naturalidad y la espontaneidad se pierden. Uno empieza a rodearse de cierta armadura. Uno empieza a volverse más y más rígido. La suavidad interior no aparece más.

En la periferia del propio ser, uno crea una fortaleza para defenderse, para no ser vulnerable, para reaccionar, para defender la seguridad, y la libertad del ser queda perdida. Uno empieza a mirar a los ojos del prójimo; su aprobación, su condenación, su apreciación, se nos vuelve valioso. El "otro" nos proporciona el criterio, y uno empieza a seguir la opinión de los otros porque hay que vivir con ellos.

Y un niño es muy suave, puede ser modelado en muchas formas. Y la sociedad comienza a moldearlo —los padres, los maestros, la escuela— y poco a poco se convierte en un carácter, no en un ser. Aprende todas las reglas. O bien se convierte en conformista —eso también es una cadena— o se vuelve un rebelde que es también una forma de encadenarse.

Si se hace conformista, ortodoxo, conservador, entra en una prisión. Él puede reaccionar, volverse "hippy", llegar al otro extremo; pero eso también es un tipo de cadena, puesto que la reacción depende de la misma cosa contra la cual se ha reaccionado. Uno puede desplazarse hasta el último rincón del mundo, pero en el fondo, se está reaccionando contra las mismas reglas. Algunos las acatan, tú reaccionas, pero la atención se enfoca en las mismas reglas. Los reaccionarios y los revolucionarios viajan juntos; puede ser que estén uno contra el otro –espalda contra espalda– pero su barco es el mismo.

Un hombre religioso no es, ni un reaccionario ni un revolucionario. Un hombre religioso es simple y natural. No está ni en favor ni en contra de algo, es simplemente él mismo. No tiene reglas que seguir ni que negar; no tiene reglas. Un hombre religioso es libre en su propio ser, no tiene moldes, hábitos ni condicionamientos. No es un ser civilizado, no porque sea incivilizado y primitivo –es la suprema posibilidad de civilización y cultura– pero no es un ser cultivado. Él ha expandido su conciencia y no necesita de reglamentos pues ha trascendido toda regla. Él es verdadero no porque tenga como norma decir la verdad, siendo simple y natural resulta que es verdadero. Él tiene compasión, no porque obedezca el mandato: "Sé compasivo", no. Siendo simple y natural, su compasión fluye en derredor suyo sin que tenga que hacer nada de su parte. Esto es el resultado del crecimiento de su conciencia. Él no está ni en favor ni en contra de la sociedad, simplemente está más allá. Él se ha vuelto un niño otra vez, y un niño de un mundo absolutamente desconocido. Ha renacido en una nueva dimensión.

Cada niño nace simple y natural; pero la sociedad interviene por ciertas razones, nada hay de malo en eso, pues si el niño fuese abandonado a sí mismo, entonces nunca crecería, y entonces nunca podría llegar a ser religioso, sería sólo un animal. La sociedad tiene que intervenir, tiene que ser vivida, esto es necesario. Lo único que hay que recordar es que la sociedad tiene que ser aceptada y después trascendida; las reglas tienen que ser aprendidas y luego olvidadas. Las reglas tienen que entrar en la vida pues uno no está solo.

Cuando el niño está en el seno materno, él está absolutamente solo; las reglas no son necesarias. Los reglamentos entran cuando los otros establecen relaciones contigo, pues no estás solo, hay que considerar a los otros. En el seno materno el niño está solo, no necesita moralidad ni disciplina; pero en cuanto nace, incluso el primer aire que respira es social. Si el niño no llora, el médico lo forzará a hacerlo, pues si no lo hace morirá en unos momentos. El llanto abre el pasaje de la respiración y prepara su garganta. El debe ser inducido a llorar y entonces la modelación ha empezado.

Nada hay de malo en esto. Tiene que hacerse, pero tiene que hacerse en tal forma que el niño nunca pierda conciencia ni se identifique con el patrón cultural; en el fondo de sí, debe permanecer libre. Debe saber que las reglas tienen que obedecerse pero que ellas no son la vida. Y esto es lo que una buena sociedad debe enseñar: "Estas reglas son buenas pero no son absolutas, hay algo más allá, y tú no estás confinado en ellas, algún día las trascenderás". Una sociedad es buena cuando enseña a sus miembros la civilización y su trascendencia; ésta es una sociedad religiosa. Si no enseña tal trascendencia, esa sociedad es secular y política, sin religión en ella.

Tienes que escuchar a otros hasta cierto límite, y entonces tienes que escucharte a ti mismo. Tienes que regresar al estado original otra vez. Antes de morir debes recuperar la inocencia del niño, ser simple y natural; porque en la muerte entrarás de nuevo a la dimensión de la soledad. Ninguna sociedad existe ahí. Y a través de tu vida debes encontrar ciertos espacios, algunos momentos como oasis en el desierto, en los que cierres los ojos y vayas más allá de la sociedad, entres en ti mismo, en tu propio seno. Esto es lo que la meditación es. La sociedad existe, pero tú simplemente cierras los ojos y te quedas solo. Ahí no hay reglas, ni es necesario el carácter ni la moral ni las palabras; ahí no hay lenguaje. Tú puedes ser simple y natural dentro de ti.

Crece en esa simplicidad y naturalidad. Incluso si es necesaria cierta disciplina exterior, dentro puedes permanecer salvaje. Si uno puede permanecer salvaje interiormente y al mismo tiempo practicar ciertas cosas necesarias en sociedad, pronto uno puede alcanzar la trascendencia.

Te contaré una historia y entonces explicaré los *sutras*.

Esta es una historia *sufi*: Un viejo y un joven viajaban con un asno. Al llegar a una aldea caminando junto al burro, los niños de la escuela rieron al verlos pasar diciendo: "Mira esos tontos, tienen un asno robusto y van caminando; por lo menos el viejo podría montarse en él".

Al escuchar a los niños, los hombres pensaron que deberían seguir el consejo, pues pronto llegarían a otra población y la gente se volvería a reír de ellos. Así pues el viejo se montó en el burro y el joven caminó detrás.

Entonces encontraron a un grupo de gente que los miró y dijo: "Mirad, el hombre viejo montado en el burro y elpobremuchachocaminando".Asíquecambiaronpuestos, el hombre viejo caminó y el joven montó en el burro.

Entonces otro grupo de gente se acercó y dijo: "¡Mirad, qué muchacho más arrogante! Quizá el viejo es su padre o su maestro, y va caminando mientras el joven va montado en el asno. Esto es contrario a toda norma".

¿Ahora qué podían hacer? Ambos decidieron probar la única posibilidad restante: sentarse los dos en el asno. Así que ambos montaron en él.

Entonces otro grupo se acercó y dijo: "¡Mirad que gente tan violenta! El pobre burro casi está muerto, mejor sería que lo cargaran ellos en sus hombros".

Así que otra vez lo discutieron y decidieron llevar el burro en hombros, pues de otra manera la gente de la aldea vecina los llamaría tontos. Por lo tanto cortaron un bambú, colgaron al burro de las patas y lo cargaron. El asno trató de rebelarse —como cualquier asno lo haría— y trató de escapar, pues no era un fanático de la sociedad ni creía en la opinión de los otros. Pero los dos hombres estaban empeñados y lo forzaron, así que el asno se doblegó.

Precisamente cruzaban el puente para entrar a la aldea cuando una multitud se reunió en derredor suyo y exclamó: "¡Mirad a estos tontos! Jamás existieron idiotas semejantes. En vez de montar en el burro, lo llevan a cuestas. ¿Os habéis vueltos locos?"

El burro mientras tanto se puso inquieto, tan inquieto que salto y cayó desde el puente al río, matándose enseguida. Ambos bajaron al río, y junto al animal muerto el hombre viejo habló al muchacho, pues ésta no es una historia ordinaria, el viejo era un Maestro *sufi*, un Iluminado, y el joven su discípulo. El Maestro trataba de dar una lección al discípulo, ya que los *sufis* siempre crean situaciones, pues dicen que a menos que la situación se presente, uno no puede aprender de verdad. Así que ésta fue una situación creada para el muchacho. Ahora el viejo dijo: "Mira, así como el asno, tú estarás muerto si escuchas demasiado la opinión de los demás. No te preocupes de lo que los otros dicen, pues ellos son muchos y tienen su propia mente por lo que dirán siempre cosas diferentes. Este será tu fin si escuchas otras opiniones".

No escuches a nadie, sé tú mismo. Sé indiferente. Si escuchas a otros serás llevado de un lado para otro. Tu madre te proyecta hacia el norte, tu padre hacia el sur, tu tío hacia una dirección diferente, tu hermano, tu esposa; y cada uno tratará de forzarte. Llega el momento en que no sabes a dónde vas. Te has quedado en el cruce de caminos y cada cual te impulsa en dirección diversa. Poco a poco te vuelves excéntrico.

Esta es la situación. Si continúas escuchando a otros y no escuchando tu propio centro íntimo, esta situación continuará. La meditación te regresa a tu propio centro, quedas centrado, no excéntrico. Escucha tu voz interior, siéntela y muévete de acuerdo a ella. Poco a poco podrás reírte de la opinión ajena, o serás indiferente. Y en cuanto estés centrado serás un ser poderoso, nadie podrá impulsarte hacia un lado u otro. Ni siquiera lo intentarán. Tú tienes tal fuerza, centrado en ti mismo, que aquél que viene con su opinión simplemente la olvida al acercarse a ti. Más bien se siente influido por ti.

Por eso un hombre solo puede volverse tan poderoso, que toda la sociedad, toda la historia, no pueden moverlo una sola pulgada. Es así como un Buda, un Jesús, existe. Puedes matar a Jesús, pero no lo moverás. Puedes destruir su cuerpo, pero no lo puedes forzar ni un milímetro. No que él sea un obstinado o terco, no, simplemente está centrado en su propio ser y sabe lo que es bueno y beatífico para él. Lo ha realizado, ahora no es posible impulsarlo hacia nuevas metas. Ha encontrado su hogar. Puede escucharte pacientemente, pero no se mueve. Está centrado.

Esta centralización es la primera condición para ser simple y natural; de otra forma, si uno es simple y natural cualquiera puede llevarlo o traerlo dondequiera. Por eso a los niños no se les permite ser naturales, no son suficientemente maduros para serlo. Si ellos se conservan simples y naturales corriendo en libertad, su vida será un desperdicio. Por tanto afirmo que la sociedad hace un trabajo necesario, los protege. Se convierten en una ciudadela, es necesario, son vulnerables y pueden ser destruidos por cualquiera. La muchedumbre está ahí y ellos no podrían encontrar su camino a través de ella. Necesitan un carácter que sea como su armadura.

Pero si esa armadura se convierte en toda tu vida, estás perdido. No debes convertirte en la ciudadela, tienes que ser el amo y debes ser capaz de salir de ella. De otra forma deja de ser tu protección, se hace una prisión. Tienes que ser capaz de hacer tus principios a un lado y responder, si la situación lo demanda, responder en forma totalmente nueva. Si esta capacidad se pierde, entonces te vuelves rígido y no puedes ser simple y natural. Pierdes la flexibilidad.

Flexibilidad es juventud; rigidez es ancianidad. Cuanto más flexible, más joven; cuanto más rígido, más viejo.

La muerte es la rigidez absoluta.
La vida es absoluta suavidad y flexibilidad.

Esto tienes que recordar. Ahora trata de entender a Tilopa. Estas son sus palabras finales:

*"La comprensión suprema
trasciende esto y lo otro.
La acción suprema
abraza grandes recursos sin apegos.*

*La realización suprema
es tomar conciencia de lo inmanente sin
esperanza".*

Mucho muy significativas estas palabras.

El conocimiento es esto o lo otro. La comprensión no es nada de eso. El conocimiento es siempre de la dualidad: si un hombre es bueno, sabe lo que es lo bueno; si otro es malo, sabe lo que es lo malo, pero ambos son fragmentarios, la mitad. El hombre bueno no es total pues ignora lo que es lo malo. Su bondad es pobre porque carece de la visión que la maldad proporciona. El malo es también fragmentado porque su maldad carece de la riqueza que la bondad proporciona. Y la vida es ambas cosas juntas.

Un hombre de real entendimiento no es ni bueno ni malo, él comprende ambos aspectos. Y en tal comprensión trasciende los dos. Un sabio no es ni bueno ni malo porque no se puede reducir a una categoría. Él es evasivo, no es posible capturarlo. Y cuanto se diga de él, será un fragmento, nunca el total. Un sabio puede tener amigos y seguidores que pensarán que es Dios pues sólo son capaces de ver la parte buena. Y tendrá enemigos y detractores que pensarán que es la encarnación del diablo pues conocen sólo la parte mala. Pero el sabio no es nada de esto, o es todo junto; ambas cosas son lo mismo.

Si tú eres las dos cosas juntas, bueno y malo, no eres nada, puesto que ambas cosas se aniquilan, se niegan una a otra. Un vacío resta.

Este concepto es muy difícil de entender para la mentalidad occidental, pues Occidente ha dividido a Dios y el diablo en forma absoluta. Todo lo malo pertenece al diablo y todo lo bueno a Dios; su territorio está demarcado. Infierno y cielo están separados.

Por eso es que los santos cristianos se ven un tanto pobres al lado de los sabios tántricos. Un santo cristiano siempre pide a Dios que lo proteja del diablo. El diablo está siempre arrinconado, se evita, y cuando uno evita algo, de continuo está en la mente. Uno tiene miedo.

Un Tilopa no conoce el miedo, y nunca reza a Dios para que lo proteja; él está protegido. ¿Cuál es su protección? El entendimiento. Él ha vivido todo, ha explorado los últimos rincones del mal, y ha vivido lo Divino y sabe que ambos son aspectos de lo mismo. Y ahora no se preocupa de lo bueno ni de lo malo. Ahora vive una vida simple y natural, sin ideas preconcebidas. Y él es impredecible.

Tú no puedes predecir a Tilopa. Puedes predecir a San Agustín y otros santos; pero no se puede predecir a un sabio tántrico. Pues a cada momento él responderá nadie sabe de que modo. Incluso él mismo no lo sabe. Esto es hermoso, puesto que si uno conoce su futuro, ya no se es libre, uno se mueve de acuerdo a ciertas reglas y tiene un carácter prefabricado. Entonces de alguna forma uno reacciona, no responde.

Nadie puede predecir lo que Tilopa haría en cierta situación; esto dependerá, las circunstancias traerán la respuesta. Y él no tiene preferencias ni rechazos —ni esto ni aquello-¤. Él actuará aquí y ahora. La respuesta será total. Nadie sabe lo que sucederá.

Se dice que una vez Tilopa estaba en una cueva cuando un buscador de cierta secta llegó a visitarlo. Él estaba comiendo y usaba un cráneo humano como recipiente. El visitante se atemorizó. ¡Esto era una barbaridad! Y él había venido a visitar a un sabio y éste parecía más bien un practicante de magia negra. Estaba comiendo en un cráneo humano con mucho deleite, y un perro que estaba al lado comía en el mismo recipiente. Y cuando este hombre entró, Tilopa lo invitó a participar de la comida. Dijo: "Qué bueno que has llegado a tiempo porque es todo lo que tengo por hoy. En veinticuatro horas no habrá nada más. Acércate y participa".

El hombre se sintió muy disgustado. Tilopa dijo: "Entonces escapa lo más pronto posible de aquí y nunca regreses, pues Tilopa no es para ti. ¿Por qué te disgusta este cráneo? Tú has portado uno por mucho tiempo y no hay nada de malo. Esta es una de las cosas más limpias. ¿Y tú no estás disgustado con tu propio cráneo? Toda tu mente con sus hermosos pensamientos, su moralidad, su santidad, todo está en ese cráneo. Yo sólo tengo mi alimento en él. Y tu cielo y tu infierno y tus dioses, tu Brahma, todo está en tu cráneo. ¿De qué te disgustas?"

El hombre trató de razonar y dijo: "No es por el cráneo sino por el perro".

Y Tilopa rio y dijo: "Tú has sido perro en tu vida pasada y todos tienen que pasar por tales niveles. ¿Y qué hay de malo en ser perro? La misma codicia, el mismo sexo, la misma cólera, la misma violencia, agresividad, miedo... ¿Por qué pretender ser superior?"

Tilopa es difícil de entender porque fealdad y hermosura no tienen sentido para él. Pureza e impureza, bueno o malo, nada tiene sentido. Él ha comprendido la totalidad.

Conocimiento es parcial, comprensión es total.
Y cuando contemplas la totalidad,
toda distinción se pierde.
¿Qué es lo feo y qué es lo hermoso?
¿Qué es bueno y qué es malo?

Toda distinción simplemente se pierde si a ojo de pájaro uno puede ver la totalidad. Entonces todas las fronteras desaparecen. Es como ver desde un avión: ¿dónde está Pakistán y dónde está la India? ¿Y dónde está Inglaterra y dónde Alemania? Todas las fronteras se pierden, la tierra se vuelve una.

Y si asciendes más en un vehículo interplanetario y miras desde la luna, la Tierra entera se vuelve tan pequeña que Rusia y América se confunden. ¿Quién es comunista y quién capitalista? ¿Y quién es hindú y quién mahometano? Cuanto más alto asciendes, menos haces distinciones. Y la comprensión es lo más alto, nada hay más allá de esto.

Desde la cumbre suprema cada cosa se vuelve
todo lo demás.
Las cosas se confunden y mezclan y se vuelven
una.
Los límites se pierden.
Un océano ilimitado sin origen.
El Infinito...

"La comprensión suprema
trasciende todo esto y lo otro.

*La acción suprema
abraza grandes recursos sin apegos".*

Tilopa dice que hay que aflojarse y hay que ser simple y natural, pero esto no significa que haya que ser perezoso y ponerse a dormir. Al contrario, cuando se es simple y natural muchos recursos se liberan. Tú te volverás tremendamente creativo. La actividad puede que no esté presente, la acción funciona. La obsesión de estar ocupado puede que no esté, pero tú serás creativo, pleno de recursos. Tú harás millones de cosas no debido a una obsesión, sino sólo porque te sientes tan repleto de energía que tienes que crear.

La creatividad se hace fácil para el hombre que es simple y natural. Cualquier cosa que haga se convierte en un fenómeno de creación. Lo que toca se vuelve una obra de arte, lo que dice es poesía. Su movimiento mismo es estético. Si puedes ver a un Buda caminando notarás que su andar es creativo, crea un ritmo, crea una atmósfera especial en derredor suyo. Si un Buda levanta la mano, el clima en torno suyo cambia de inmediato. No es que él quiera hacer tales cosas, éstas simplemente suceden. Él no es el ejecutante.

*Calmado, establecido en su interior, recoleto,
desbordante de infinita energía
que irradia en todas direcciones,
cada momento es un momento de creatividad,
de creatividad cósmica.*

Recuérdalo, porque hay muchos que lo malinterpretan. Piensan: "La actividad no es necesaria", así que ellos interpretan: "La acción no es necesaria". La acción tiene una calidad del todo diversa. ¡La actividad es patológica!

Si entras en un manicomio verás gente activa; cada loco hace algo porque es el único modo de olvidarse de sí mismo. Quizá haya uno que se lave las manos tres mil veces al día, pero si se le impide realizar esta actividad no podría soportarse a sí mismo. Esto es un escape.

Los políticos, la gente que va tras el dinero y el poder... todos son locos. No se les puede detener porque entonces no sabrían qué hacer, tendrían que enfrentarse a sí mismos y esto sería demasiado.

Un amigo mío me dijo en cierta ocasión que su esposa tenía que asistir a una fiesta; ellos tenían un niño muy hermoso y muy activo como todos los niños son. Así que lo encerraron en una habitación y le dijeron que si se portaba bien y no creaba ninguna dificultad, al cabo de una hora, cuando ellos regresaran, le darían lo que quisiese. El niño se encantó con esa promesa. Así que se condujo muy bien. De hecho no hizo nada, se quedó quieto en un rincón pues se hizo este razonamiento: "Haga lo que haga quien sabe qué resultará, los adultos tienen extrañas opiniones acerca de lo que es bueno y malo, y también cambian de opinión". Así que cerró los ojos y se quedó quieto tal como un meditador.

Cuando los padres abrieron la puerta lo encontraron en el rincón, tieso. Le preguntaron si se había portado bien. Contestó: "Sí, tan bien, que no pude soportarme a mí mismo. Es demasiado".

La gente que está demasiado ocupada en sus actividades tiene miedo de sí misma. La actividad es un tipo de escape; se pueden olvidar de sí mismos en ella. Ésta es como el alcohol, un tóxico. La actividad tiene que descartarse; la acción es hermosa.

¿Qué es la acción? Acción es una respuesta: cuando es necesario se actúa; cuando no, se descansa. Ahora haces cosas que no son necesarias y cuando quieres relajarte no puedes. Un hombre de acción —de acción total— actúa, y cuando la situación no lo requiere, descansa.

Yo te estoy hablando. El hablar puede ser una actividad o una acción. Hay gente que no puede parar de hablar, habla y habla. Incluso si ellos cierran la boca, siguen igual por dentro. Continúan siempre charlando, no pueden detenerse. Esto es una actividad, una obsesión febril. Yo te estoy hablando, y ni aún yo mismo sé lo que voy a decirte. Hasta que la frase es pronunciada ni aún yo estoy enterado de lo que va a decirse. No sólo tú eres el oyente, yo también lo soy aquí. Al momento de decirlo sé lo que estoy diciendo. Nadie puede predecir lo que diré en el siguiente minuto, es tu situación la que lo provoca.

Así que yo solo no soy el responsable de aquello que diga, recuerda, tú también eres responsable de eso. Esto es mitad y mitad: tú creas la situación y yo actúo. Y si mis oyentes cambian, yo también cambio. Esto depende, pues no tengo nada predeterminado. No sé lo que va a suceder. Y esto es hermoso para mí también. Esto es una respuesta, un acto. Cuando todos se van me siento dentro de mi morada y ni siquiera una palabra flota en mi cielo interior.

Así pues, sucede que algunas veces la gente viene a decirme: "Íbamos a preguntar algo, pero ya nos has contestado". Todos los días sucede. Si tienes alguna pregunta, tú creas cierto clima en derredor tuyo, que no puedo hacer otra cosa que responder. Tu pregunta crea la situación y yo respondo. Por eso muchas de vuestras preguntas son contestadas. Si alguna pregunta queda sin contestación la razón debe buscarse en ti, quizá la has olvidado. La tenías en la cabeza, pero te olvidaste de ella al entrar aquí. O tenías muchas preguntas y estabas confundido. Si estás seguro de tu pregunta, la respuesta te será dada.

Nada tengo que hacer por mi parte, esto sucede. Tú creas la pregunta y yo simplemente fluyo con ella. Esto debe ser así, puesto que nada tengo que decirte. Si algo tuviera que decirte, tú estarías fuera de propósito; tu pregunta, cualquiera que sea, no viene al caso, yo tengo algo en mí que debo decirte. Incluso si no estás presente, es igual.

Radio India solía invitarme a hablar, pero yo lo encontraba muy difícil porque esto era tan impersonal, hablarle a nadie. Yo decliné, esto no es para mí. Así que ellos hicieron un arreglo. Reunieron a algunos de sus empleados y los sentaron frente a mí. Yo le dije: "Está bien, pero entonces no me sugieran un tema. "El tema estaría fuera de propósito, tal vez ninguno de los presentes esté interesado en ese tema, sería una audiencia muerta".

Cuando estás enfrente, tú creas la pregunta, la situación, y la respuesta fluye hacia ti. Es un fenómeno personal. En aquella ocasión no fue para mí posible seguir, no puedo hablar frente a máquinas puesto que ellas no crean una situación propicia para que yo fluya. Yo puedo hablar sólo a personas.

Por eso nunca he escrito un libro. No puedo. Porque ¿para quién? ¿Quién es quien va a leerlo? He escrito sólo cartas pues entonces sé a quien me estoy dirigiendo. Puede ser alguien aquí o en los Estados Unidos, es igual, al momento de escribir se vuelve un fenómeno personal, la persona está ahí, ella me ayuda a escribir. Sin esa persona, es imposible el diálogo.

Esta es la acción. En cuanto partes, todo lenguaje desaparece en mí. Ninguna palabra queda, no es necesario.

¡Es tal como debe ser! Cuando uno camina usa las piernas pero cuando está sentado ¿para qué usar las piernas? ¡Esto sería una locura! Cuando hay un diálogo se necesitan las palabras. cuando se presenta una situación la acción es necesaria, pero dejamos al Todo decidirlo. Uno no debe ser quien decida. Entonces no hay *karmas*, entonces uno pasa de momento a momento, fresco. El pasado muere por sí y el futuro nace, y uno entra en él nuevo como un niño.

> *"La acción suprema*
> *abraza grandes recursos sin apegos".*

La acción sucede pero sin apegos. Uno no siente que ha hecho tal cosa o ha dicho algo. Simplemente siente que ha sucedido. El Todo lo ha hecho, y el Todo no es ni tú ni yo; el Todo es ambos y ninguno. Y el Todo decide. Muchas cosas suceden en derredor, pero no es uno quien las ejecuta. Mucho se crea, pero no es uno el creador. Uno es sólo el vehículo, el medio para que el Todo actúe.

> *Un bambú hueco,*
> *y el Todo pone los labios y los dedos en él*
> *y se convierte en una flauta,*
> *una canción brota.*

¿De dónde viene esta canción? ¿Del bambú hecho flauta? No. ¿De los labios del Todo? No. Todo está involucrado, los labios del Todo también, así como el que escucha. Todo está involucrado. Incluso la mínima cosa creará una diferencia.

Una rosa en la habitación hará que ésta sea distinta, ya que la rosa tiene su propia aura. Esta impondrá su influencia. Influirá en tu entendimiento, en aquello que digo. Y el total se mueve, no en parte. Mucho acontece pero nadie es el ejecutante.

"...grandes recursos sin apegos".

Y si tú no eres el ejecutante, ¿cómo puede haber apego? Cuando haces la mínima cosa te sientes apegado. Dices: "He hecho esto". Te gustaría que todos supieran que lo has hecho. El ego es el obstáculo para la comprensión suprema. Descarta el ego y deja que las cosas sucedan. Eso es lo que significa para Tilopa ser simple y natural.

"La realización suprema
es tomar conciencia de lo inmanente sin
esperanza".

Esto es algo muy profundo, sutil y delicado. Tilopa pregunta: ¿Cuál es la realización suprema? "Es tomar conciencia de la inmanencia sin esperanza". El espacio interior es perfecto, ¿por qué introduce la palabra "esperanza"?

Porque con la esperanza entra el futuro,
con la esperanza entra el deseo,
con la esperanza entra el esfuerzo por mejorar,
con la esperanza entra la codicia, el
descontento,
y entonces, por supuesto, viene la frustración.

Él no dice que hay que estar desesperanzado, porque eso también es parte de la esperanza. Simplemente dice: "Sin esperanza". No esperanzado ni desesperanzado. Y esto se ha vuelto un gran problema en Occidente, pues Buda dice lo mismo y los pensadores occidentales creen que esto es pesimismo. No lo es. Ellos no son optimistas ni pesimistas.

Si alguien espera lo llamamos optimista. Decimos que puede ver lo plateado en la nube más negra.

Decimos que puede ver la aurora en la oscuridad de la noche. Y el pesimista es precisamente lo opuesto; incluso en la luz más brillante verá la más negra nube. Y si se habla de la aurora dirá: "Cada amanecer termina en el ocaso". Pero recuerda: parecen opuestos, pero no lo son. Su enfoque es diferente, pero su mentalidad es la misma. Si es que ves la luminosidad en la nube negra, o la nube negra en la luminosidad, tú estás viendo sólo la parte; la división existe. Tú has escogido, jamás has visto la totalidad.

Buda, Tilopa, yo mismo, no somos ni optimistas ni pesimistas, simplemente hemos renunciado a la esperanza. Con la esperanza existen ambos: el pesimista y el optimista. Nosotros hemos descartado la moneda de la esperanza y ambos aspectos se han desvanecido. Esta es una dimensión nueva, difícil de entender.

> *Tilopa ve la esencia de las cosas; no escoge.*
> *Él ve ambos, el amanecer y el ocaso juntos.*
> *Él ve ambas, las espinas y las flores juntas.*
> *El sufrimiento y el placer,*
> *el nacimiento y la muerte...*
> *No tiene preferencia por su parte.*
> *No es ni pesimista ni optimista.*
> *Vive sin esperanza.*

Y esa es una dimensión maravillosa en la cual vivir: sin esperanza. Sólo el término te hace sentir que es pesimista, pero eso es debido al lenguaje, y lo que Tilopa dice está más allá del lenguaje. Dice: "La realización suprema es tomar conciencia de lo inmanente sin esperanza". Sólo toma conciencia de ti mismo en tu totalidad, tú eres simplemente eso. No hay necesidad de mejoramiento alguno; cambio, desarrollo, crecimiento no son necesarios.

Nada puede hacerse acerca de esto.

Esto es simplemente lo que existe.

En cuanto se profundiza en esto, de improviso desaparecen las flores y las espinas, los días y las noches, la vida y la muerte, el verano y el invierno. Nada queda, porque el apego ha desaparecido. Y con la aceptación de lo que eres —sea lo que sea— los problemas se disuelven. Nada hay que resolver, simplemente eres eso. Entonces la celebración empieza. Y esta celebración no es por la esperanza, es el desbordamiento de la energía. Uno empieza a florecer, no por algo que acontecerá en el futuro, sino porque sí, porque no puede ser de otra manera.

Cuando uno toma conciencia del ser, como tal, el florecimiento acontece. Uno continúa floreciendo y celebrando sin ninguna causa visible. ¿Por qué yo soy feliz? ¿Qué es lo que tengo que tú no tengas? ¿Por qué estoy sereno y en paz? ¿He adquirido algo que tú tienes que adquirir? No. Yo simplemente he descansado en lo que es. Sea lo que sea, bueno o malo, moral o inmoral, yo me he relajado en ello. Y he renunciado a todo esfuerzo por mejorar y he renunciado a todo futuro. He abandonado la esperanza y en el acto, todo lo demás se ha desvanecido. Estoy solo y feliz sin razón alguna, silencioso, porque ahora, sin esperanza, no puedo crear perturbación alguna. Sin esperanza no es posible perturbar el ser.

Recuerda esto: Todo esfuerzo te conducirá al punto donde se abandona el esfuerzo y uno se afloja. Y toda la búsqueda conducirá al punto en el que uno se encoge de hombros y se sienta bajo un árbol, quieto.

Toda jornada termina en el ser en su íntima esencia y eso tú lo tienes en todo momento. Así que basta con volverse más alerta. ¿Dónde está lo malo en ti? He visto millones de gentes y a ninguna persona he visto con algo realmente malo, pero lo crea. Vosotros sois grandes creadores de enfermedades, de errores, de problemas... y entonces te pones a enmendarlos y resolverlos. Primero los creas y luego los persigues.

Sólo abandona la esperanza, el deseo, y simplemente mira lo que eres ya. Cierra los ojos y ve quién eres tú, es todo. En un abrir y cerrar de ojos esto es posible, no se necesita tiempo. Si piensas que es necesario el tiempo –crecimiento gradual– esto es debido a tu mente, de otra forma el tiempo no es necesario.

"La realización suprema es tomar conciencia de lo inmanente..." Todo lo que hay que adquirir está ahí inherente. Eso es lo que significa inmanente: todo lo que hay que adquirir está ya ahí, dentro de ti mismo. Tú has nacido perfecto, no sería posible de otro modo puesto que has nacido de la perfección. Es lo que significa lo dicho por Jesús: "Mi padre y yo somos uno". Está diciendo que tú no puedes ser otro que el Todo puesto que vienes del Todo.

Si tomas un poco de agua del océano y la pruebas, sabe lo mismo dondequiera. En una sola gota de agua de mar puedes hallar toda la química del mar. Si puedes entender una sola gota de agua de mar, has entendido todos los mares, pasados, presentes y futuros, porque una gotita es el océano en miniatura. Y tú eres el océano en miniatura.

Cuando te interiorizas en ti mismo te das cuenta de esto, y súbitamente te acomete la risa. ¿Qué es lo que buscabas? El buscador mismo era lo buscado; el peregrino mismo era la meta. Esta es la óptima adquisición: tomar conciencia de uno mismo, de la propia absoluta perfección, sin esperanza. Porque si la esperanza está ahí, ésta te agitará, continuamente te causará perturbación. Otra vez empezarás a pensar que algo más es posible. La esperanza siempre crea sueños. Por supuesto que es bueno...

La gente viene a decirme: "La meditación va muy bien, esto es bueno, pero desearíamos otra técnica para crecer más". Otros me dicen: "Todo es hermoso... ¿y ahora qué?" Ahora la esperanza los agita. Cuando todo iba mal no preguntaban: "¿Y ahora qué?" Y ahora que todo es hermoso preguntan "¿Qué más?" ¡Ahora nada más, esto es esperanza!

El otro día alguien vino y dijo: "Todo va muy bien ahora, pero quién sabe mañana". ¿Por qué traer el mañana a cuento si ahora todo va tan bien? ¿No podéis permanecer sin problemas? Ahora todo va bien pero te preocupa lo que pase mañana. ¿Si hoy todo es bueno, de dónde el mañana va a partir? Esto surgirá del ahora, así que no hay que preocuparse. Si el ahora es silencioso, el mañana lo será más pues nacerá del ahora. Pero la preocupación puede destruir el ahora y entonces pensarás que tenías razón al sentirte frustrado. Dirás: "ha sucedido lo que presentía". Pero ha sucedo debido a ti, si hubieses descartado el futuro no hubiese sucedido.

Esta es la tendencia autodestructiva de la mente, tendencia suicida, que por otra parte proporciona mucha satisfacción puesto que puedes decirte: "Esto lo presentía, trataba de prevenirte pero no me escuchaste". Pero esto ha acontecido debido a los presentimientos de la mente.

Y así suceden muchas cosas. Si vas con los astrólogos, *jyotishi*, los quirománticos... y ellos te dicen algo, cuando esto sucede pensarás que te lo han predicho. Lo opuesto es lo acontecido, es tu mente la que intervino y sucedió. Si alguien te dice que el mes próximo, el 13 de mayo, vas a morir, hay posibilidades de que suceda, no porque tu futuro sea conocido, sino porque te fue predicho. Ahora tu mente estará continuamente ocupada por el 13 de mayo. Ni tus sueños ni tu amor se verán libres de ella. Las veinticuatro horas pensarás que vas a morir en tal fecha y esto se volverá una autohipnosis, más y más profunda cuanto más cercana esté la fecha. Y se cumplirá.

Sucedió una vez que en Alemania un quiromántico predijo su propia muerte. Él había predicho la muerte de mucha gente y ésta había sucedido. Así que él estaba seguro. Como se estaba haciendo viejo, algunos amigos le habían sugerido predecir su propia muerte. Se puso a estudiar su mano y las cartas -puras tonterías- y decidió la fecha de su muerte a las seis de la mañana. Así pues esperó. Desde las cinco estaba listo. Sonaron las seis y estaba aún vivo. ¿Cómo era posible? Cuando el reloj dio la última campanada él saltó por la ventana y por supuesto, murió exactamente cuando lo predijo.

La mente tiene su propio mecanismo para satisfacerse. Ponte alerta acerca de esto. Si estás feliz, la mente te dirá: "¿Está bien, pero y mañana...?" ahora la mente ha destruido este momento trayendo al mañana a cuento. Ahora el mañana surgirá de esta mente, no del momento de gozo que existía.

No esperes esto o lo otro; ni estés en pro ni en contra. Abandona toda esperanza. Permanece en el momento, con el momento, por el momento. No hay más momento que este. Y lo que suceda sucederá por este momento, así que ¿por qué te preocupas? Si este momento es hermoso, ¿cómo el próximo puede ser feo? ¿De dónde surgirá? Tiene que ser más hermoso. No hay necesidad de pensar en eso.

Y una vez que lo realices, permanece en tu perfección íntima. Recuerda que tengo que usar palabras y existe el peligro que me malentiendas. Cuando digo que permanezcas en tu íntima perfección puedes preocuparte porque sientes que no eres perfecto. Entonces permanece con tu imperfección. ¡La imperfección es también perfecta! No hay nada de malo en eso. No te alejes del momento presente. Aquí y ahora está la existencia entera. Todo lo que hay que obtener está aquí y ahora, cualquiera que sea el caso, incluso si te sientes imperfecto. ¡Bien, sé imperfecto! Es tal como eres, es tu esencia. Si te sientes sensual, perfecto; es tal como eres y Dios quiere que seas. Triste, bien, sé triste, pero no te alejes del momento.

Permanece en el momento y poco a poco sentirás que la imperfección se ha disuelto en la perfección. El sexo se disuelve en un éxtasis interno; la ira, en compasión.

Este momento, si puedes vivirlo con la totalidad de tu ser, no tiene problema. Esto es la suprema adquisición. No hay esperanza ni necesidad de ella. Es tan perfecto que no hay para qué tener esperanza. La esperanza no es una situación buena pues significa que algo va mal contigo y por eso empiezas a esperar lo opuesto. Si estás triste tienes esperanza de ser feliz; tu esperanza revela que estás triste. Te sientes feo y empiezas a esperar poder adquirir una bella personalidad; tu esperanza revela que te sientes feo. Muéstrame tu esperanza y te diré quién eres, porque ella revela que eres lo opuesto. Abandona toda esperanza y se lo que seas. Si tratas de ser, sólo ser, esto sucederá:

> *"Al principio el yogui siente que su mente*
> *da tumbos como una catarata;*
> *a mitad de su curso, como el Ganges,*
> *fluye lento y plácido;*
> *al final es como un grandioso y vasto océano*
> *donde las luces del hijo y la madre se funden en*
> *una".*

Si tú eres, áquí y ahora, el primer *satori* sucederá, el primer chispazo de la Iluminación. Y ésta será la situación interior: "Al principio el yogui siente que su mente da tumbos como una catarata..." pues tu mente empezará a derretirse. Por ahora es como un glaciar, congelado, si permaneces suelto, natural, leal al momento, auténticamente aquí y ahora, la mente se derretirá. Has traído al sol ante ella. Este simplemente ser, aquí y ahora, conserva tan vasta energía. Ésta no se mueve ya ni en el pasado ni en el futuro. Acumulas tanta energía que en ella la mente empieza a derretirse.

La energía es fuego, viene del sol. Cuando ya no vas hacia ninguna parte, te quedas quieto aquí y ahora recogido en ti mismo, detenido todo desperdicio, pues el desperdicio se hace a través del deseo y la esperanza. Desperdicias cuando entra el futuro, cuando hay motivación: "Haz algo, sé algo, ten algo... no desperdicies el tiempo, ¡muévete! Y así es como desperdicias. Si estás simplemente aquí, ¿cómo podrías desperdiciar? La energía se recoge, regresa a ti, se convierte en un círculo de fuego. Y entonces el glaciar de la mente se derrite.

"Al principio el yogui siente
que su mente da tumbos como una catarata".

Todo cae por su propio peso. La mente cae... cae... Tal vez sientas temor. Cerca del primer *satori*, es necesaria la intimidad del Maestro para prevenirte: "No temas, déjate caer, es hermoso"

Sólo la palabra "caer" te hará sentir temor porque significa que estás yendo al abismo, a lo desconocido. Y caer implica muerte. Uno se siente temeroso.

Si has ido alguna vez a la montaña, ascendido a la cumbre más alta y desde ahí has mirado el abismo, habrás sentido la náusea, el temor, el miedo, pues el abismo es muerte y puedes caer en él. Cuando la mente se derrite todo empieza a caer. Todo, yo afirmo: tu amor, tu ego, tu codicia, tu cólera, tu odio... todo lo que hasta hoy has tenido de pronto empieza a soltarse y se pierde, como si la casa se desplomara, y entras en el caos, toda disciplina se desvanece. Has venido manteniéndote de alguna manera, controlándote y forzando en ti una disciplina. Ahora, al soltarte y hacerte natural todo cae. Muchas cosas que has reprimido salen a la superficie. Estarás como un loco.

El primer paso es realmente difícil de dar, porque todo aquello que la sociedad ha forzado en ti, caerá, lo que has aprendido, los condicionamientos que te has impuesto. Todos tus hábitos y tus rutinas desaparecen. Tu identidad se desvanecerá. No serás capaz de saber quién eres. Hasta ahora has sabido bien lo que eres: tu nombre, tu familia, tu posición en el mundo, tu prestigio, esto y lo otro. De repente todo esto se pierde. Sabías muchas cosas, ahora no sabrás nada. Eras sabio en las cosas del mundo; se perderán y te sentirás completamente ignorante.

Esto es lo que aconteció a Sócrates. Fue su primer momento de *satori* cuando dijo: "Yo solamente sé que nada sé. El solo conocimiento que tengo es que soy ignorante".

Los sufis tienen un término especial para este tipo de hombre que ha alcanzado este estado. Lo llaman *mast*, el loco. Él mira sin mirar. Él vaga sin saber a dónde va. Habla tonterías. No puede hablar coordinadamente, dice una palabra y deja un intervalo seguido de otra palabra sin relación. Pierde toda coherencia, toda consistencia. Es contradictorio y no se le puede confiar.

En estos momentos una escuela es necesaria, donde haya gente que pueda hacerse cargo. Los *ashrams* se hicieron a causa de esto, pues un hombre así no puede incorporarse a la sociedad, está en caos.

A esto se debe que yo insista en las meditaciones caóticas. Ellas te ayudarán a alcanzar este primer *satori*. En un principio tú no puedes sentarte en silencio y si lo haces te estarás engañando a ti mismo. Eso se puede hacer en el segundo *satori*. En el primer *satori* uno tiene que ser caótico, dinámico; hay que permitir a la energía moverse para que todo lo que te sujeta a tu derredor se rompa y las cadenas se suelten. Por primera vez te vuelves ajeno a la sociedad, no formas ya más parte de ella. Es necesaria una escuela para que estés cuidado. Es necesario un maestro que te afirme: "No temas... déjate caer... deja que suceda... no te aferres a nada, pues eso sólo retardaría el momento... cuanto más pronto caigas, más pronto la locura se desvanecerá. Si lo retardas, la locura puede continuar por largo tiempo.

Hay millones de gente en los manicomios en todo el mundo que en realidad no están locos, que necesitan a un Maestro y no a un psiquiatra. Han obtenido el primer *satori* y los psiquiatras los están forzando a regresar para hacerlos normales. Están en mejor posición que tú pues han logrado crecer, pero ese crecimiento es tan anormal. Tiene que ser así en un principio. Y se les ha hecho sentir culpables. Se les ha dicho que están locos y ellos tratan de esconderlo, más la locura los persigue.

Sólo recientemente unos cuantos psicoanalistas, particularmente R. D. Laing y otros, se han dado cuenta de que algunos locos no es que hayan caído más abajo de lo normal, sino que realmente han superado la normalidad. En Occidente sólo unos pocos –gente muy receptiva– lo han notado, pero el Oriente siempre ha sido consciente de esto y nunca se ha reprimido a los locos. Lo primero que se hace en el Oriente es llevar a los locos a una escuela donde muchos trabajan con un Maestro vivo. Lo primero que se hace es ayudarlos a obtener un *satori*.

Los locos han sido grandemente respetados en Oriente. En Occidente son simplemente condenados, forzados a sufrir choques eléctricos, choques de insulina, aun cuando su cerebro se destruya, pues incluso la cirugía interviene hoy. Su cerebro es operado y ciertas partes extirpadas. Por supuesto regresan a la normalidad, pero apagados, idiotizados, sin inteligencia. Dejan de estar locos, ya no dañarán a nadie; ahora serán parte silenciosa de la sociedad. Pero se les ha asesinado sin saber que estaban por alcanzar un punto desde el cual el hombre puede hacerse sobrehumano. Pero por supuesto, el caos debe ser aceptado.

Con un Maestro amoroso y un grupo de gente amorosa viviendo en una escuela, en un *ashram*, esto se pasa con facilidad; todos le ayudan y lo toleran. Es posible entrar en el segundo estado fácilmente. Esto tiene que suceder porque todo orden que te ha sido impuesto no es un orden real. Toda la disciplina te ha sido forzada, no es tu propia disciplina interior. Antes de obtener lo interno, lo externo tiene que descartarse; antes de que un nuevo orden nazca, el viejo tiene que cesar. Y luego hay un intervalo. Ese intervalo es la locura. Uno se siente como dando tumbos, como cayendo en cascada dentro del abismo que parece no tener fondo.

A la mitad, si esta etapa se pasa, si el primer *satori* se ha vivido bien, un nuevo orden surge que pertenece al propio ser interior. Ahora no se deriva ya de la sociedad ni ha sido impuesto por otros. No es ya más una prisión. Ahora un nuevo orden surge que es de la categoría de la libertad. Surge una disciplina en forma natural que es propia, sin que haya nadie que diga lo que debe hacerse o no hacerse. Uno simplemente hace lo debido.

> *"...a mitad de su curso, como el Ganges,*
> *fluye lento y plácido..."*

La rugiente catarata ha desaparecido, el caos no está ya. Este es el segundo *satori*. Uno se vuelve como el Ganges fluyendo gentilmente, lentamente, sin rumor alguno. Uno camina· como el desposado en su boda, silencioso y gentil. Un nuevo encanto se posesiona del ser, pleno de gracia y elegancia. Es en este segundo estado en el que todos los Budas han sido plasmados en las estatuas, porque el tercero no puede ser captado, sólo el segundo o el primero.

En todos los Budas, los *Terthankaras Jainitas*, puedes contemplar la elegancia, la gracia, la sutil redondez de sus cuerpos, la femineidad, obsérvalo en sus estatuas. No parecen masculinos, tienen una curvatura, una redondez femenina. Esto muestra que su ser interior se ha hecho muy lento, muy gentil; no existe nada agresivo en ellos.

Los Maestros Zen, tal como Bodhidharma, Rinzai, Bokoju, han sido representados en el primer estado. Por eso se ven tan feroces, como leones rugiendo, parece que van a matarte. Si contemplas sus ojos ¤son como volcanes¤ el fuego puede alcanzarte. Son explosivos. Han sido pintados en el primer satori por ciertas razones pues los Maestros Zen saben que el primero es el problema, y si conoces a Bodhidharma en este estado, cuando lo mismo te acontezca entenderás que no hay por qué temer. Pero si has estado siempre contemplando Budas y *Terthankaras* en su forma de ríos lentos y silenciosos, en su gracia femenina, te llenarás de temor cuando la ferocidad te acometa y te vuelvas como un león. Literalmente uno empieza a rugir; se vuelve uno una tremenda catarata.

Por eso en Zen, este estado de ferocidad ha sido más y más representado. Por supuesto hay Budas en el altar, pero ese es el siguiente estado. Y ese no es problema en absoluto, cuando uno se vuelve silencioso no hay dificultad. En India el segundo estado ha sido enfatizado en demasía y eso ha constituido una barrera, pues uno debe conocer desde el principio la realidad de las cosas. Un Buda es ya un ser completo. Esto puede realizarse en ti, pero en el intervalo entre el Buda y tú algo distinto sucede, y eso es la locura.

¿Qué sucede cuando aceptas y permites la locura? Esta se termina por sí sola. El antiguo orden que la sociedad te ha impuesto, simplemente se desvanece; el antiguo conocimiento se pierde, nada queda de lo que aprendiste en las escrituras. Existe un grabado que representa a un monje Zen incinerando las escrituras   es un cuadro famoso—. Uno se deshace de todo conocimiento; todo aquello que te ha sido dado te parecerá una basura. Ahora la propia sabiduría surge y no hay necesidad de tomarla prestada de nadie. Pero esto toma algún tiempo, tal como la semilla toma tiempo para germinar.

Si logras atravesar el estado de caos, entonces el segundo sigue con mucha facilidad, automáticamente. Te vuelves silencioso en cuanto todo se calma, como el Ganges cuando baja a la llanura. En los montes ruge como un león. Al caer de las alturas, mucha turbulencia se suscita. Pero cuando deja el terreno montañoso y llega al plano, cambia; ahora todo fluye en silencio. No se sabe si fluye o no, pues es tan calmado que se mueve como si no se moviese.

> *Logra la realización interna,*
> *innata, sin esperanza, sin meta;*
> *desprovisto de prisa y apuro;*
> *disfrutando... momento tras momento.*

> *"...como el Ganges fluye lento y plácido..."*

Este segundo estado tiene la cualidad de silencio absoluto, calma, quietud, tranquilidad, recogimiento, descanso, relajación...

Y entonces:

> *"...al final es como un grandioso y vasto océano*
> *donde las luces del hijo y la madre se funden en*
> *una".*

Y repentinamente, fluyendo en silencio, alcanza el océano y se vuelve uno con él —vasta expansión sin límite—. Ahora no es ya más un río, no más una unidad individual. Ahora no existe el ego.

Incluso en el segundo estado existe un ego sutil. Los hindúes tienen dos nombres para eso: uno es *ahamkar*, ego, que es lo que normalmente se tiene; el segundo es *asmita*, el ser sin ego. *Asmita* es un ego mucho muy silencioso, nadie puede detectarlo. Es pasivo en extremo, nada agresivo. No deja ningún rastro, pero todavía existe. Uno siente que existe.

Por eso el segundo *satori* es llamado el Ganges fluyendo silenciosamente, por supuesto en paz, pero sobrevive el "soy". Este es *asmita*, el ser. El yo se ha suprimido con toda su locura, su agresividad, su ferocidad. El "yo" se ha suprimido pero el "soy" continúa silencioso, porque el río tiene riberas, límites. Está aún separado, tiene su propia individualidad.

Con el ego la personalidad se descarta, pero la individualidad persiste. La personalidad es la individualidad externa. La individualidad es la personalidad interna. La personalidad es para los otros; es la sala de exhibición, la muestra. Eso que se ha descartado es el ego. Pero ese sentimiento íntimo de ser, mejor dicho, soy, no está en exhibición y nadie podría detectarlo. Este no se interpone en la vida de nadie, no mete las narices en los asuntos de nadie. Simplemente se mueve, pero existe, pues el Ganges existe como un individuo.

Después la individualidad se pierde también. Esa es la tercera palabra: atma. Ahamkar es ego, el "yo soy"; el "soy" es la sombra de él, el "yo" es lo que cuenta. El segundo estado es asmita. En él el "yo" se descarta y el "soy" es absoluto, no una sombra. Y el atma, en el cual el "soy" se ha descartado también.

Esto es lo que Tilopa nombra el no-ser. Existes, pero sin ser, sin límites. El río se ha vuelto océano, es ya uno con él. La individualidad no existe más, pero el ser existe como un no-ser. Este es ahora un infinito vacío, es como el cielo.

El ego es como las negras nubes en el cielo. "Soy", *asmita*, es como las nubes blancas. Y *atma* es como el cielo sin nubes, sólo el cielo permanece.

> *"...al final es como un grandioso y vasto océano donde las luces del hijo y la madre se funden en una".*

Cuando se retorna a la fuente original, la madre, el círculo se completa. Uno vuelve a casa disuelto en la corriente original. El Ganges ha vuelto a Gangotri, su fuente original. El círculo se ha completado. Ahora se es, pero en tal forma diferente que es preferible decir que no se es.

Esta es la máxima paradoja, por lo tanto, lo más difícil de reducir al lenguaje. Uno tiene que probarlo. Por eso Tilopa lo llama Mahamudra, el supremo orgasmo. El retorno al punto de partida. El final de la jornada. Y no sólo la jornada se termina sino el peregrino -el sujeto- también. La jornada y el camino se acaban, y la meta también.

Ahora nada existe y todo es.

Recuerda esta distinción: Una mesa existe, pero Dios es; pues la mesa puede dejar de existir, pero Dios no. Así que no hay que decir que Dios existe, sino que es. Dios no puede dejar de existir, Dios es, puramente. Esto es Mahamudra.

Todo lo que existe ha desaparecido, solamente lo que es, queda.

El cuerpo desaparece, éste existe. La mente desaparece, ésta existe. El camino desaparece y la meta también. Todo lo que existe desaparece, sólo la pureza de lo que es, permanece: un espejo vacío, un cielo vacío, un ser vacío...

A esto Tilopa llama Mahamudra. Es lo último, lo supremo, no hay más allá. Es la trascendencia.

Recuerda estos tres estados pues tendrás que pasar por ellos. El caos, en el que todo se trastorna, en el que ya no te identificas con nada y todo se desploma; la locura. Obsérvalo, permítelo, pasa por ello; mientras yo esté aquí no hay nada que temer. Puedo asegurarte que siempre pasa. Y a menos que pase, la gracia, la elegancia del Buda no te sucederá.

Déjalo que pase. Será como una pesadilla, pero pasará. Con tal pesadilla todo tu pasado se limpiará. Será una catarsis tremenda. Tu pasado será sometido al fuego pero tú te convertirás en oro puro.

Entonces entra el segundo estado. Este tiene un diverso tipo de peligro, que no es en absoluto un peligro. El primero tiene que pasar, sólo son necesarios tiempo y confianza. El peligro del segundo consiste en que uno se aferra a él, porque es tan hermoso que uno quisiera permanecer en él para siempre. Cuando el río interior fluye en paz y quietud uno quisiera quedarse ahí. En cierto modo, este peligro es mayor.

Un Maestro tiene que asegurarte que el primero pasará, y después tiene que forzarte a no permanecer en el segundo. Porque si te aferras, Mahamudra nunca te sucederá. Hay muchos detenidos en el segundo debido a su apego. Uno se enamora de este estado automáticamente. Permaneciendo alerta, éste debe ser trascendido. Observa, así no empezarás a aferrarte.

Si observas verás tu miedo en el primero y tu codicia en el segundo. Recuerda que miedo y codicia son dos aspectos de la misma moneda. Por miedo quieres escapar de algo, por codicia quieres aferrarte, pero ambos son lo mismo. Observa el miedo y la codicia y permite que el movimiento continúe, no trates de detenerlo. Podrías estancarte -el Ganges dejaría de fluir– y un estanque si bien puede ser hermoso, pronto perece, se vuelve sucio y se seca, así que todo lo ganado se perdería.

Sigue caminando, el movimiento tiene que ser eterno –recuérdalo siempre–, es una jornada sin fin, siempre hay algo más. No lo esperes ni lo pidas, no te adelantes a ti mismo, pero permite que suceda. Porque después viene un tercer peligro cuando el Ganges desemboca en el océano, y ése es el último, pues entonces te estarás perdiendo a ti mismo.

Esa es la última muerte. Aparenta serlo. Incluso el Ganges tiembla antes de caer, pues aún él mira hacia atrás, piensa en los días pasados, en sus memorias, en los felices tiempos en que atravesaba las llanuras y en la tremenda energía de los despeñaderos y las colinas. En el último momento, cuando el Ganges entra en el océano, se demora y vacila. Eso también tiene que ser obsrvado. No hay que demorarse.

Cuando el océano se acerque, déjalo. Sumérgete, disuélvete, desvanécete...

Sólo al último momento puedes decir adiós al Maestro, nunca antes. Di adiós al Maestro y conviértete en el océano. Pero antes de ese momento se necesita la mano de aquél que sabe.

La mente tiene la tendencia a evitar la intimidad con el Maestro; eso es el obstáculo al tomar *sannyas*. Uno trata de permanecer sin compromiso. Uno quiere aprender, pero sin comprometerse. Pero no es posible aprender de esa manera, permaneciendo afuera. Hay que entrar en el íntimo altar del ser del maestro. Hay que comprometerse. Sin eso es imposible crecer.

Sin eso es posible aprender algo de aquí y de allá; es posible acumular un cierto conocimiento, que no será de ninguna utilidad sino que más bien vendrá a ser un estorbo. Una profunda entrega es necesaria —total— porque muchas cosas han de suceder. Si se queda uno en la periferia aprendiendo como un visitante ocasional, entonces no es posible lograr mucho. ¿Qué sucederá cuando el primer satori llegue? ¿Qué sucederá cuando la locura entre? Y no se pierde nada cuando uno se entrega al maestro pues uno nada tiene que perder. Con esa entrega simplemente se gana. Si uno no tiene nada no puede tener miedo de perder algo, pero aún así uno quiere ser muy listo y aprender sin comprometerse. Eso nunca ha sucedido pues no es posible.

Si tú eres realmente un buscador espiritual auténtico y sincero,
encuentra a alguno con quien puedas avanzar
y entrégate profundamente;
con quien puedas unirte en el salto hacia lo desconocido.
Sin esto ya has peregrinado por muchas vidas,
y por muchas más vagarás.
Sin esto, la suprema realización es imposible.
Ten valor y salta...

Contenido

TÍTULOS DE
ESTA COLECCIÓN

- **Pepitas de Oro**

- **Tantra. La Suprema Sabiduría**

- **Soy la Puerta**

Este libro se terminó de imprimir
en los talleres de Castillo
y Asociados Impresores,
Camelia 4, col. El Manto,
México, D.F.